彼はなぜここで
妖怪を見たのか

生命としての景観

佐々木高弘
SASAKI Takahiro

せりか書房

事の起こりは
この少年
虎之助の夢から始まる
それは天保四年（一八三三）十月九日
名古屋城下町近郊の
夜のことであった

生命としての景観――彼はなぜここで妖怪を見たのか　目次

1　名古屋城下町の怪異

主要な大半の活動は無意識的になされている。意識はふつう（私なら私という）ひとつの全体が高次の全体に従属しようとするときにしか現れてこない。なによりもまずそれは、そうした高次の全体に対する意識、私の外部にある実在に対する意識なのだ。意識は、私たち自身がそれに左右されてしまうような存在に対して生まれるのであり、そこに私たちが自身を組み入れてゆく手段なのである。(1)

ニーチェ

はじまりの夢

安政三〜四年（一八五六〜七）に成立したとみられる、『尾張霊異記』の二篇・下巻に「白髭《しらひげ》・立《りっ》日《しつ》両明神建立仕末」と題する記録が残っている。(2)

それは、天保四年（一八三三）十月九日から十二月二十九日にかけて、古渡《ふるわたり》村（現在の名古屋市中区古渡町）に居住する、御普請方勤役の箕浦領八郎の嫡男、虎之助に神のお告があって、屋敷内に白髭大明神の祠を建てた、その際の記録である。

本記録の元本である『近来世珍録』の著者は、箕浦本人に直接この件について聞きただしていると本人が事細かに記した記録を見せてくれたので、そのままを写しとった、とある。

さてその記録、事の次第がきわめて詳細に記されている。

事の起こりはこの少年、虎之助の夢から始まる。それは天保四年十月九日の夜のことであった。

　まず最初に虎之助は、夢の中で腹の白い狐と古渡村山王社裏門前（図1・2）で会っている。その狐は虎之助に、次のように言った。

「私のお宮を建ててくれるのなら、病にかかることなく健康で、善い行いのできる子にしてあげよう…」と。

　さらにその狐は、十

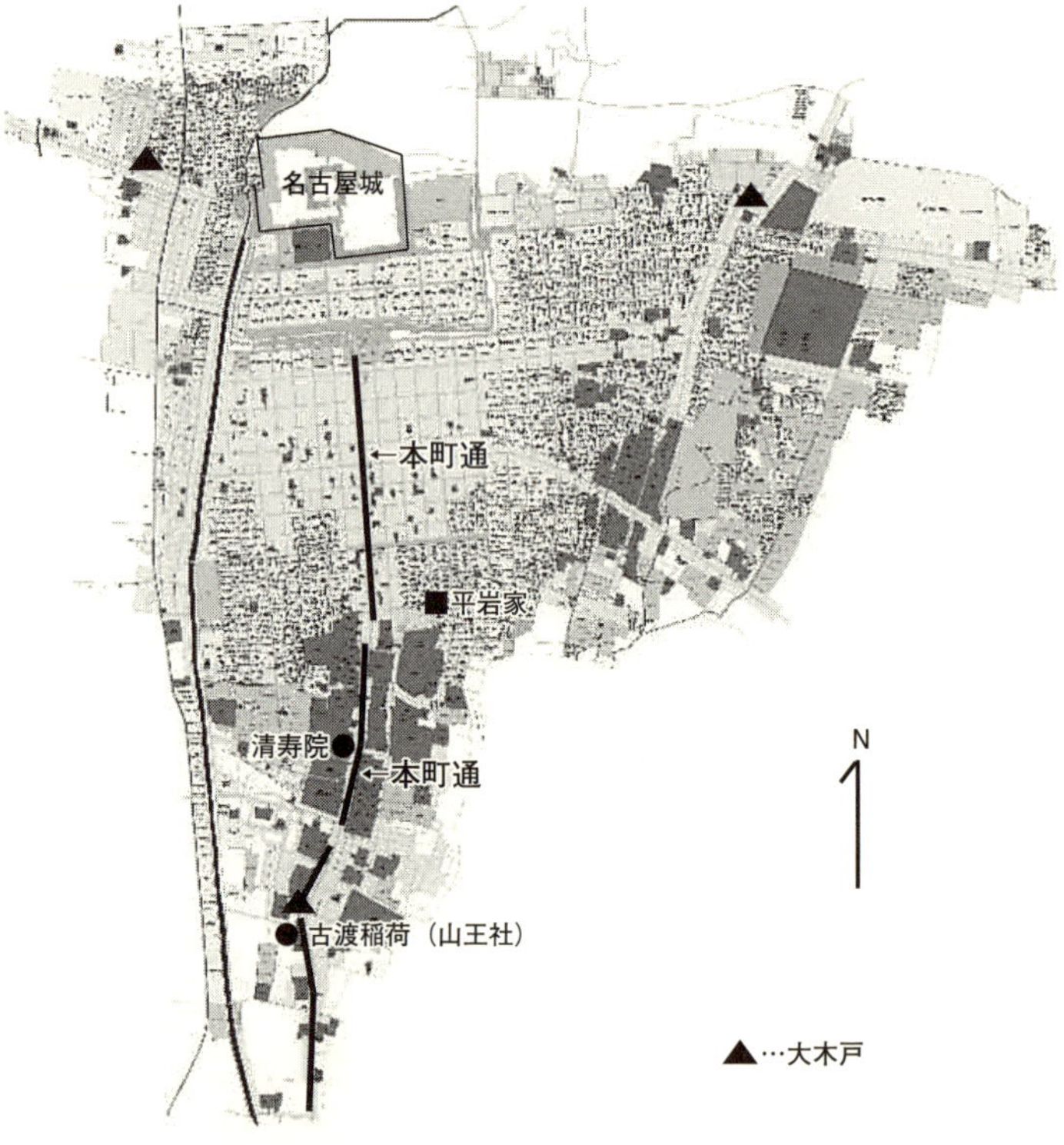

図1　弘化年間（1844～47）名古屋城下町絵図に見る古渡稲荷と清寿院・平岩家（「城下町名古屋デジタル復元地図」『名古屋城下お調べ帳』名古屋市博物館、2013年の冊子、地図、CD-ROMより本分布図を作成した。）

月十二日の夜も、夢の中で同じ事を言った。そこで虎之助は質問した。「どこにお住まいですか」。すると「清寿院（図1・3）に住んでいる」とその狐は答えた。

続けて同じ夢を見た虎之助は、父にそのことを告げる。すると父箕浦領八郎は、このような出来事があれば、すぐに答えを出してくれる、と評判の高い明神を持つ、花屋町筋伊勢町角の渡辺家の家臣、平岩某（図1）に、下女のきよを使わした。そして虎之助の夢について詳しく話させた。

託宣する渡辺家の家臣の明神

するとその渡辺家の家臣の、平岩某の家にある明神は、「虎之助

図2　『尾張名所図会』（天保12年）に描かれた古渡山王社（古渡稲荷社）。鳥居の前の大通りが本町通で、社の右にある通りが山王横町。少年の夢で狐は裏門前に出現したとあるが、この絵では分からない。一番上に描かれた橋が図6にある古渡橋（『尾張名所図会 上巻』愛知県郷土資料刊行会、1973、130〜131頁）。

の夢は嘘ではない、狐が住むという清寿院に聞きに行ってみよ」と告げた。

　そこで次の日の十四日に、今度は下女のつきを清寿院へ遣わす。すると若旦那風の人が出てきて「それは本当の吉事だ。今日は当院の主も留守だから、明朝にもう一度来てください」と告げた。

　翌十五日朝、再度つきを同院へ使わすと、勝手の奥より坊主姿の老翁が出てきて、「昨日聞いたことを、旦那さまが帰ったときに詳しく話しましたところ、旦那さまは直にその稲荷へお伺いに行きました。するとと子どもが夢で見た明神は、あなたの屋敷へ移りたいとのことで、早速その土地を用意して掃除をし、注連縄などを張ってお祭りしてください」と言った。

　さらに「この明神はすべて赤い物が好

図３　『尾張名所図会』（天保12年）に描かれた清寿院。寺院の右手に見える大通りが本町通。境内には多くの見世物小屋が見え多くの人で賑わっている。中央の山には飯綱権現も見える。現在は無い（『尾張名所図会　上巻』愛知県郷土資料刊行会、1973、104〜105頁）。

きなので、お宮も幟も鳥居も赤くしてください」と。そこでその坊主姿の老翁に「その明神さまは何と言う神さまですか」とつきが尋ねると、「白髭大明神です」と答えた。

つきはすぐに帰って、委細を主人の領八郎に話した。ところが領八郎は、下女の聞いて来たことだし、社を建てるのも大変だ、念のために確認をしよう、と今度は自ら清寿院へと聞きただしに行っている。

ところが、父領八郎が院主に直接対面して、事の次第を詳しくお尋ねしたところ、下女のつきが聞いて来た内容とは、まったく違うではないか。第一、例の坊主姿の老翁も見えず、院主とは何一つ話がかみ合わない。

しかたなく、手持無沙汰で帰ってきた領八郎は、さっそく下女のつきへ、「話がちがうじゃないか」、と問いただしたところ、下女が言うには、「嘘はもうしておりません。わたくし只今より清寿院へ行って、確認してきます」と、興奮した様子で出て行った。

下女が清寿院の勝手口に着くと、今朝会った坊主姿の翁が、玄関前の路地から、勝手口前へとやってきた。下女を見て、「これこれ、そなたは今朝みえた人ではないか」と言ったので、つきは「そうです。あなたさまがおっしゃったことを、その後旦那さまが直に御院主さまへお伺いしたところ、全然話が違うので、旦那さまに、息子の夢を使って、もったいなくも白髭大明神を移すなどと嘘を言うのはなぜか、と怒られました。非常に迷惑をしています。あなたさまが旦那様に直接話しをしてください」とうったえた。すると、「それならば明朝行きましょう」と坊主姿の老翁は返答した。それを聞いた父領八郎は、明朝遅しと待っていた。が、来なかったようだ。

この不思議な出来事について、父領八郎は次のように解釈した。

「霊夢というものは、むかしはあったように聞くけれど、今の世に誠の霊夢のあることを一向に聞かない。特に下女の言うことはあてにはならない。しかし、今の世でも子どもは正直で律儀なものだ。これはもしかして、本当の神託であるのかもしれない」。そう解釈した父領八郎は、屋敷内に場所を定めて、注連縄などを張っておくように、と家の者に告げたのだった。

次々と起こる不思議な出来事

すると、奇妙な出来事が、次々と起こりはじめる。

十月十六日、昼前に場所を決めて、注連縄を張ったところ、そこに「白髭」と書いた赤い紙がおいてある。領八郎は、清寿院で下女のつきが会った坊主姿の老翁とは、この後に登場する、立日大明神の化身だったのではないか、と後日考えた。

さらに同十七日夜、例の狐が虎之助の夢に現れ、宮を建ててくれ、と告げる。同十八日夜も同じ夢を見る。

同十九日夜、また同じ夢を見たが、どう思ったのか、夢ながら虎之助は、「明後日はお望みの通り、お宮を建立いたします」と告げる。すると狐は、「それは安心した」と言った。

赤紙に白髭と書いたものが、おいてあったのは、あの坊主姿の老翁が言ったことの印ではないのか、そう思った領八郎は、同二十五日にお宮を建立し、伊勢町繁昌院（図４）を祭主に頼み、白髭大明神を勧請し、御鎮座の祭を行った。

同二十六日夜、例の狐が虎之助の夢に現れ、宮は建ててくれたけれど、場所が気に入らないので、直す様に、とのお告げがあった。夢ながらその訳を聞くと、宮の後ろの方が乱雑になっている、と言う。確認するとお宮境内の外ではあったが、お告の通り乱雑であったので、翌朝掃除をしておいた。

　同二十八日夜、虎之助の夢に髭の長い異人が出て、神前には蒔石をすること、との指示

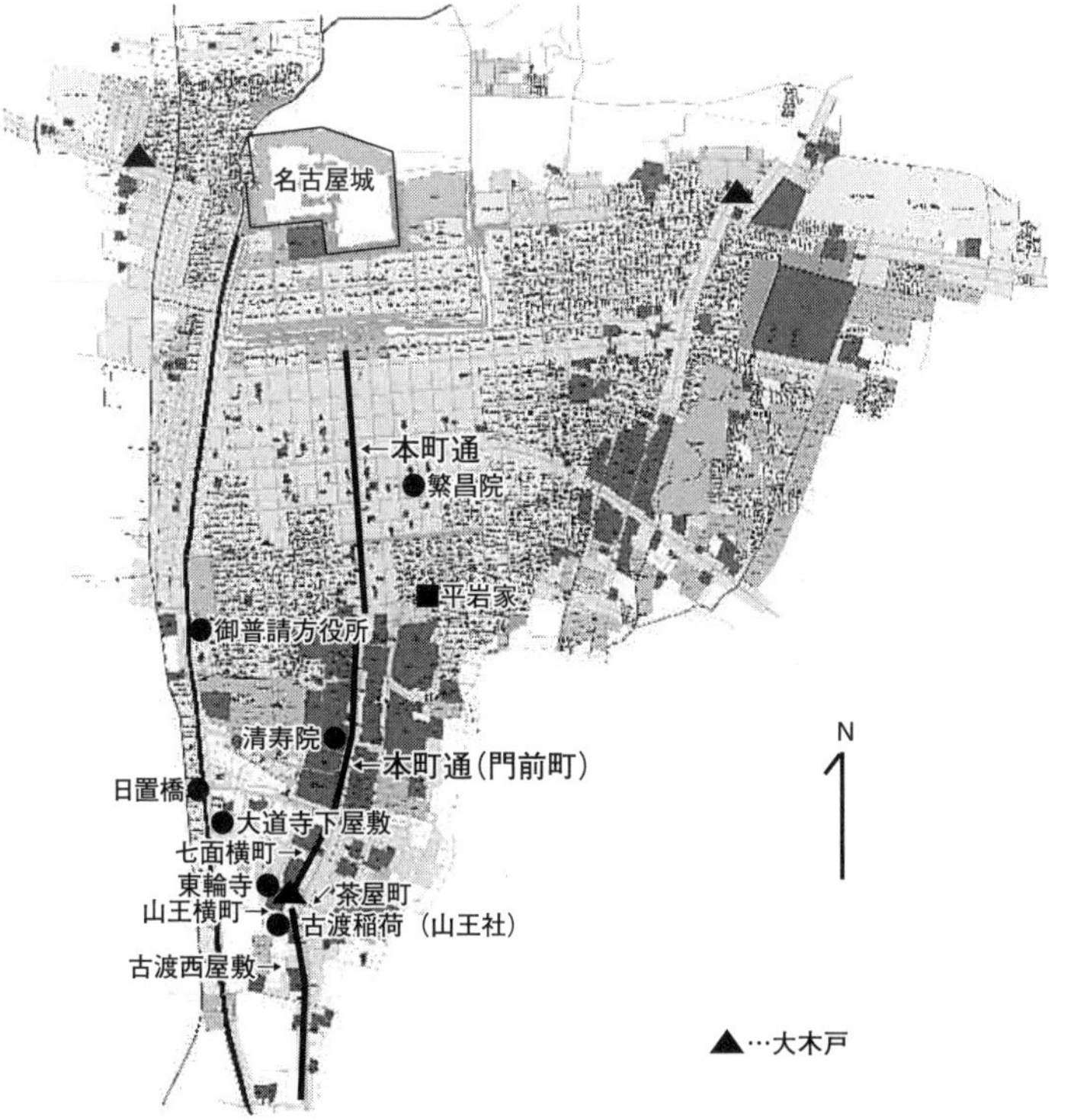

図4　弘化年間（1844〜47）名古屋城下町絵図に見る山王横町・御普請方役所等（「城下町名古屋デジタル復元地図」『名古屋城下お調べ帳』名古屋市博物館、2013年の冊子、地図、CD-ROMより本分布図を作成した。）

がある。このものは、ここで初めて人の姿で登場する。

同二十九日夜、また例の狐が虎之助の夢に出て、社を赤く塗るように、先頃下女の者にも申したぞ、と言われる。そこでこのお告の通り、社を赤く塗る。

おそらくここで父領八郎は、この狐が老翁の化身なのだ、と悟ったのであろう。老翁とは、後に登場する立日大明神なのであると。なぜなら下女のつきは、唯一この老翁に、社を赤く塗れと言われたからである。

十一月四日夜、虎之助の夢に、白衣を着た異人が出て、宮をよく建ててくれたと、感謝の言葉があった。

同五日夜、虎之助の夢に、また白衣を着た異人が出て、宮に鈴を画いてくれと言った。

同八日夜、同じく夢に異人が出て、宮を赤く塗ってくれたのはいいが、鈴はどうして画かないのか、と告げた。すると夢ながら虎之助は、次のような質問をした。「これまで何国におられましたか」。すると「京都伏見の永井八郎という者の所に居たが、家が断絶したので近頃、清寿院へ来た」と返答した。

十一月九日〜十三日にかけても、ほぼ毎夜、例の狐が虎之助の夢に出て、社内が寂しいので燈明と鳥居を建ててくれ、鈴はなぜ画かないのか、鳥居と燈明を建ててくれないのなら、この屋敷を去るぞ、などと言った。

ついに現実世界にも姿を現す異人

そして同十四日、昼の四時を少し過ぎた頃、虎之助が御役所（図4の御普請方役所）で、別の席に用事があって参ったところ、姿は見えないが、「虎之助、虎之助」と呼ぶ声がする。さらに「鳥居を建ててくれ」と聞こえたので、驚いて自分の席に戻った。ついにこの頃からこの神は、虎之助の現実世界にも出現するようになる。

同日夜から十八日夜にかけて、やはり夢の中で同様の狐の夢を見たが、この日は狐が金の宝珠をくわえて、父領八郎のところにやって来たり、金銀ふたつの宝珠を下されたり、といった具体的な褒美の夢を見ている。

同十八日夜、狐が虎之助の夢に現れ、穴を掘ってくれと言う。

そして、ついに現実世界に、人の姿をして現れるようになる。

同十九日、午前十時頃、門前町（図4）の永坂養二宅[3]まで、虎之助が用事で行った帰りに、裏通を通って清寿院（図3）へ入り、通り抜けようと右門を入って少し西へ行くと、むこうから白衣を着た老人がやってきて、「虎之助、虎之助」と呼ぶ。見知らぬ老翁ではあるけれど、自分の名を呼んでいるので目礼したところ、「昨夜言ったところに穴を掘らないのはどうしてか」、と言われたので、虎之助は怖くて何も答えずに帰った。

同二十日も、同じような出来事がある。用事があって虎之助が家を出たところ、本町通の茶屋町（図4）下へ下る所で、昨日の異人と、もう一人白装束で金の冠をかぶった人が、一緒に歩いている。

下の方へ行く様子で、虎之助が後から見ていると、右の異人が後ろを振り返り、「虎之助、虎之助」と呼び次のように言った。「この道を一緒に歩いて毎度毎度、清寿院まで行くのは大義である。早く穴を掘るように」と。

　虎之助は謹んで、もう一人の金冠をかぶった異人に向って、「御前様はいかなる御方様ですか」と尋ねたところ、その人は「私はおまえの屋敷に鎮座している白髭である」と仰せられた。その時、ありがたくも御神顔を拝し奉り、その後について下って帰ってくると、山王横町（図2・4・6）を西へ裏通を南へ出たところで、二人の姿を見失ってしまった。

　父領八郎は、虎之助が見た、この二人の異人の姿を描き残している（図5）。

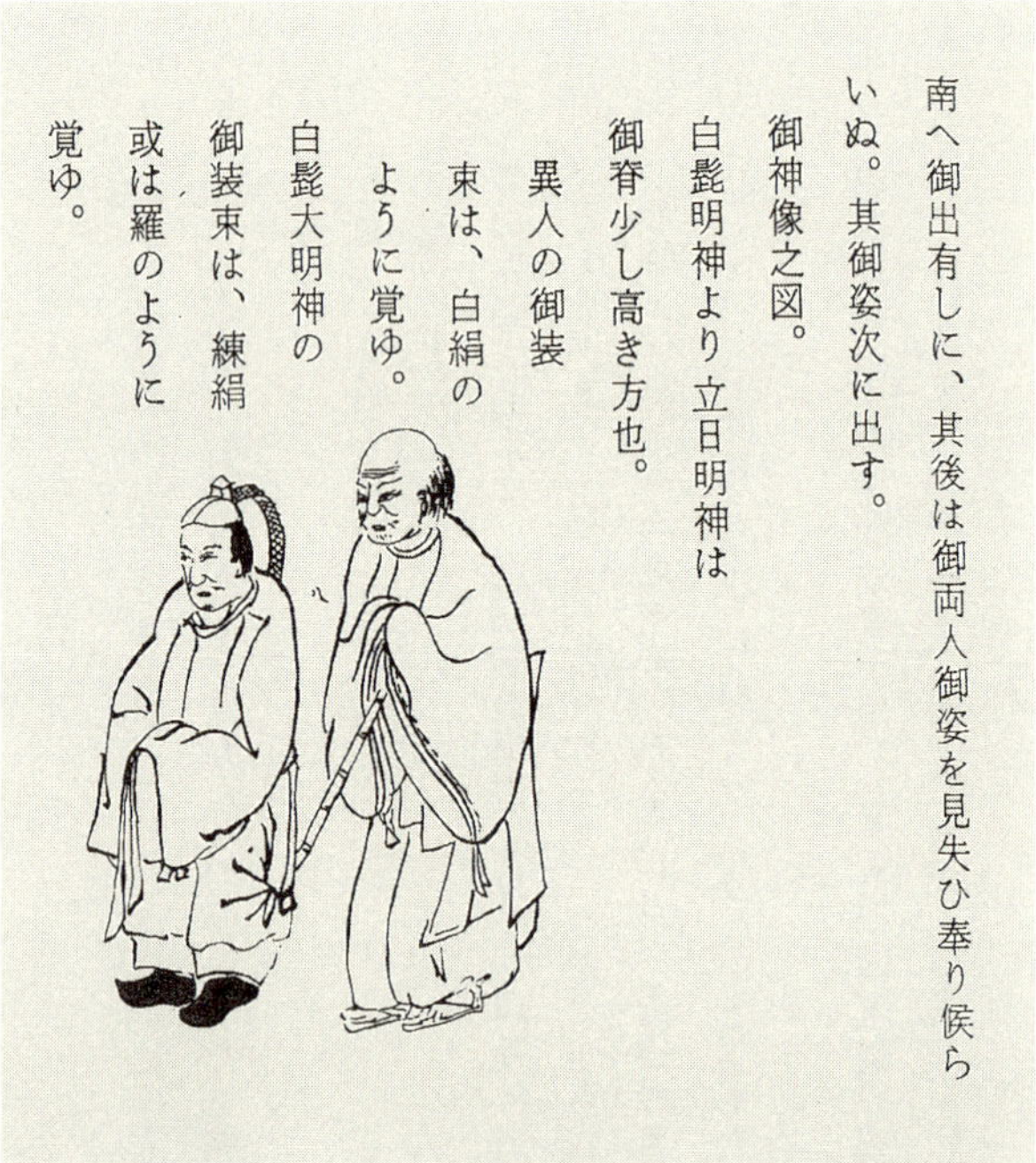

南へ御出有しに、其後は御両人御姿を見失ひ奉り候らいぬ。其御姿次に出す。
御神像之図。
白髭明神より立日明神は
御脊少し高き方也。
異人の御装束は、白絹のように覚ゆ。
白髭大明神の御装束は、練絹或は羅のように覚ゆ。

図5　『尾張霊異記』に描かれた白髭明神と立日明神（名古屋市教育委員会編『名古屋叢書第25巻』愛知県郷土資料刊行会、1983、127頁）。

この時、領八郎は白髭大明神について調べている。それによると、この神を祀るのは、江戸は向嶋に一社、惣本社は近江国にある、と記している。

この神は、近江の湖水より出現し、九千歳も長生きし、白髭大明神として崇敬されている、ということを『神仙篇釈書』という書物から知ったようだ。

また、近江国白髭社に、神代の系図があり、祭神が猿田彦命であることも調べ上げている。

そしてその後も、この異人たちの、この少年の現実世界への出現は続く。

怪異が多発する古渡村の景観

ここからは、この出来事のあった時代に近い、天保十二年(一八四一)の「古渡村絵図」[4]に描かれた、村の景観(図6)とともに見ていこう。

本図には、名古屋城下町の南限に接する古渡村が、詳細に描かれている。その南限とは、大木戸と表記のある場所である。厳密に言うと、ここまでが城内となる。したがって古渡村は、城外に位置していることになる。

大木戸を通る本町通りは、名古屋城下町の中心軸(図1・4)で、通り沿いには町屋があり、北上すれば、名古屋城の堀に行き当たる(図1・4)。城内の清寿院等は、この図には入らないので、図1・4を参照してほしい。

ちなみに、虎之助の夢に最初に狐が登場した場所は、本図の古渡村山王社である。図2は、『尾張名所図会』に描かれた、その古渡山王社(古渡稲荷社)である。[5] 本図絵も、天保十二年刊行であるので、ほぼ同じ時期の景観を描いている、と言えよう。

さて、つづきである。十一月二十六日、虎之助が山王孫彦先生（山王社？）に、教書を習いに行ったところ、この境内に異人が出現して、「今日はこの明神に用事があっ

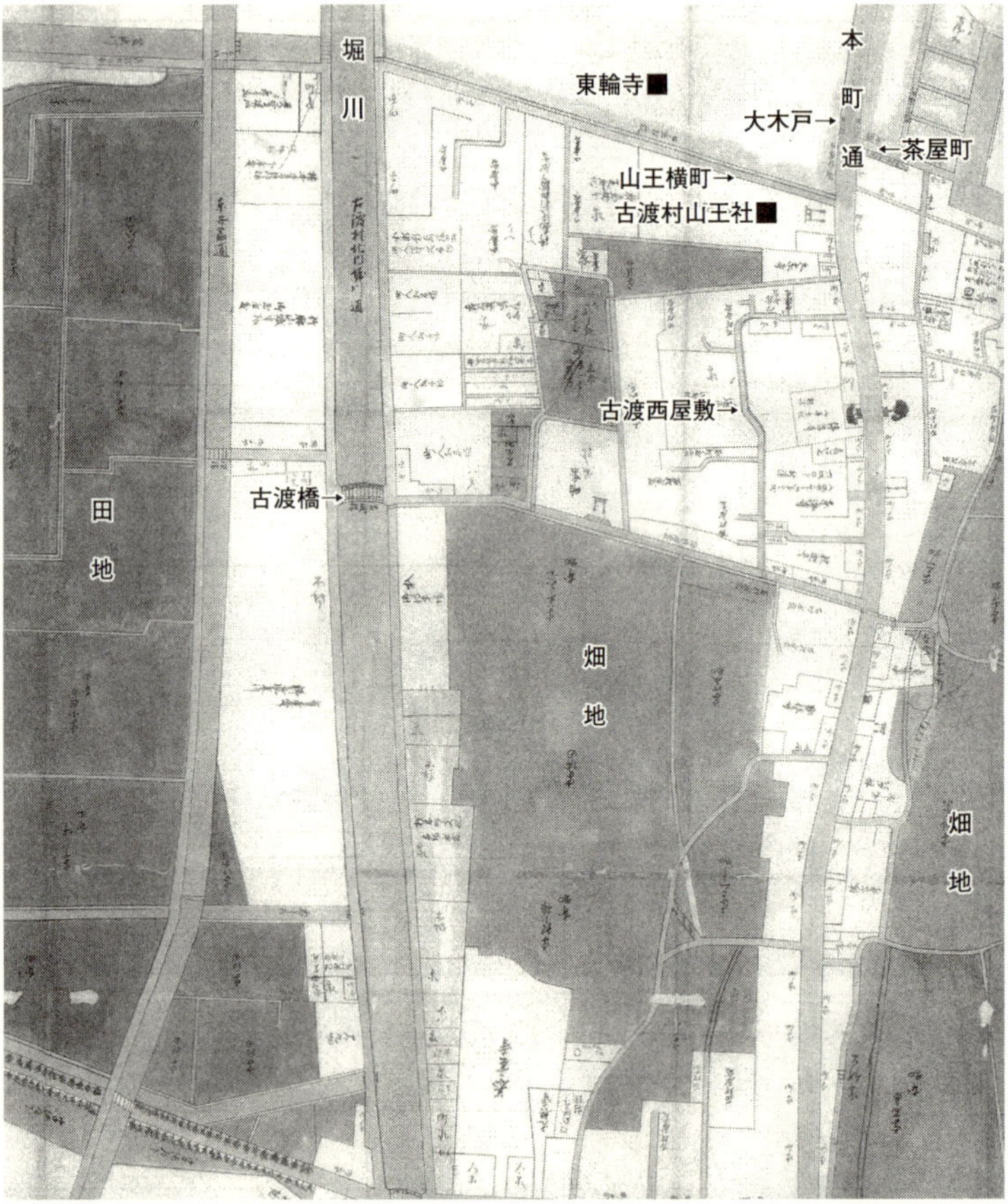

図6　天保12年（1841）の古渡村絵図に見る当時の文化景観（徳川黎明会叢書編著『尾張国町村絵図　名古屋市域編』国書刊行会、1988）。

て来たが、これからおまえの屋敷へ行くぞ」と言った。

十二月一日、虎之助が用事で出かけたところ、恵比須町通七面横町（図4）上る所で、例の異人が出現し、次のように言った。「来る七日迄に穴を掘るように」と。

同四日夜、例の異人が虎之助の夢に出て、「七日までと言ったが、明日から三日間だぞ」と言った。このお告は何度もあったが、父領八郎が留守であったため、帰るまで穴掘りの件は、日延を願い出ておいた。

同五日未明に、お宮の後ろの方、外通り東杉垣（図7）に、一尺幅の桧四分板が三十二枚、二束にわけて、うち一束は垣根にもたせかけてあった。

どうしたのかと思い、午後までそこに捨て置いたところ、誰も取りに来る者もなく、色々と詮索していると、運搬人風の男が通りかかり、この板を内へ入れておきましょう、と言って、これら板を入れて帰った。

不思議に思っていたところ、領八郎が帰宅したので、六日から穴掘りに取りかかり、石垣も造って、十二日までに完成させた。

響き合う夢と現実

するとと同六日夜、虎之助の夢に「板を使わしたので、これで囲いをしなさい」とお告げがあった。そこで先の板が、宮の前に置かれていた理由がやっとわかった。で言われたとおり囲いを作った。

記録には、このお宮や囲い、あるいは家や道、方位や畑などが画かれた図面（図7）が、記されている。

領八郎は、宮を建立したときから、図面の通り、二方を杉垣で外から覆い、さらに板をもって囲いたいと考えていたので、それに見合うだけの板が、何者かによって運ばれてきたことが、本当に不思議でならなかった。

また蒔石を、ようやく取り寄せたので、この七日に、神前に蒔いておいた。

同八日、虎之助が稽古に行く道筋の山王横町（図2・4・6）で、例の異人が出現し「万事よくできたが、この上は鈴を画き、燈明を建てるように」と告げた。

同十二日、虎之助が用事で家を出たところ、山王横町（図2・4・6）に再び例の異人が出現し、「鈴でも玉でも画いてくれ」とのお告げがあった。同夜、狐が虎之助の夢に出て、「万事よく出来ているが、あとは鈴を画いてくれ。そうでなければ、この屋敷を去るぞ」と言った。

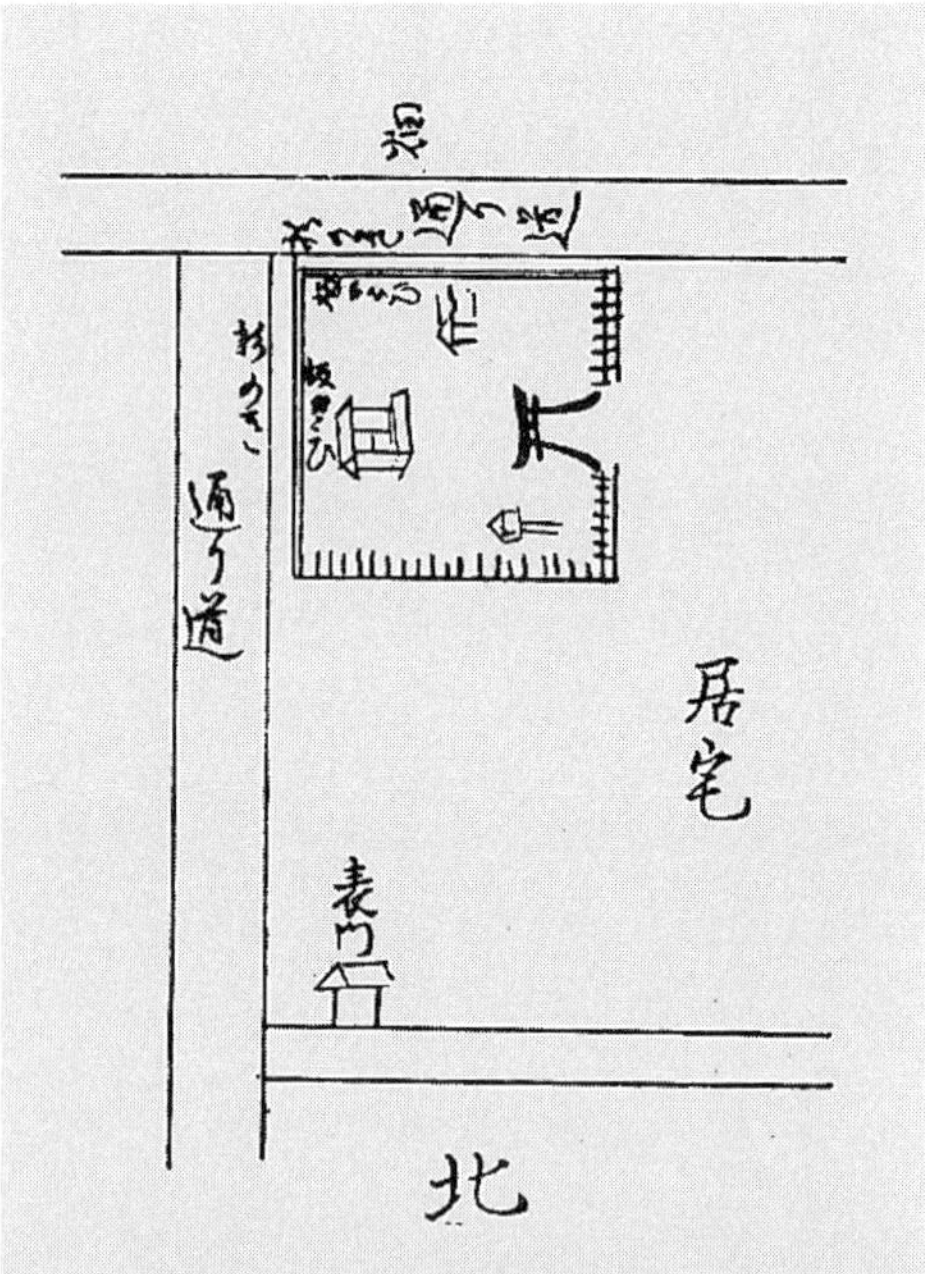

図7　『尾張霊異記』に描かれた白髭明神の宮の図面（名古屋市教育委員会編『名古屋叢書第25巻』愛知県郷土資料刊行会、1983、128頁）。

同十三日、稽古に行く際、また山王横町（図2・4・6）に例の異人が出現し、虎之助に向い、「玉でも鈴でもいいから、とにかく画かなければ、よろしからず」と。同日、燈明が完成したので建てた。鈴の件は、絵師の知り合いもいないので、引き延ばしておいたところ、やっと十四日に、社に鈴を画かせることができた。

また穴も完成したので、同十五日に、異人の方にお移りいただこうと考えていたところ、前夜から雨が降りはじめ、お供え物ができないので、空が晴れるまで待っていた。すると十五日の四時頃、虎之助が用事で家を出たところ、山王横町（図2・4・6）裏通りから少し東に、例の異人が出現し、「今晩はその方の屋敷に移るので、その用意をしておくように」と告げられた。

ところが急なことだったので、まずは奉献の魚を用意しようとしたが、すでに時刻は遅く、もう魚屋は売りにはこないだろうと思い、店に買いにいこうと、山王社前（図2・6）まで行った。すると、城下の方より、魚屋が戻ってきたので、「何かないか」と尋ねると、「何でもある」と言う。荷っている籠を道におろさせ、見たところ、種々の魚が籠に入っていた。朝に魚を持出したままのようなので、新鮮なものはないだろうと見てみると、どれも新鮮な魚で、思ったように買上げることができた。

夕方なのに魚屋と偶然出合い、今日に限ってどれも売れ残り、しかも新鮮だなんて、不思議なこともあるものだ、と思った。そのほか御神酒や、お供え物等の奉納品もそろい、無事に御鎮座があった。

山王社前とは、図2の『尾張名所図会』に描かれた、古渡稲荷社の鳥居の前辺りであろう。鳥居の前の大通りは、名古屋城下町の、中心街である本町通りで、図会をよく見ると、城下から荷を担いで帰ってくる、行商人の姿も見える。描かれた年代も近いので、まさにこのような様子だったのだろう。

名告る立日大明神

さて、これら供え物の品々を、その夜に、お召し上がるのだと思っていたところ、翌十六日の朝まで、そのままであったので、領八郎は虎之助に、また異人の出現があれば、「どうしてお召し上がらないのですか。また供えた品々を下げてもよろしいでしょうか」、と聞いておくように言った。するとと同日の九時頃、虎之助が用事で外へ出ると、本町筋から山王横町（図2・4・6）へ、半町程西へ入ったところで、例の異人が出現した。先の件を伺うと、「われわれは、身体はないので食べない。しかしお供えは、そのままおいておくように」とのお告げがあった。

虎之助がまた、「お身体がないのに、穴をお好みなのはどうしてですか」と尋ねると、「わたしの心の、とどまるところがないので、穴を好むのだ」、とおっしゃられた。

また穴を拵らえた、嘉蔵と言う者が、拵らえ方を心配していたので、その者にも、御神酒を振舞いなさい、と申された。虎之助は、次のようなことも尋ねた。「お身体がないのであれば、毎日御膳を、献上する必要はありませんか」と。すると「それはいらない。月々三日に、お供えがあるように」、とおっしゃられた。

ある日、虎之助は、父領八郎に、「また異人に会えば、御神号を承るように」と言われた。そう思っていると、異人が出現したので、お尋ねしようとすると、その前に次のように言われた。

それは十二月十八日の、虎之助が出勤した折のことだった。場所は日置橋角(図4・8)で、「私は利宇志津大明神と言う。利宇志津とは立日と書くべし」、とおっしゃられた。

「またお供え物は下げてもいい」、とも言われたので、虎之助は、またお伺いをたてた。「ほかの御方は、お出にならないのですか」と。すると、「ほかの者たちも来たけれども、夕べは食べないので下げるように」と言われた。またおっしゃるには、「私の住居である穴の前にも、囲いをしてくれ」と。

この時、諸人の願い事を聞くので、参詣させるように、と一般のお参りについ

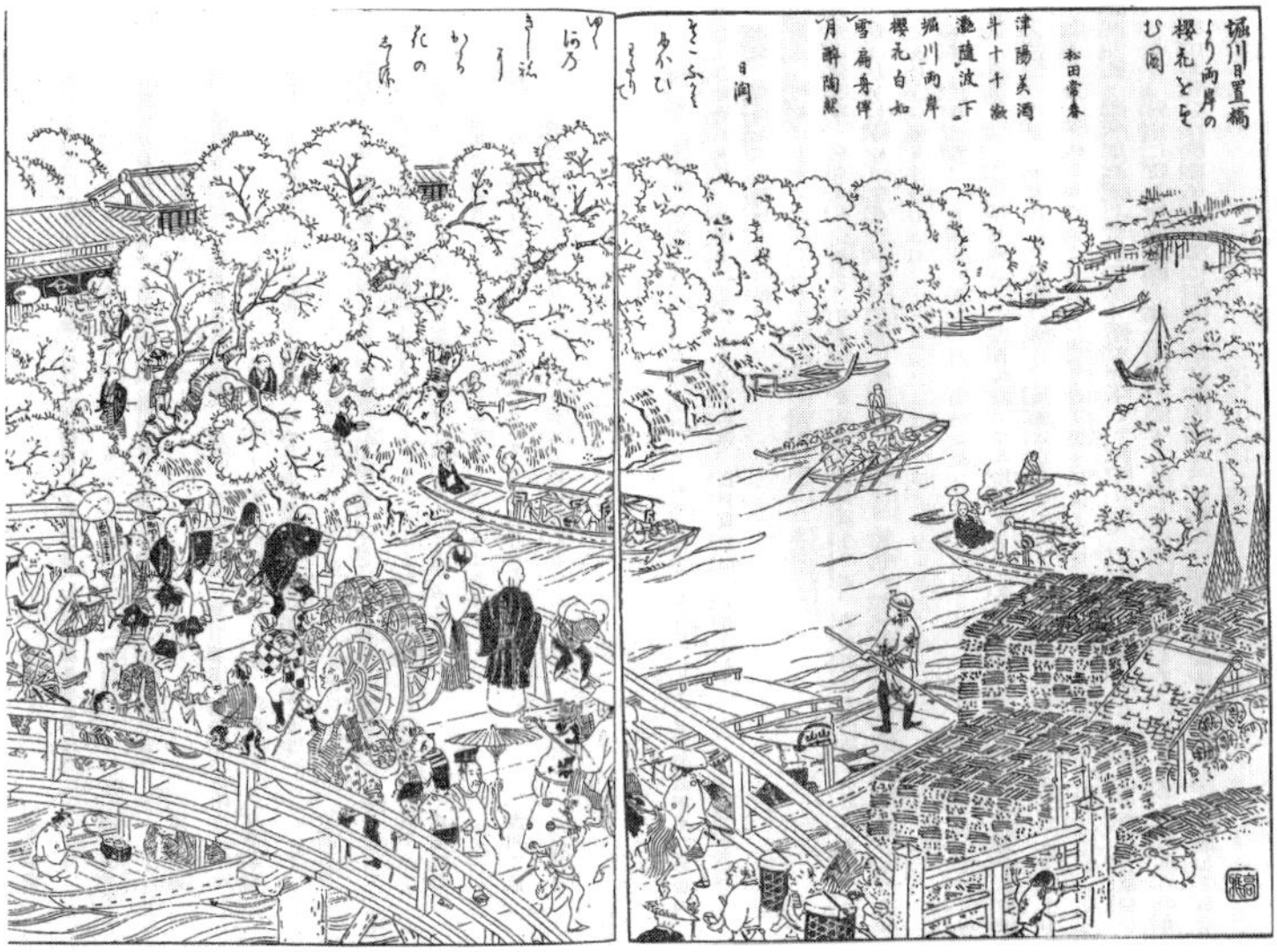

図８ 『尾張名所図会』(天保12年)に描かれた日置橋と堀川。日置橋から北を描いていると思われ、であるならまさに、描かれたこの橋の袂に異人が現れたことになる。『尾張名所図会 上巻』愛知県郷土資料刊行会、1973、194〜195頁)。

ての指示が、初めてあった。

同夜、虎之助の夢に、立日大明神が現れて、「私の官位は、以前は腹白狐であった」と仰せられた。一番最初に、夢で見た狐の腹が白かったので、このお告にある、官位と一致したのが、不思議でならなかった。

同十九日の夜、虎之助の夢に、立日大明神が現れて、「志しがあって参詣したいと申す者には、参詣をさせるように」と告げた。

ある時、領八郎が虎之助に、「御神号はわかったが、御官位の年月がわからないので、また立日大明神の出現があれば、ちゃんと聞いておくように」と言うと、同二〇日、堀川にある大道寺殿の下屋敷前（図4）に、立日大明神が出現して、「私の官位は元暦元年（一一八四）正月十四日にあり」と。

そして「最初の使の者へ、幟を建てるように申したのに、まだ建っていない。早く建てるように」と。また「参詣をしたいと申す者を、差し止めることはよくないので、参詣させてやるように」とも言われた。これはお社を、自家の屋敷内に祭っているので、他人の参詣は憚られる、と思い公開していなかったところ、このような御沙汰があったのだった。

祭礼のことなどの指示

同二十一日の昼三時頃、家で虎之助が書き物をしているとき、不意に眠ってしまった。すると夢に立日大明神が現れ、「今日は私の祭礼の日なので、祭るように」と告げた。

さっそくお供え物をして祭った。この後、虎之助が用事で、東輪寺（図4・6）の裏の筋の道を歩いていると、立日大明神が出現して、「夢で告げたことがわかっているのか、祭礼の日は五節句と正月三日、十二月二十一日で、年に七度だ」と言った。

同夜、虎之助の夢に、立日大明神が現れて、「その方の親の幟の書き方が違う。私は従一位立日大明神、白髭は正一位と書くべし」と告げた。神階に正一位、正二位は知っているけれど、従一位のことは、聞いたことがないので調べてみると、『熱田神社考』に「従一位素盞烏《すさのを》神社」とあった。

同二十二日の昼十時頃、虎之助が用事で出たところ、古渡西屋敷（図4・6）に、立日大明神が出現して言った。「幟の書き方は、私は従一位、白髭は正一位と書きなさい」。そして「穴の前の見切り囲いも、よく出来ている」と仰せられた。

この出現の際に、虎之助は「先だってお宮の建立鎮座の時に、御札に白髭稲荷大明神と、稲荷の二字を書き加えておきましたが、そのようにしてよろしかったでしょうか」と申しあげた。すると立日大明神は、「稲荷と言うのは、正一位稲荷大明神一人にして他はいない。したがって白髭稲荷と言う神号はないのだ。稲荷の二字をぬいて、祭主の山号院号名を省いて、家内敬白と書き換えなさい」と告げた。

白髭大明神とは聞いていたけれど、稲荷を書き加えた理由は、夢の中での、明神の最初の姿が狐だったので、稲荷大明神も必要なのでは、と思ったからだった。

同二十三日の夜、虎之助の夢に、立日大明神が現れて、「稲荷と書いた札を燃して、新しい札に家内敬白と書くように」と告げた。

同二十四日夕方、虎之助が堀川筋（図6の堀川に沿う道か）を通っていると、山王横町（図2・4・6）上る所で立日大明神が出現し、諸人の願を受けるようにと言われた。

この出現の際、虎之助は「家内の婦人の穢日の時は、お供え物をどのようにしたらよいでしょう」と聞いたところ、「穢日であれば、諸事差し控えるように」と言われた。また幟の書き方は、「文字を裏に書かないこと。稲荷と書いた札を、粗末な所へ入れてはならない」と告げられた。

同二十六日の夜、虎之助の夢に、立日大明神が現れ、「明日の八時頃、役所に出勤しなさい。その時対面して言う事がある」と言われた。

同二十七日、お告の通り、言われた時刻に役所に出勤したところ、その道筋の山王横町（図2・4・6）で、立日大明神が出現して言った。「燈明を建てるのは、穢日でもいいので建てておくように」と。これもまた、燈明を捧えおいたけれども、その時、穢日だったので、建てるのを差し控えたので、このような御沙汰があったろう。

そしてその折に、虎之助は次のようなお伺いをたてた。「最初から立日大明神は杖をお持ですが、その御杖は竹にて、銜請盃と彫文字三字がありますが、何と読むのですか」と。すると「銜請盃（カンシンノサカヅキ）と読む」とのことだった。そして「これは用に立つ事はないけれど、めでたい文字なので、彫ってあるのだ」と仰せられた。

また次のようにな伺いもたてた。「家内の婦人、月水にて穢日になったときは、七日に定め置いてよろしいでしょうか」と。すると、「その通りでいい」と仰せになった。

同二十九日、虎之助が出勤の折り、堀川筋の山王横町（図2・4・6）上る所で、立日大明神が出現して、諸人の願いの内容が告げられた。それは出来町に住む御普請方調役の、木全小左衛門という人が、病気治癒の願いに来ているが、不治の病なので、願いを止めさせよ、というものだった。

そしてこの長い記録は、ここで終わる。

さまざまな関係性のなかで

この『尾張霊異記』の、著者である冨永莘陽[6]は、この記録は「近来世珍録三篇」から、長文であるがすべて写した、と書いている。そして「また一奇談というべし」、と最後に記している。

さて、この少年虎之助の身に起こった、そして箕浦領八郎にとっては、息子の語った出来事を、どのように扱えばいいのだろう。

この出来事、常人、つまり普通の少年の欲求とは、とても思えない。だから『尾張霊異記』の著者も、「奇談」とその記録を締めくくったのだろう。ようするにこの出来事、同時代の人の目から見ても、奇っ怪な内容だったのだ。

しかしである。この記録を、単なる江戸時代の、ある城下町で起こった、たわいのない少年の夢として、片付けていいものだろうか。私にはそうは思えない。それはこの出来事を、丁寧に、そして詳細に記録した父領八郎も同じ思いだったに違いない。なぜなら、単に一少年の夢だけで、事が終わっていないからだ。

確かに最初は、少年の、いい子になりたい、健康でいたい、という単純な欲求が、反映された夢にすぎなかったのかもしれない。ここで終わっていれば、このような大がかりな記録とはならなかったろう。しかし数日同じ夢を見、しかもその夢のなかで狐と会話をし、その狐から清寿院にいることを聞き出したあたりから、この少年の夢は、徐々に現実世界を取り込み始める。

そのことが気になったのか、次に父親が、この一連の出来事の、行為者として加わることになる。そして下女のきよが、渡辺家の家臣である、平岩某の家へと使いに出されることで、もう一人の行為者となる。さらにもう一人の下女つきが、清寿院へと赴き、老翁（後の解釈では立日大明神）の、白髭大明神が箕浦家の屋敷に移りたがっている、とのお告げを聞く。ここで老翁や神も加わる。

父領八郎は、ついに自ら清寿院へと出向き、院主と会話している。ここで更に行為者が増える。その際、場所も忘れてはならない。最初の夢が山王社、次に清寿院、そして鎮座の祭は繁昌院に依頼している。これら場所は、いずれも城下町絵図で、実在が確認できる。

もちろん箕浦領八郎も、実在が確認できている。[7] ちなみに記録の最後に登場する、病気治癒を願い出た、御普請方調役の木全小左衛門も実在する。[8]

そしてついに神々（記録では異人と表現されている）が、現実世界に登場し、その出現場所もことごとく実在している。あるいは『尾張名所図会』によって、当時の様子も確認できる。

このようにこの記録は、さまざまな人、動物、場所、神々の関係性のなかで成立しているのである。この江戸時代の記録を、歴史学ではなく、宗教学でもなく、そして民俗学でも文学でもなく、対象を人、場所、モノなどの、相互的な関係性のなかで研究する、地理学の観点から見たら、どうなるのだろう…。

注

（1）ジル・ドゥルーズ『スピノザ―実践の哲学』平凡社、二〇〇二、四一頁。

（2）名古屋市教育委員会編『名古屋叢書　第二十五巻　雑纂編（二）』愛知県郷土資料刊行会、一九八三、一二二〜一三三頁。本記録は目次には、「白髪・五日両明神建立仕末（近来世珍録）」とあるが、本文では白髪は白髭、五日は立日とあるので、本書では「白髭・立日両明神建立仕末」とした。

（3）『デジタル版名古屋城下お調べ帳』（名古屋市博物館、二〇一三年）の「市史人物編」によると、医学・本草学者。

（4）徳川黎明会叢書編著『尾張国町村絵図　名古屋市域編』国書刊行会、一九八八。

（5）『尾張名所図会　上巻』愛知県郷土資料刊行会、一九七三。

（6）冨永莘陽の略歴等については、注2の六〜一二頁を参照。

（7）『デジタル版名古屋城下お調べ帳』（名古屋市博物館、二〇一三年）の「藩士大全」に、本記録当時、箕浦領八郎は、御普請奉行手附吟味方とある。

（8）同上記録によると、この記録当時、確かに木全小左衛門は、御普請方調役である。しかし没年を見ると、一八四八年で、この出来事が一八三三年のことであった。記録によると、この神は、木全の病は治らないとして、願いを止めるように告げているが、この願いの後、十五年生きたことになる。余分なことかもしれないが、この木全が亡くなった嘉永元年に、箕浦領八郎が御普請方調役となっている。

2　狂気の景観

狂人は通過する地点で取り押えられるのである。彼は、外部の内側におかれているし、逆に内部の外側にもおかれてもいるのだ。これは高度に象徴的な立場であり、もしも、狂人のおかれるこの立場がかつては秩序の明確な要塞だったものが現代では、われわれの意識の城と化してしまったことを認めるとすれば、この象徴的な立場は現代にいたるまで、その姿のまま残っているにちがいない。(1)

ミシェル・フーコー

イノセンス―外部記憶装置としての景観

バトー　かつて極東最大の情報集約型都市として建設され、栄華を極めた択捉経済特区。そのなれの果てが、この巨大な卒塔婆の群れだ（図1）。国家主権が曖昧なところにつけ込まれ、今じゃ多国籍企業や、そのおこぼれに預かる犯罪組織の巣窟。国連のネットポリスや、ASEANの電警も手が出せない無法地帯になっちまった。

個体が創り上げたものもまた、その個体同様に、遺伝子の表現形だって言葉、思い出すな。

トグサ　それってビーバーのダムや、蜘蛛の巣の話だろ。

バトー　珊瑚虫の作り出す珊瑚礁と言ってほしいな。まあ、それほど美しかぁないが。

生命の本質が遺伝子を介して伝播する情報だとするなら、社会も文化もまた、膨大な記憶システムに他ならないし、都市が巨大な外部記憶装置ってわけだ。(2)

『イノセンス』（二〇〇四年）

私たちが、日頃、なにげなく見ている日常の景観、バトーの言うように、それらがもし生命の本質である、遺伝子を介して伝播する情報であるのなら、ひょっとして景観も、生命体の一部として、生きているのかもしれない。であるのなら、彼らは私たちに向かって、何を語り始めるのだろう。それは私たち人類が、誕生する前から、昨日までの、コンピュータのネットワーク情報ですら遠く及ばない、とんでもない量の記憶に違いない。だとしたら、なぜ私たちは、これまで、それに気づかなかったのだろう…。

図1　『イノセンス』に描かれた択捉経済特区の景観。上記の会話は本図の中央上に描かれた飛行機のなかから、この景観を見ながら行われる（DVD『イノセンス』ブエナビスタ、2004年より）。

あの、スティーヴン・キングの、次のような言葉を、思い出す。

秘密というものは、語り手が不足しているからではなく、聞き取れる耳が不足しているからこそ、ひめやかに埋もれたままでいるのだ。(3)

『スタンド・バイ・ミー』(一九八七年)

地理学の景観研究

もしあなたが地理学者、あるいは地理学を学ぶ者、あるいは地理愛好家であったのなら、この「都市が巨大な外部記憶装置」だ、とする言説に、反応せざるを得ないだろう。なぜならこれまで地理学は、地表面に刻まれた、人類の足跡を研究対象とし、さまざまなやり方で記録し、分析してきたからである。

そして地理学は、この人々が残してきた記録を、景観と呼び、この景観こそが、この学問の主要なテーマの一つなのだ、と考えてきたからだ。そう考える地理学者は数多いる。かくいう私も、その一人なのだ。

人間が自然に働きかけ、あるいは自然が人間に働きかけ、複合的に形成されてきた、その景観の分析手法を、地理学はいくつか開発してきた。たとえば図2のような、ログハウスをどのように見るかについてでさえ、複数の視点が提示される。

図のような、伝統的な北米のログハウスは、かつては開拓地の広い地域で、数多く見いだすことができた。現在でも、南部と西部の山岳地帯に、まだ残っている。

　これらは明らかに、人間と自然の相互関係から生まれた、景観の一部であり、これらの分布は、地図化が可能な、物質文化の景観とみなすことができるだろう。

　このように「どこに（where）」、「なにが（what）」あるのか、それをまずおさえるのが、地理学の基礎的部分である。

　その成果として、さまざまな文化事象の、分布図が作成されてきた。残念ながら多くの場合、高校までの学校教育としての「地理」は、ここで終わってしまっている。だから学生たちに、嫌われるのだろう。したがって一般的にも、地理学とは、もっぱら分布図を

図２　カナダのオタワ近郊のログハウス（T.G.Jordan, M.Domosh & L.Rowntree, *The Human Mosaic: A Thematic Introduction to Cultural Geography*, Longman, 1997, p.31より）。

作成する、補助的な学問なのだ、と思われているふしがある。しかし、本当の地理学は、ここからはじまる。

ある特定の文化事象の、分布図を作成すると、多くの場合、分布の密度が濃い地域と、薄い地域に分かれる。しかもその濃淡には、中心と周縁という、同心円的な空間的特性が、見いだせることになる。このような文化の、空間的特性が明らかになると、多くの文化は、発生地と思われる、分布密度の濃い中心地から、同心円状に拡散することによって、徐々に希薄化し、ついには消滅するのでは、との推測が成り立つことになる。

それはまるで、池に石を投げ入れたときに、石が投入された中心地では、波が高く激しくたち、その後その波は、同心円状に広がり、そして最後には消滅してしまう、というい わば、地球上の物理的現象のようにも見える。そうなると文化現象も、地球の物理的法則に似た空間特性を持っている、と読み解くこともできるわけだ。

また私たちの生み出した文化は、ここに示したログハウスのような、可視的な物質文化だけに、限られるわけではない。経済や政治、社会組織などの、可視化しにくい文化だってある。さらに可視化が難しいのが、私たちの頭の中にある、観念やイメージ、価値観といったような、とらえどころのない文化である[4]。

地理学は、これら目に見えない文化の、分布図の作成にも挑戦している。興味深いことに、これら見えない文化要素の分布図においても、やはり中心と周辺があることが、知られている[5]。つまり物質的な文化だけでなく、見えない観念のような文化も、地球上の物理的法則に、逆らえないのでは、という仮説が成り立つわけだ。

つぎの段階では、この分布図に、時間の要素「いつ（when）」が入る。そのような事象の分布は、いつの時代からなのか、あるいは古代、中世、近世と現代とでは、どのように分布が違うのか、といった歴史的な研究である。この研究は、なにが、いつから、どこに分布しているのか、それは何時代に、どこから来たのかなどの、いわゆる文化拡散の研究となる。

このログハウスの場合、地理学者は、これらの建築技術がどこで生まれ、どのようなルートで広がり、この北米へ定着したのか。反対に、分布図で、このログハウスが見いだせない地域では、どのような障害要素が、この文化の拡散を、阻んだのかを知るために、文化拡散の様々な様態を、見いだすことになる。

おそらく、このログハウスの場合、その起源は、先史時代の中央ヨーロッパに求められるだろう。そして拡散の要因は、ヨーロッパ人の新大陸への移住が、その主要な要因として提示される。このような文化拡散の様態を、移転拡散と呼ぶ。

この文化拡散の研究においては、伝染病のように、隣り合わせた人や場所に、無差別に広がるタイプの文化もあれば、特定の階層の人、あるいは村ではなく、都市にしか広がらない種類の文化、の存在をも見いだしている。前者を伝染的拡大拡散、後者を階層拡散と呼ぶ。

地理学的「なぜ」

さて、これら基礎研究を終えることによって、次に「なぜ（why）」という問いが、はじめて発せられることになる。このような分布図を作成すると、必ずある特定の文化事象というものは、集中的に分布しているところと、そうでないところ、全くないところが、見いだせることになる。

なぜここに分布していて、その他の地域には分布していないのか。

その要因として環境、特に地形や気候を考えるのが、文化生態学の研究である。人類は環境に適応するために、文化を生み出した、とも言われるとおり、これら建造物の周囲には、それに適した材木が、存在していなければならない。その素材が、植物である以上、地形や気候を、特に考慮にいれることになる。

逆に、ログハウスの素材となる材木が、生育するのに適した環境でなければ、その地域にログハウスの景観は、見られないだろう。もちろん、材木を伐採した事による、人類の環境への影響も、考えなければならない。

この文化のとらえ方は、やはり動物や植物と同様に、文化も環境に適したところに生態する、という考えに基づく。

特定の文化の、ある地域への拡散、不拡散の要因は、自然環境だけではない。既存の土着文化にも、その要因がある。

つまり、もともとその地域に存在していた文化が、新しい文化を受容したり、拒絶、排除することだってあるわけだ、と文化的要因を重要視する研究もある。ある文化が、その他の文化に影響を与える、文化的相互作用の研究である。

この典型的な事例として、よくあげられるのが、古代日本への中国の律令制度の導入と、その根幹にあった、科挙の制度の拒否である。

それは、氏姓制度という土着文化があったからだ、とすることができるだろう。中国の科挙とは、広く一般に、優秀な人材を求める制度だが、古代日本においては、特定の氏族が、いわゆる世襲的に重要な役職を占有する文化があった。つまり古い文化が、新しい文化の一部を、拒絶したのである。

ログハウスの場合、どのような文化と相互に影響し合っているのか。

現在ログハウスが、見られなくなった理由として、経済や生活水準の変化が考えられる。あるいは、建築技術の変化が、より精巧な家の構築を可能としたから、とも。

また次のような、興味深い事例も、この景観研究は指摘する。

このような、ログハウスで生まれた、と宣言することが、なぜアメリカの大統領候補者にとって、かつてほとんど欠くことのできない言説だったのか。それは、これら質素な構造を持つ建物が、伝統的なアメリカ人の価値や美徳を、指し示すシンボリズムをもっていたからだ。

さらに、次のような疑問も提示される。なぜ北米の公園や広場で、記念物としてのログハウスが、しばしば保存されているのか。(6)

日本において、ログハウスと言えば、山や海などの観光地にあって、レジャーで数日使用する、あるいは別荘として建ててみたい、そういったある種の、憧れの眼差しの、対象となる景観であって、決して選挙には利用しないし、町中の公園にも、建つことはない。

つまり、文化の違いという現実空間が、ログハウスという記号表現の意味作用に、差異を生んでいる、ということなのである。

狂気の景観―テロの起こる場所

精神分析家のジャック・ラカンが、「…謎のような記号表現と、この記号表現が現実的な記号表現のなかで入れ代わる項との間に火花が流れ、この火花は―肉体とかこの機構とかがそこで記号表現の要素として受け取られる隠喩のそれである―症候のなかに、この症候が、そこで消散してしまうかもしれない意識的な主体にとっては不可解な意味作用を決定する」(7)と言うように、景観という記号表現は、異なる文化集団や、特殊な組織によって、思わぬ意味作用を引き起こさせ、場合によっては、精神病理的な行為を生むことがあるのだ。

それをログハウスで言えば、アメリカ合衆国の大統領選挙において、立候補者の実家が、ログハウスであることを示す写真を、メッセージとして流すことで、受け手に意味作用を生じせしめ、そのことが、熱狂的な投票数に連動することになるのである。

それは、北米の公園や、広場の記念物としてのログハウスでも、同様の作用が生じていることになる。私たち開拓民は、皆この小さなログハウスから出発し、合衆国を建国し、ここまで大きく発展したのだと。

ラカン流に言えば、ログハウスが、特定の現実空間のなかで、その丸太でできた小屋という意味以上の作用を、火花を散らしながら生み出す。それをラカンは、隠喩と呼んだ。

であるなら、この現象が事実として認められる以上、景観研究において、この記号の意味作用に、注目する必要が生じる。

ところで、このような景観研究の見方が、前章で見た江戸時代の記録に、応用できないだろうか。なぜなら、あの常人の欲求とは、とても思えない夢を見た少年は、夢だけでなく、実在する城下町の特定の景観にも、あの異人たちを見いだしているからだ。

ラカンは、精神分析家の立場から、フロイトの夢分析の見解を引き継いで、常人の欲求を換喩(隣接関係)、病的な幻想を隠喩(類似関係)と考えた。つまり常識的な記号表現(ここではログハウス)に対する分析(知的欲求)は、先に示した地理学の基礎的分析、ログハウス(「なに」)は、「どこに」分布しているのか、それは「いつ」からのことなのか、その理由は、その周辺の現実的な環境要因、あるいは文化要因が作用しているのではないか、というような、その研究対象に隣接する、現実に焦点をあてることになる。

これを換喩と言う。このような、言語構造を類推することが可能な、様々な要素、要因が、長年かかって複雑に絡み合い構築されたものが、私たちが日常において、何気なく接している景観なのだ。

ところが、私たち人類は、同じく言語構造から類推されるところの、隠喩というレベルにおいても、この景観という記号表現を、読み取ろうとする。そこに、病的な幻想が生まれる可能性が出てくるわけだ。あの少年のように。

図3は、ログハウスとは対照的な景観である。このニューヨークはマンハッタンの都市景観は、あらゆる意味で、ログハウスとは違っている。

図3　ニューヨークはマンハッタンの都市景観（T.G.Jordan, M.Domosh & L.Rowntree, *The Human Mosaic:A Thematic Introduction to Cultural Geography*, Longman, 1997, p.31より）。

ログハウスのように、居住者である素人が建造したものでもないし、したがって簡単な技術では構築不可能な、プロの建築家によるものである。

しかもそれは、世界で最も高度な技術で建造されたもので、その記号表現は、あらゆる意味で、世界に君臨するアメリカそのものでもある。

しかし、その環境への影響は、ログハウスの比ではない。環境へ与えるダメージの大きさも、異なる。

居住する人たちの職業も、生活様式も同様に、ログハウスのそれとは違う。これは、私たちの日常の、現実的な隣接関係から類推される、換喩的な分析である。

言語構造に従えば、私たちの視線は、この都市景観へ、隠喩的な眼差し

図4　秋葉原の都市景観（佐々木撮影）

をも投げかけることになる。そして、病理的な幻想を生むことも。

図3の、中央に高くそびえ立っているビルは、今はもうない。あの九・一一のテロで崩壊した、ツインタワーである。

異なる文化集団や組織に属する人たちから、この記号表現は、明らかに攻撃対象と写ったわけである。

日本では、秋葉原という都市景観（図4）においても、同様の狂気が生まれたことがあったし、東京の霞ヶ関ビル界隈の地下鉄が、攻撃対象となった狂気もあった。

と同時に、これら記号表現を、逆に肯定的にとらえる人たちの欲求においては、全く反対の、憧れの都市景観でもあることは、よく知られていることだろう。多くの夢見る人たちが、この都市景観群を目指している。

この憧れは、確かに人々の精神を揺るがす

し、そのことが反作用を生んだとき、狂気をも生み出すのかもしれない。

ラカンの他者のディスクール

このように景観は、まるで私たちに、ひっそりと語りかけ、私たちの欲望を刺激し、様々な行動を誘発させているかのようだ。

なぜならそれは、言葉自体がそうであるからだ。私たちは、生まれたときから、父母や身近な人たちの、あるときは道徳的で魅力的な言葉に踊らされ、それに束縛され、成長してからは、メディアの流す、扇動的で刺激的な言葉に惹かれ、日常を生きているのだ。

英語圏における、ラカン派精神分析の第一人者であるブルース・フィンクは、次のように述べている。「言語は私たちの誕生に先立ち、言葉を話す前そして話し出した後の私たちを取り囲むディスクールをとおして私たちに流れ込み、私たちの欲と幻想を形づくる。言語がなければ、私たちが知っているような欲望―私たちを刺激するのだが、それ自体はねじ曲げられており、矛盾しており、満足させられることを嫌うような欲望―はないだろうし、私たちが知っているような主体もないだろう(8)」。

これらを踏まえて、景観は言語と類似する構造を持つ、と仮定したとき、私たちの目の前に、換喩と隠喩の景観の相貌が、立ち上がってくる。

そもそも、このような文化と言語構造の類似性に、最も早く注目したのは文化人類学である。景観という文化と自然の、複合的産物としての、本来の視角から見るのであれば、文化研究の本場と言ってもよい、文化人類学の研究にも若干触れておく必要がある。

文化人類学は当初、文化を生活様式としてとらえてきた。文化を特定の社会の人々によって習得され、共有され、伝達される行動様式、ないし生活様式の体系（相互に連関する諸要素の集合体）としてみる立場、あるいは、文化を自然環境に対する適応の体系としてみる立場、彼らは特に技術・経済・生産に結びついた、社会組織の諸要素が文化の中心領域と考えた。

その後、文化を一つの観念体系としてみる立場が生まれる。そこでは、共有される観念の体系、概念や規則や意味の体系、知覚、信仰、評価、通達、行為に関する一連の規準としてとらえられた。

そして文化を象徴体系、としてみる立場が生まれる。そこでは象徴や意味の体系、カテゴリーや行動に関する規則、象徴的形態に表現され、歴史的に伝えられる意味のパターン、象徴は物体、行為、出来事、性質、関係について、意味内容をあらわす媒介手段、人間精神を生み出した象徴体系、などの見解が生まれた(9)。

そして、文化の言語構造に注目したレヴィ＝ストロースは、ラカン同様に、常人の欲求である換喩を科学的思考と考え、病的幻想に近い隠喩を芸術的思考と見なしたのだった(10)。

ただし、レヴィ＝ストロースの構造分析と、ラカン、あるいはバルト(11)との構造分析には、異なる点がある。それは、景観が発する記号の読み手の存在意義にある。記号の意味は、一つに決するのではなく、受け手によって異なるのである。人によっては、この違いについて、後者をポスト構造主義の芽生え、と評価する。[12]

それはさておき、景観研究の、まずは前に向かって歩むべき道として、とりあえずは、このように文化にも言語構造が認められるのであれば、景観にも同様の構造を認めてみよう、ということなのだ。

そして、景観に言語構造に似た記号表現を見いだすのであれば、常人の欲求と病的な幻想の解釈が、言い換えれば、科学と芸術の両方の手法が、景観研究には必要となる。[13]

まずは本章で、映画芸術の言説に、そのヒントを見いだそうとした意図が、ここにある。

上書きされるニューヨークの景観

このように、ここまで述べてきた、すべてを総合して研究するのが、景観研究ということになろう。地理学的研究の最終到達点だけでなく、心理学や文化人類学、構造言語学、あるいはポスト構造主義をも視野に入れざるを得ない、文化研究の現実的到達点とも言える景観には、古代から現代にいたるまでの、人々の活動の痕跡が、時には乱雑に、時には整然と詰め込まれている。

歴史学が対象とする、ある時、ある人によって、記述された文献は、そのままの形で残る可能性があるが、景観は、いわばそれら記述が幾重にも乱雑に重なり合い、今でも経済的、政治的、社会的、文化的な圧力により、上書きされつつあり、複雑に絡み合って、あるものは消滅し、あるものは色濃く残存し、私たちの眼前に広がっているのだ。

がしかし、古文献と違い、特別な能力、あるいは権力を持つ人のみが、まみえる物質文化なのではなく、その文化と自然の記録は、私たちが何気なく毎日、日常の風景として、意識することなく見つめている。がゆえに、その存在意義が曖昧模糊とした、無意識的な風景なのだ。

先のニューヨークはマンハッタンの都市景観も、当初はオランダ領でニューアムステルダムと呼ばれていた。

その頃の古地図が図5であるが、見るとまだ半島の先端部分しか、植民されていないのがわかる。

地図には、おそらくはログハウスと見られる、小さな家が建ち並んでいるのが読み取れる。

そして先住民の攻撃から防御するための、城壁（ウォール）が設置さ

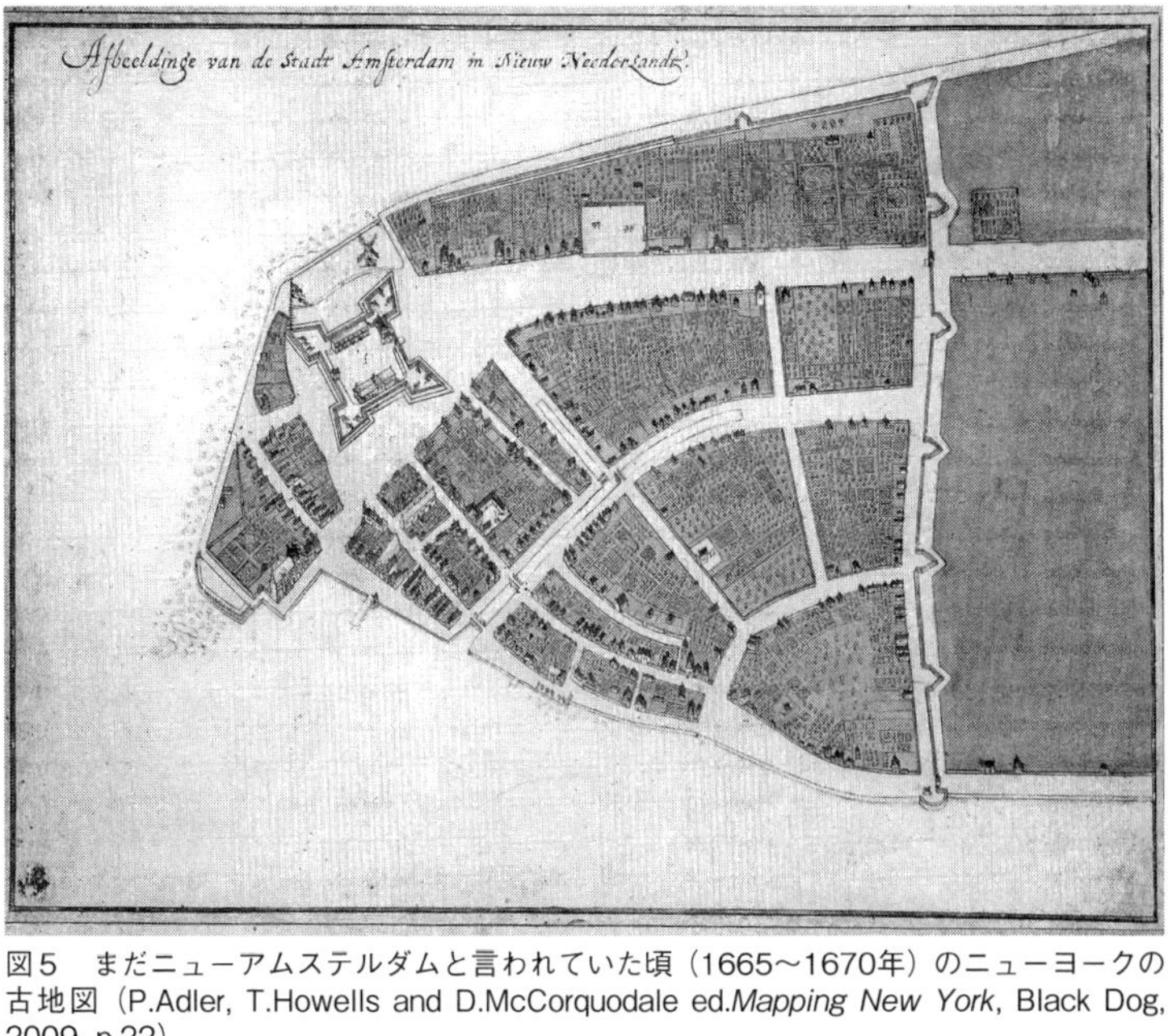

図5　まだニューアムステルダムと言われていた頃（1665〜1670年）のニューヨークの古地図（P.Adler, T.Howells and D.McCorquodale ed.*Mapping New York*, Black Dog, 2009, p.22）。

れているのが見えるが、これが現在、世界経済を動かす金融街、ウォール・ストリートとして上書きされている。

さらにその城壁から外へ、一本の道が延びているのが見えるが、これがブロードウェイである。

現在のマンハッタンの町割りは、西洋的世界観から碁盤目状に、整然と区画されているが、このブロードウェイのみが、斜めの曲線を描いて街区を貫く。

そしてこの碁盤目状の区画と、この斜めの曲線が複合することによって、スクエアーと呼ばれる、変形した三角形状の区画が生まれる（図6）。

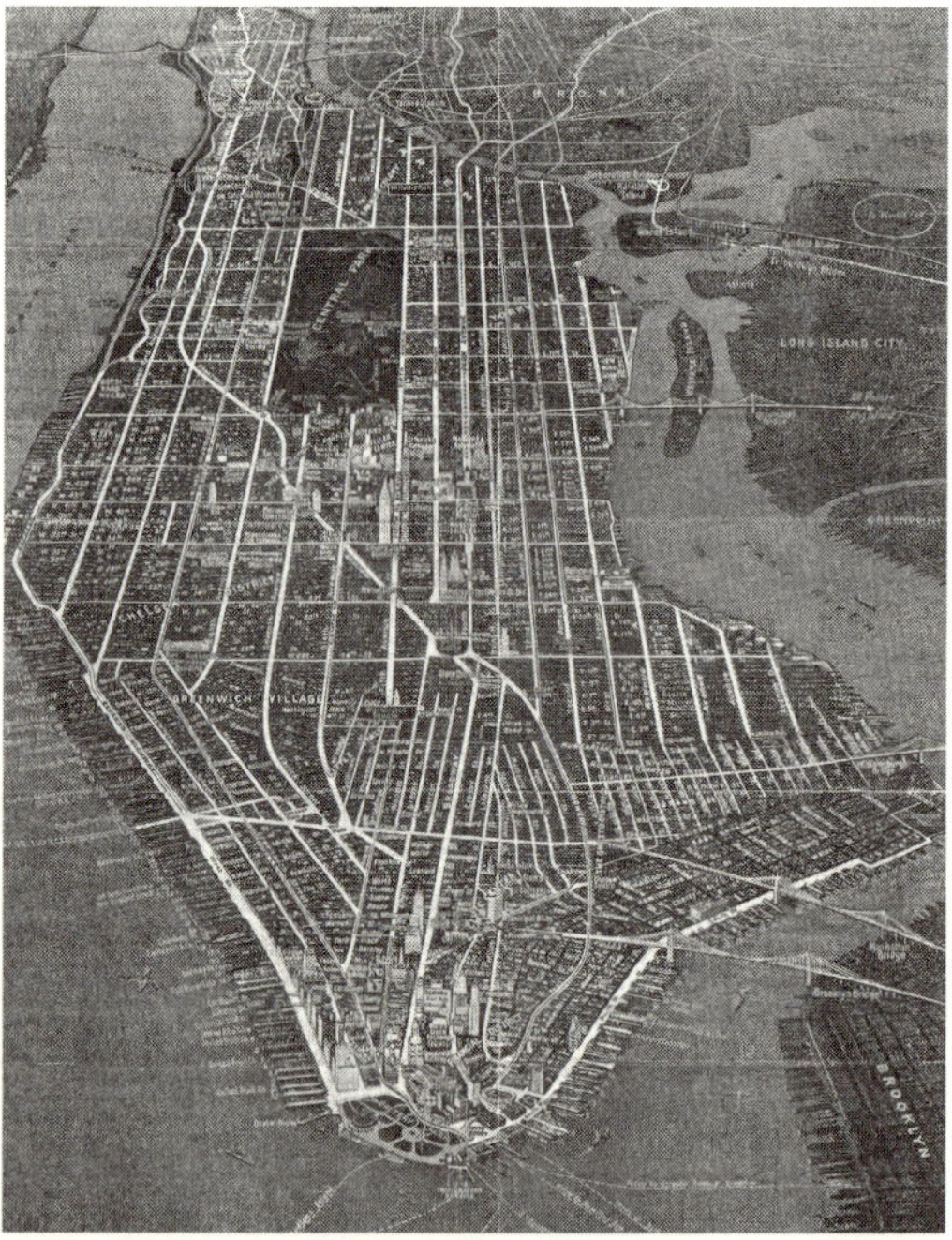

図6　マンハッタンの町割。碁盤目状の区画のなかに曲線を描きながら斜行して半島を貫いているのがブロードウェイ。碁盤目状の区画との交点にスクエアーが形成され、ニューヨークの特徴的な景観を生み出している（P.Adler, T.Howells and D.McCorquodale ed.*Mapping NewYork*, Black Dog, 2009, p.152）。

ユニオン・スクエアーやマディソン・スクエアー、あるいは新年のカウント・ダウンで有名なタイムズ・スクエアー、といったニューヨーク独特の都市景観の誕生である（図7）。

なぜブロードウェイのみが、斜めの曲線を描いているのだろう。それは植民地となる前の、先住民の文化的価値観が造った道だったからだ。

ということは、マンハッタンで最も古い道だ、ということにもなる。

生命としての景観

このように、比較的歴史の新しいニューヨークの町であっても、様々な時代や異なる文化に基盤を置いた景観が混じり合って、複合的で独特な現在の都市景観を生み出している。

私たちは何気なくそれを見つめている。しかしその身近にある日常の景観は、このように私たちの遺伝子の表現形である、

図7　ニューヨークで特徴的なタイムズ・スクエアーの景観（佐々木撮影）

「巨大な外部記憶装置」だとすることができるのだ。

そして生命の本質が、遺伝子の情報を記憶し伝達することであるのなら、景観をも生命、と見なすことが可能となるわけだ。

その「生命としての景観」が、私たちに語りかけてくる。にもかかわらず私たちのほとんどの同胞は、残念ながらその声を聞く耳を持っていないようだ。しかし私たちが知らないうちに、思わぬところで、この景観の語るメッセージが、ある人たちには届いている。

その一つの事例をあげておこう。それは先にも述べた、マンハッタンの最先端の景観である。そこには含みがある。それは場所の意味でもあるし、景観のメッセージでもある。

図8は、あの九・一一のテロの次の日の、NASAの地球観測衛星から見た、マンハッタンの映

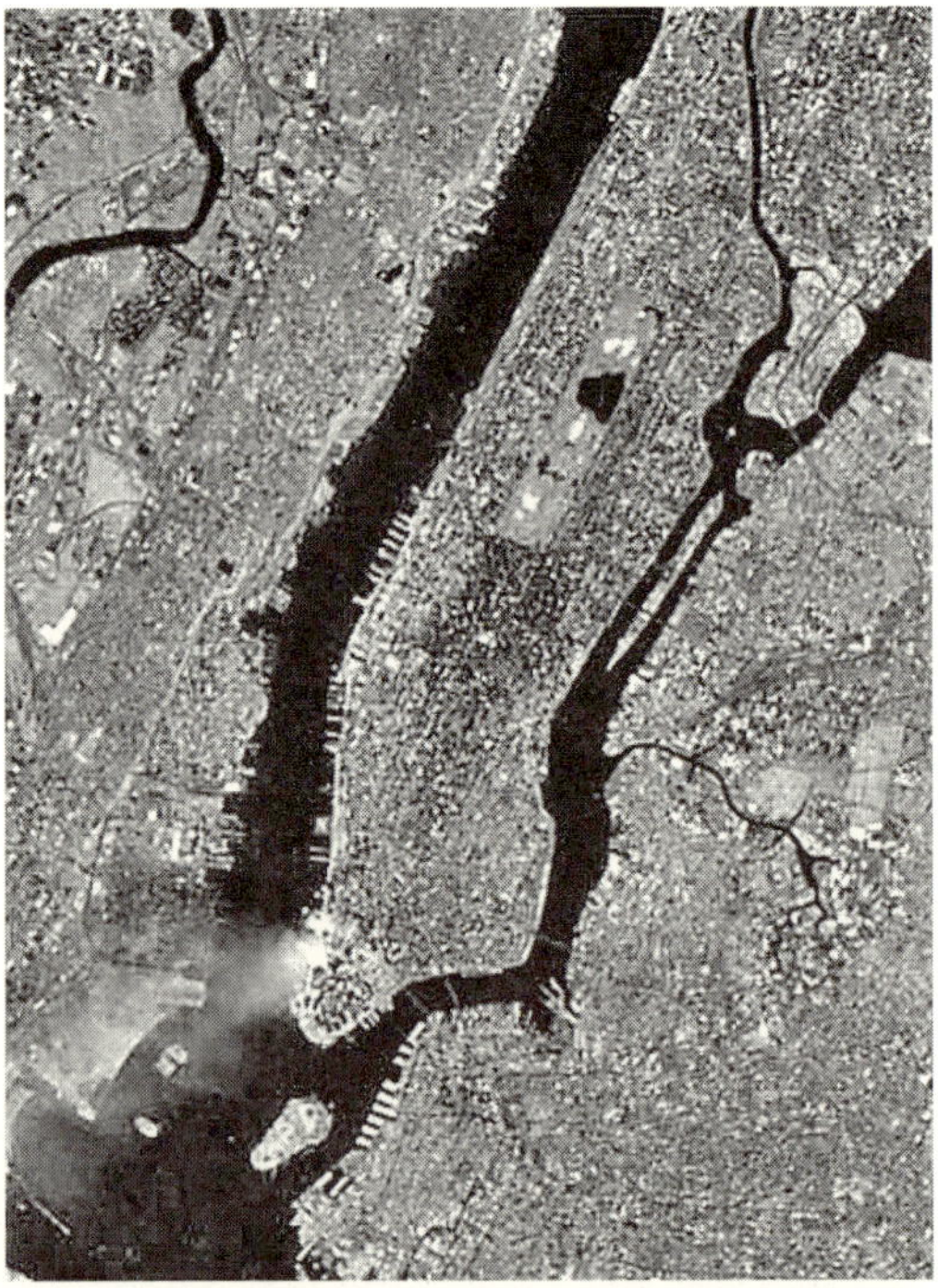

図8　NASAの地球観測衛星から見た2001年9月12日のニューヨーク（P.Adler, T.Howells and D.McCorquodale ed.*Mapping New York*, Black Dog, 2009, p.56）。

像である。

白い畑が出ている場所が、ツインタワーが崩壊した場所で、それはまさに、図5にある通り、ヨーロッパ人が最初に、先住民から略奪した場所なのであった。そしてそこには、ブロードウェイが走っている。

単なる偶然なのだろうか。それとも景観を通して、人類の遺伝子が伝えた、意味ある場所なのだろうか。

その行為の主体は、当事者にあるのか、それとも景観にあるのか…。しかし、景観にはこのような生命とも言えるような力、つまり人を動かすような力が、備わっているのではないか。

不謹慎な言い方かもしれないが、ここでなければ、つまり他の場所であったのであれば、これほどの行為と、そして世界に伝播するメッセージが、これほど強烈であったろうか。

ここでなければ、このような人類の悲鳴に近い遺伝子は、世界に伝わらなかったのではなかろうか。

それに対して、どうやって私たち人類は、聞き耳を立てればいいのだろう。

少なくとも今は、景観にはこのような生命力がある、そう一部の地理学者が主張するしかない。

実は先の秋葉原という場所も、かつては江戸城の外堀、つまりここで言う城壁のすぐ外に位置づけられる。

そしてあのパリでの、二〇一五年のテロも、中世の城壁にそって起こっているのだ。

本章の冒頭で引用した『狂気の歴史』にある、フーコーの言葉を思い出さずにはおられない。狂人は「外部の内側におかれているし、逆に内部の外側にもおかれてもいるのだ。これは高度に象徴的な立場」なのだ。これらテロのあった場所は、そのような高度に象徴的な場所群なのだ。

しかしながら、その「生命としての景観」が、私たちに語りかけてくるのであれば、その語りに私たちは、無意識的に耳を傾けていたことになる。なぜならそれら景観は、言葉と同様に、私たちが誕生する前から存在しているのだから。

それはまさにフィンクの言ったように、言語は私たちの誕生に先立ち、言葉を話す前、そして話し出した後の、私たちを取り囲むディスクールをとおして、私たちに流れ込むのであれば、景観のメッセージも、このようにして私たちの中に流れ込んでくるのだろう。

再度フィンクの言葉に耳を傾けてみよう。

「精神分析は、〈他の〉種類の語りが、何らかの意味で位置を特定できるある他者から派生しているという想定とともに開始する。話されたり、うっかり口に出されたり、つぶやかれたり、捻じ曲げられたりする、意図されざる言葉は、何らかの他の場所、自我ではない何らかの他の審級からやってくる。フロイトはその〈他の〉場所を無意識と呼び、ラカンははっきりと「無意識は〈他者〉のディスクールである」と述べた。すなわち、無意識は、自我の語りではない何らかの他の場所からやってくる言葉で成りたっている、ということである(14)」。

本書が「生命としての景観」と呼ぶところの、景観が私たちに語りかけてくるもの、それに私たちが無意識的であるのなら、私たちがそこから読み取った記号表現（シニフィアン）の意味内容（シニフィエ）、そしてそれに基づく行為や語りは、景観のディスクールと呼べるのかもしれない。

ではこのディスクールとは何なのか。フランス語では話、談話、演説などの意味で、英語ではディスコース、やはり同じく会話、談話、講演などの意味となる。日本語では言説と訳される場合が多い。

しかしフィンクによるとフランス語の場合、英語にはないニュアンスが入るという。その会話には「お決まりの…」や「くどい…」、ある閉塞状況における不平、不満のような要素が入るという。[15] ようするにそれは、発話者によるひとかたまりの「お決まりの、くどいような」言語表現であり、記号表現であるのなら、私たちの知っている、毎日繰り返しくどいように遭遇している景観も、ディスクールと呼べる性質のものなのだ。

あの名古屋城下町の少年の、約三ヶ月にもわたる、あの「くどいような」語りは、少年自身の意識的な語りではなく、この景観のディスクールだったのだ。そしてそこにはこの少年の、ある閉塞状況における不平、不満のような要素が入っていたのだ。

注

（1）ミシェル・フーコー『狂気の歴史―古典主義時代における』新潮社、一九七五、二八頁。
（2）原作：士郎正宗（「攻殻機動隊」講談社刊）、脚本・監督：押井守『イノセンス』ブエナビスタ、二〇〇四。
（3）スティーヴン・キング『スタンド・バイ・ミー』新潮社、一九八七。
（4）新しい文化とイメージの関係については、箭内匡『イメージの人類学』せりか書房、二〇一八、が参考となる。

（5）T.G.Jordan, M.Domosh and L. Rowntree, *The Human Mosaic: A Thematic Introduction to Cultural Geography*（T・G・ジョーダン、M・ドモッシュ、L・ローウエントリー『ヒューマン・モザイク―文化地理学のテーマ』邦訳未刊）, Longman, 1977, pp.7-17. 本章の地理学の景観分析の部分では、上記の書を参考とした部分が多いが、この本が文化景観（cultural landscape）としているのを景観としたのは、近年の人文・社会科学における、自然と文化の二元論を越えようとする動きを、私が重要視しているためである。例えば複合的な自然―社会景観（complex natural-social landscape）のような表現が、ふさわしいのかもしれない（Richard Peet, *Modern Geographical Thought*（リチャード・ピート『近代地理学の思想』邦訳未刊）, Blackwell, 1998, pp.1-2 を参照）。

（6）ログハウスの部分については、注5、p.32.を参照した。

（7）ジャック・ラカン「無意識における文字の審級、あるいはフロイト以後の理性」『エクリⅡ』弘文堂、一九七七、二六九～二七〇頁。

（8）ブルース・フィンク『後期ラカン入門―ラカン的主体について』人文書院、二〇一三、七九頁。

（9）石川栄吉他『文化人類学事典』弘文堂、一九八七、六六六～六六七頁。

（10）クロード・レヴィ＝ストロース『野生の思考』みすず書房、一九七六、三一一頁。

（11）ロラン・バルト『S／Z』みすず書房、一九七三。

（12）Jonathan Murdoch, *Post-structuralist geography: a guide to relational space*（ジョナサン・マードック『ポスト構造主義地理学―関係性の空間へのガイド』邦訳未刊）, Sage, 2006, p.7.

（13）地理学においても、都市景観の研究において科学と芸術の融合の必要性が唱えられている。例えば、

Nigel Thrift, *Non-Representational Theory: Space / politics / affect*（ナイジェル・スリフト『非表象理論――空間・ポリティクス・情動』邦訳未刊）, Routledge, 2008, pp.171-197.

（14）注8、一九頁。

（15）同、二五二～二五三頁。

3　怪異の見える風景

図1
現在の古渡稲荷社（この拝殿の後ろに古渡山王社もある）
この社の裏門にあの少年の夢に最初に現れた狐が登場する
この景観があの少年に何かを語りかけたのだろうか
名古屋市中区の都心にあることから
現在は様々な景観によって上書きされ
マンション等の高層ビルが周りに立ち並ぶ
ここもまた近世城下町の南限に位置しているのだ（佐々木撮影）

隠喩の風景

前章では、精神分析家ラカンの、常人の欲求を換喩、病的な幻想を隠喩、とした考えを紹介した。そしてこのような見方が、地理学の景観研究においても、応用できるのではないかと。

であるのなら、『尾張霊異記』に記録された少年の夢も、現代流に言えば、病的な幻想に近い、つまり常人の欲求とは思えない、隠喩レベルに位置づけられる欲求であった、のではないかと。しかもその夢は、茫漠とした幻想世界にのみあったのではなく、明確に当時の名古屋城下町の景観をともなっていた。そしてついには、少年の現実世界においても、異人が登場し始める。しかも父の記録には、その登場場所が、これまたことごとく、明確に記録されているのであった。

この記録に登場する場所を、少年の幻想を映し出した、あるいは少年に幻想を見るように語りかけた、隠喩の風景ととらえることができないだろうか。

私たちも夢を見る。が、これだけ同じ不思議な夢を、連続して三ヶ月近くも見つづけ、しかも通常の生活を送り、その上、ことごとく場所も明確に覚えているものなのだろうか。

そして現実世界でも、特定の場所に異人を見ているのは、単に夢だけの問題とは思えないのだ。しかも少年一人の問題ではなく、父をはじめ、多くの大人たちも、行為者としての役割を演じている。つまり複数の人、複数の場所、複数のモノ、そして複数の神が、この「奇談」の一翼を担っているのである。

ところで、怪異・妖怪は実在しない、という前提で、このような怪異・妖怪の研究をはじめると、人々によって語られた怪異・妖怪の目撃、体験談のなかで、ただ一つ、場所だけが実在する、ということに気づく(もちろんこの記録では人も実在していることがわかっている)。

では、どうしてこのようなフィクションの語りの中に、実在の場所が、人々によって呼び出されなければならなかったのだろう。このような疑問から、怪異・妖怪の物語を研究しようとしたの

が、数年前の私の著書、『怪異の風景学』の出発点であった。(1)

『怪異の風景学』では、このようなフィクションの怪異と、実在する場所が混在した状態を「怪異の見える風景」と呼んで、まるごとフィクションの「怪異の風景」（例えば「桃源郷」や「竜宮城」）と区別して考えてみた。

そしてこの「怪異の見える風景」が、言語記号学で言うところの、隠喩に相当することを指摘し、私たちの言葉を通して見た、世界認識の一つのあり方、としてとらえることを提唱した。

この少年の夢の場合も、特定の実在の場所をともなわず、架空の世界を背景とした夢であったのであれば、「怪異の風景」、つまり提喩（象徴記号）と考えてよかっただろう。

しかしそうではなく、実在の場所が混在する、隠喩の風景だったのだ。

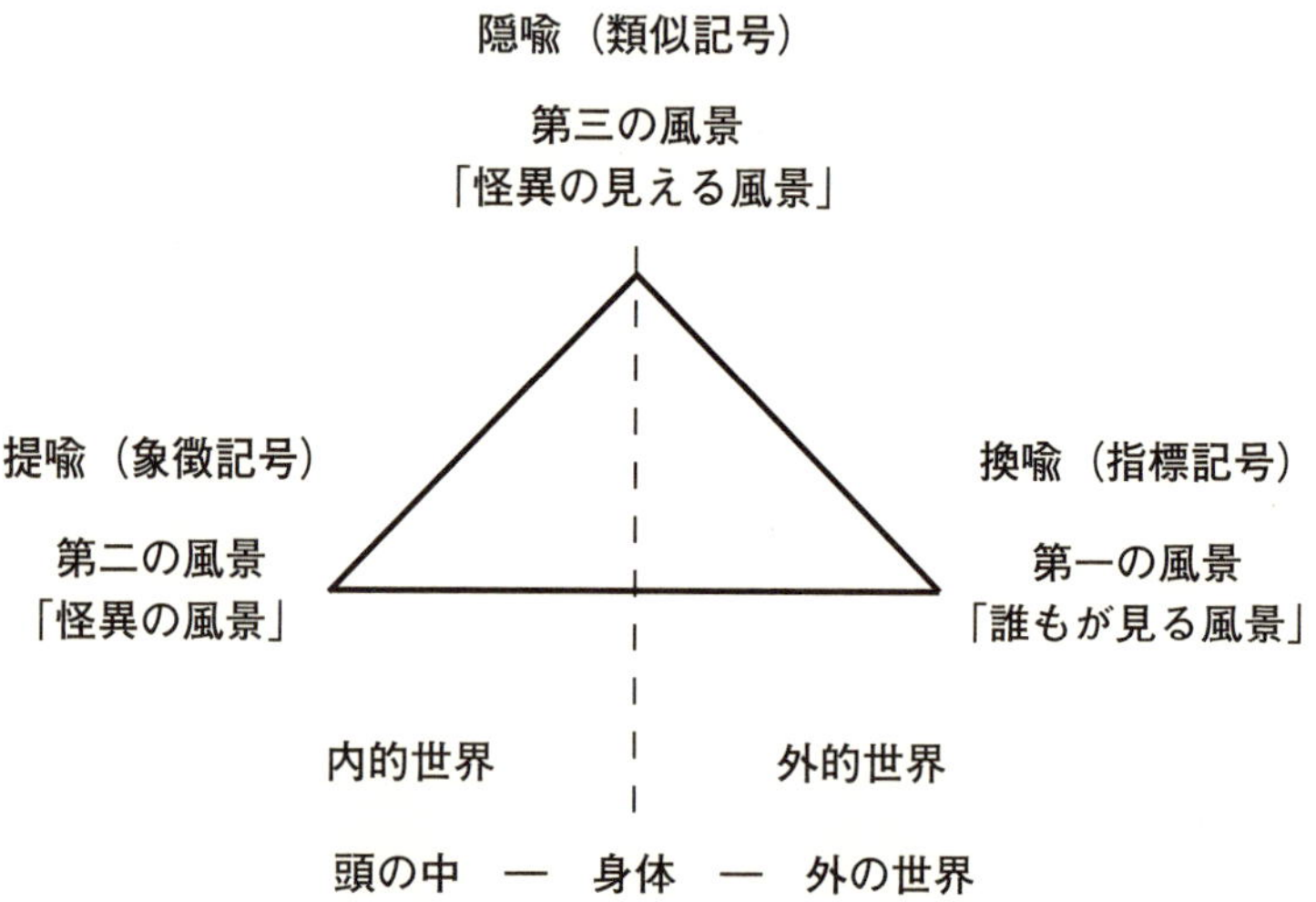

図2　「怪異の見える風景」と認識の三角形（佐々木作図）

ここで言う隠喩とは、あるものとあるものが類似関係にある、との私たちの言語文化的な認識判断である。

記号学では、その他にも換喩を隣接関係（指標記号）、提喩を包含関係（象徴記号）と呼び、隠喩（類似記号）と合わせて、認識の三角形と呼んでいる。[2] その三角形の隠喩に位置づけられるのが、「怪異の見える風景」なのである（図2）。

怪異の見える風景

言語文化的認識上の、あるものとあるものの関係とは、私たちの頭の中のものと、外部世界のもの、との関係を言う。

その両者の関係を取り結ぶのが、私たちの身体なのである。

私たちは、外部情報を身体感覚を通して脳に受容する。たとえば、私たちは身体を中心に、空間を上・下、左・右、前・後と分節化する。これは換喩、つまり隣接関係である。私たちの視線より頭に隣接している空間を上、足の方に隣接している空間を下、と言語化するのである。

次に提喩。頭は重要さの象徴であり、足は不浄の象徴である。これは私たちの内的世界の問題だ。

これが隠喩の世界で合体する。すると私たちにとって、プラスと認識されるものが上と喩えられ、マイナスが下と喩えられることになる。

成績が上がる下がる、給料が上がる下がる、とは日常的な表現であるが、成績や給料が、実際に空間的に上がり下がりすることはない。喩えなのだ。

天国と地獄は空想の世界だが、私たちはなぜか天国が上方に、地獄が下方にあると認識している。つまり、それぞれが類似関係にある、と言語的に認識しているわけである。このような認識のあり方を、隠喩と言う。

つまり「怪異の見える風景」とは、半分が私たちの頭の中の世界、そして半分が私たちの身のまわりにある現実世界で、それが私たちの身体を介して、認識世界に立ち上がってくる風景なのだ。だからフィクションと現実が混ざり合う。

平安時代の貴族たちは、百鬼夜行たちと二条大路の神泉苑で遭遇したと語った。ある人は一条大路で怪異に遭遇している。彼らは怪異・妖怪が、一条大路や二条大路と類似関係にある、と考えたわけだ。

では、江戸時代の子どもと違って、現代の子どもたちは、怪異や妖怪をどの場所と類似していると考えているのだろう。

かつて「学校の怪談」では、その名の通り、学校のトイレや音楽室、理科室等で怪異に遭遇すると語った。両者に共通点はあるのだろうか。私はあると思う。それは、いずれの場所も、怪異の体験者にとっての、緊張の場なのである。

一条大路や二条大路は、平安貴族にとって、大内裏の近辺である。今でいえば、国会議事堂の周辺にあたるわけだ。子どもにとって、やはり学校は緊張の場であろう。両者とも、最も緊張する対象者に遭遇する可能性がそこにある。

しかしながら、一時流行した「学校の怪談」も、最近は語られなくなったと言う。子どもたちは学校に、それほど緊張しなくなったのだろうか。あるいはそれ以上に、気になる緊張の場が、新たに登場した、と言うのだろうか。

今はネットに怪異があるのだと言う。であるなら、現代の子どもたちは、ネット上の人間関係に緊張しているのかもしれない。新たな道具、技術の登場によって、私たちの隠喩の場所も変化するわけだ。

ラカンが症候とした隠喩は、ともすれば精神的病の前兆と見られるような種類の、私たちの認識世界である。それに対して換喩は、常人の欲求だと言う。

もう少し景観に則して説明してみよう。図2で言うと、現実に存在する景観は、私たちの外部世界にあるので、換喩とすることができる。換喩は隣接関係なので、現実に隣接している関係性で、世界を解釈する認識世界となる。

自分自身を取り巻く現実、それは自身の経済状態、周辺の人間関係（場合によっては、コネも含めたポリティカルなものも含む）、様々な能力（言語・体力・容姿・年齢・性別等々）、限界、これまでの来歴等で世界を認識し行動することであろう。

通常（正常）であれば、自身の住む生活環境や、就職先、結婚相手等々は、これら換喩で判断することになろう。

これを隠喩で行うとどうなるか。

隠喩は提喩と換喩の中間に位置する。提喩とは、私たちの内的世界に存在する象徴記号である。

象徴は、現実離れした理想世界を描くことがある。先の「怪異の風景」であげた、桃源郷や竜宮城などが理想郷の代表である。

この提喩と換喩が混淆することは、決して悪いことではない。理想にもとづいて、将来を展望することは、往々にしてあることだ。

ただし、症候として現れる場合もある。内的理想を追い求めるがゆえに、一度もあったこともない、ネット世界の理想の相手を追い回したり、危害を加える事件は、最近問題となっている。身の丈に合わない生活をして、破綻する場合も、この症候に近いと言えるだろう。

先のニューヨークはマンハッタンのテロも、宗教的あるいは文化的理想世界を追い求めるがゆえに、攻撃対象をツインタワーと認識した、隠喩的な解釈だった、とすることができよう。がゆえに、現状に不満を抱き、夢見がちな若者たちの、共感を得ているのかもしれない。

『怪異の風景学』では、怪異・妖怪の目撃談を、集団的なものとして捉えたことから、そのような病につながるような行動としては考えず、むしろ社会や経済、あるいは価値観などの、変革に翻弄される人々の内面の問題として扱ってきた。

それは先にフィンクが指摘した、ディスクールには、「お決まりの…」や「くどい…」、ある閉塞状況における不平、不満のような要素が入る、に近いであろう。であれば、現在問題となっているテロ行為も、この範疇に一部は入るのかもしれない。

名古屋城下・武家屋敷の怪異

先にあげた『尾張霊異記』の記録も、少年の夢から始まるのだが、その後はある意味、集団性を帯びてくる。それは人だけでなく、場所や動物やモノや神をも含めて。それらは互いに語りそして聞き、あるいは働きかけ働きかけられる。そのような相互関係のなかで、この「奇談」が、時間的にも空間的にも進行していくのである。

ただし夢で、狐を古渡山王社に見、話しかけられ、話しかけ、あるいは現実世界で異人を目撃し、話しかけられ、話しかけたのは、この少年だけである。もし清寿院の老翁が、この異人であったのなら、下女のつきも、目撃し会話をしていることになる。つまりこの一連の出来事には、個人性が強く作用していることは否めないのである。

ではこの時代、この地域で、このような怪異・妖怪の目撃談は、非常に稀なことだったのだろうか。それとも多くの目撃談があったのだろうか。つまりこの少年の個人の問題だったのか、それとも、もう少し集団性を持った現象だったのだろうか。

この記録が掲載されている『尾張霊異記』を見ると、一四一話の怪異の目撃談が掲載されている。(3) この数を多いとするか、少ないとするかは、客観的データがないので、明確な判断はできない。が、このような滅多に遭遇しない、怪異の目撃談であるならば、決して少ないとは言えまい。

つまり個人の問題から開放され、集団の野に放たれた、と解釈してもいいのではないか。それは特に、誰もが接することのできる景観、という観点から見た場合、とても重要な視点だろう。

本霊異記の成立年代は、安政三年（一八五六）の後半から、同四年の前半と見られている。著者は、兵性堂主人、後の神墨梅雪のことで、儒学・漢詩を専門としていた。このころは冨永莘陽と称し、名古屋城外の北にある、田幡村に住んでいた。

本霊異記は、彼の撰述による仏教説話集と見られている。話の出所は、文献（引用文献は約三七種、その多くは現存していない）と著者が見聞したもの十話程度、である。それらによると、話の多くは文政頃（一八一八）から天保（一八三〇）、安政年間（～一八五九）の出来事となる。このことから本霊異記の解説は、時代から見て、著者に縁が深く、当時としては生々しい話だったようだ、と見ている。(4)

次のような、体験者自身が語ったと思われる、怪異の目撃談が採録されている。先の解説からすると、時代は少し古い。

主税筋堅杉ノ町から、北側三軒目の屋敷、今は深津氏が住んでいるが、それ以前に住んでいた人の話である。

明和八年（一七七二）の四月九日の午前十時頃、天気は晴で、その家の主人が庭を見ていると、塀の上から背が一尺（約三〇センチ）位の山伏が飛び込んできた。あやしんで見ていると、その後から続いて数十人の山伏が入ってくる。嘲り笑いながら行く者もいる。あるいは憎らしい顔で主人を睨みつけながら行く者もいる。入ってくる山伏たちは、背がどんどん高くなっていき、最後は普通の人よりも大きくなった。指を折って八十六人まで数えたとき、妻が来て、先ほどから夫は何を見ているのだろう、という顔をしている。山伏が入ってきているのに、妻には見えていないのだ、と気づいて、どうもおかしいと感じ、まずは心を落ち着けようとしばらく布団で寝てみた。しばらくして目を開けると気分も爽快となり、怪物も見えず、庭はいつもの風景だった。

ところがその日の同じ時間に、白壁町の秋元氏が乱心し、山伏が沢山来ると言ってみだりに刀を振り回し、人を殺して、ついに一室に籠もってしまった。

これは『尾張霊異記』二篇・上巻の十三番目に採録されている話である。(5) 著者である冨永莘陽は、この話を『怪談』という本から採録したとしているが、この本の著者、この本の所在も明らかではない。

実在した怪異の見える場所

この記録には、怪異の体験者の名が明かされていない。であるが、この怪異が起こったとされる場所は実在している。まさに『怪異の風景学』であつかった、「怪異の見える風景」なのである。

その場所は、記録によると「主税筋堅杉ノ町から、北側三軒目の屋敷、今は深津氏が住んでいる」場所となる。

弘化年間の名古屋城下町絵図によると、主税筋は名古屋城の東の東西の道を、堅杉ノ町は同じく名古屋城の東を南北に走る道を言う（図3）。

その怪異のあった場所は、その交差する辻から北側の三軒目と記録にはあるが、絵図では四軒目に深津家が見える。これで場所は確認できたわけだ。

この地区は山口と総称される、名古屋城下町東部一帯の広い武家屋敷地区で、特にこの周辺を西之切と呼び、中級の武家屋敷が密集する地区であった[6]。

この深津家の前に誰が住んでいたのかは、これより古い宝暦年間(一七五一〜一七六三)の地図によると、林家であることがわかる。が、この出来事の当事者であるかは不明である。

それはともかく、この怪異の目撃者は、隣にいる(隣接する)妻の態度を見て、錯覚と判断し、なんとか正常に戻ったようだ。つまり換喩である。

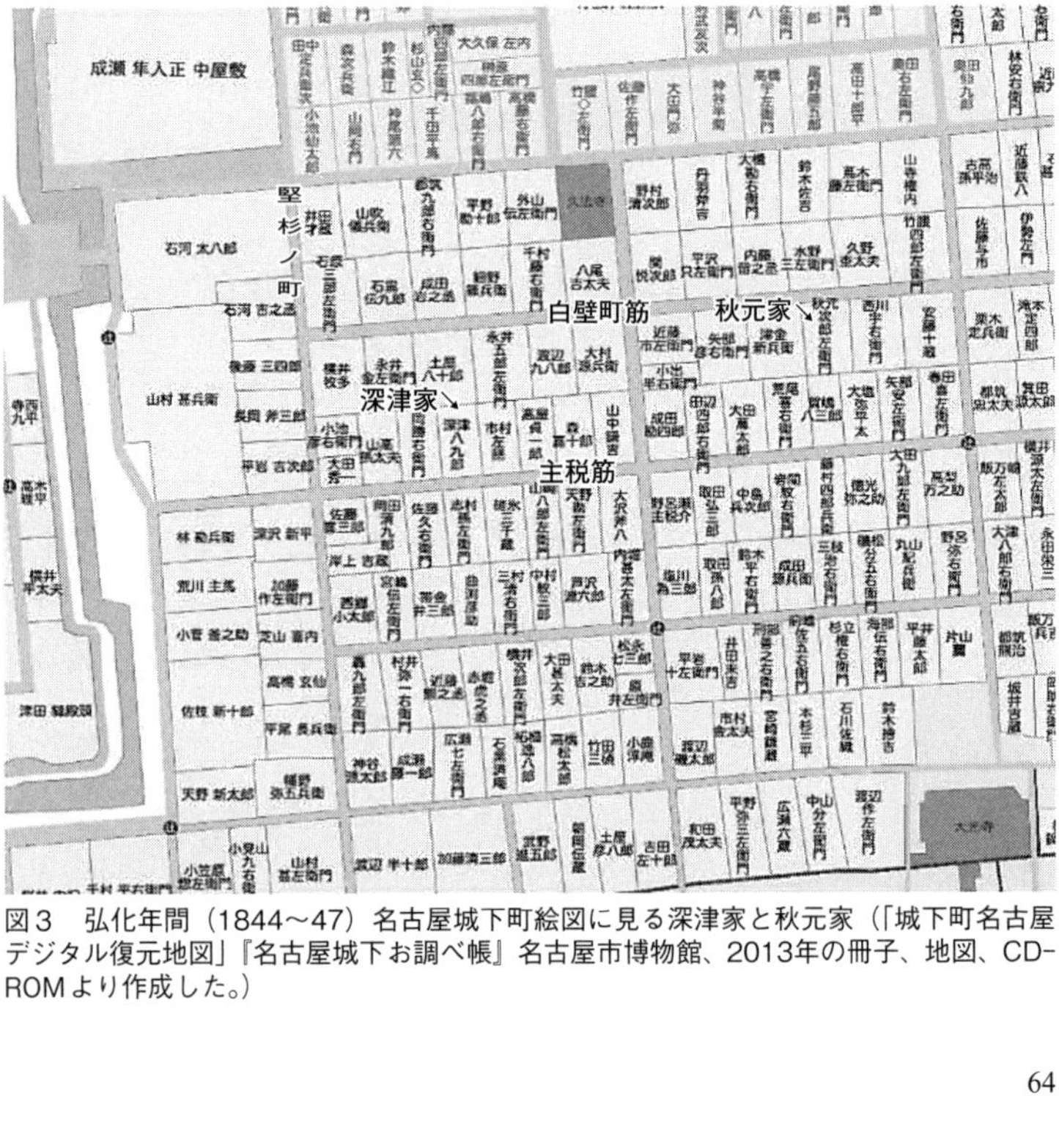

図3　弘化年間(1844〜47)名古屋城下町絵図に見る深津家と秋元家(「城下町名古屋デジタル復元地図」『名古屋城下お調べ帳』名古屋市博物館、2013年の冊子、地図、CD-ROMより作成した。)

ところがこの記録の興味深い点は、同じ怪異をほぼ同じ時刻に、同じような場所で、別の人物も目撃したという点にある。先の少年の場合とは違う点であろう（下女が目撃しているのであれば、同じになるが、時間も場所も違う）。

つまりこの家で起こった怪異が、白壁町の秋元家でも起こったのである。そして秋元家では主人は正常を保つことが出来ず、乱心して人をあやめてしまったようだ。つまり隠喩となろう。地図には確かに、白壁町筋に秋元家がある（図3）。

この場所性（城下町景観）が、この事件の信憑性を高めているように思える。なぜなら深津家に出没した多くの山伏が、この界隈を通り、秋元家をも通過していったとしたのなら、このありそうもない怪異が、場所的には現実味を帯びてくるからだ。

さてここで当時の人たちの、怪異に対する二重の解釈が見いだせる。つまり最初の家の主人は、この怪異を目撃したのであるが、それを妻の態度から、錯覚だと考え、自らの精神的健康に何らかの異常が生じていると判断し、再度寝るという行為に達し、事なきを得ているのに対して、秋元家でも同じ怪異が、目撃されていたと語っているからである。つまり怪異は錯覚でもあるが、事実でもあるのだと。

それは本当にあったことなのだろうか。

『デジタル版名古屋城下お調べ帳』（名古屋市博物館、二〇一三年）の「藩士大全」によると、ここに住んでいた秋元次郎左衛門は、確かに病気がちな人だったようで、何度か病で職を辞しているが、明和三年（一七六六）に最後の職を辞している。この出来事が明和八年とあるので、空間だけでなく時代も合うようだ。

侍は怪異をどう解釈したのか

それにしても、二人の人間が同じ怪異を目撃し、片方が錯覚あるいは自らの精神的問題と見破り、もう一方が錯乱し人をあやめるということがあるのだろうか。彼らの外部に確かに何かがあった、としか思えないが…。それはこの地域に潜む、「狂気の景観」と呼べる「何か」なのかもしれない。

ではこの景観が、当事者に何かをしたのだろうか。この地域は明治以降も、住宅地として存続し、現在も名古屋市の代表的な住宅・文教地区となった。この地域も、かなり後の時代の上書きがなされているが、古い武家町の雰囲気を、比較的残している地域でもある（図4）。

この記録の最後には、次のような解釈が付されている。

武平町の下、佐藤左治馬の話に、友人が朝おきて手水盥に、庭で火が燃えているのを見た。その人は、乱心する時に火を見るものだ、と聞いていたので、すぐに屋内に入って、戸を閉めて再び寝た。夜が明けて起きると、隣の主人が乱心したと騒いでいる。

これはみんな心の魔、気の魔、空の魔の類いである。私が若かった頃、太田三之右衛門が万松寺の門前の水中に、怪物の影を見て病になり、その後いろいろあって、二百日ばかり番附になったことがあった。

どうもこの『怪談』の記録者は、この手の怪異の目撃談を、当事者の心の問題だと解釈しているようだ。この時代、もうすでに、怪異・妖怪は、実在するのではなく、私たちの内面のあり方にある、と判断していた、そう考えていいのだろうか。

しかし同じ時刻、場所に同様の怪異が生じていると語っている点を見ると、単純に心の問題としてとらえていたようでもない。そして事態はそれだけではすまされない。なぜなら、職を失い、人間関係を損ない、経済的にも立ちゆかない語りも込められているからだ。

ちなみに佐藤左治馬という人物の名が、文政年間（一八一八〜一八二九）の古地図の武平町に、確かにある。したがって、この『怪談』の記録者は、先の解説にあったように、

図4　現在の白壁町。かつて秋元家があった周辺の隠喩の景観。今も武家屋敷の雰囲気が残っている（佐々木撮影）。

文政頃の人だったのだろう。であるなら、このような怪異の解釈も、出来事があった明和の頃（十八世紀後半）のではなく、文政頃（十九世紀前半）の価値観が反映しているということになる。

ちなみに太田三之右衛門の名は、どの記録にも出てこない。先の話と共に、人の名については、ある配慮が働いていたのかもしれない。万松寺はある。

この記録にある、心の魔、気の魔は、まさに心の問題を指しているのであろう。しかし気になるのは、その次にある「空の魔」という言葉である。

空とは仏教用語の「世の中の物事はすべて仮のもので、実体はない」、という意味であろうか。つまり実体のない魔であると。しかしそれは、心の魔、気の魔とは、本質的に別物なのではないか。なぜなら、前者が人間の心に起因するのに対して、後者は世の中の物事に起因するからである。

世の中の物事には、すべて場所が伴う。この空が空間の空に通じるのであれば、場所にも魔があると、隠喩的に認識されていたことになりはしないか。

家康最後の城下町名古屋

名古屋城下町は、慶長十五年（一六一〇）の、徳川家康の築城令によって誕生する。その築城の目的は、一六〇〇年に起こった関ヶ原の合戦後の、政治状況に見いだすことができる。つまり徳川家の西国統一が、その第一目的であったのだ。この時代の尾張の地政学的意味は、京都・大坂に対する軍事的圧力にある。特にこの地は、豊臣家を包囲する際の、東の最重要拠点であった。

戦国時代の終わりを迎えるこの時期、家康の最後の城下町建設となった尾張城下町は、近世城下町としては、もっとも完成度が高かった。

その特徴は、戦国期の城下町が、街路の食い違いや屈折を防御上設けたのに対して、規則的で整然とした碁盤目状の町割りにあった。したがって街路は直線的で、城下町の中心軸となった本町通りは、北の名古屋城から熱田港へと直結していた。

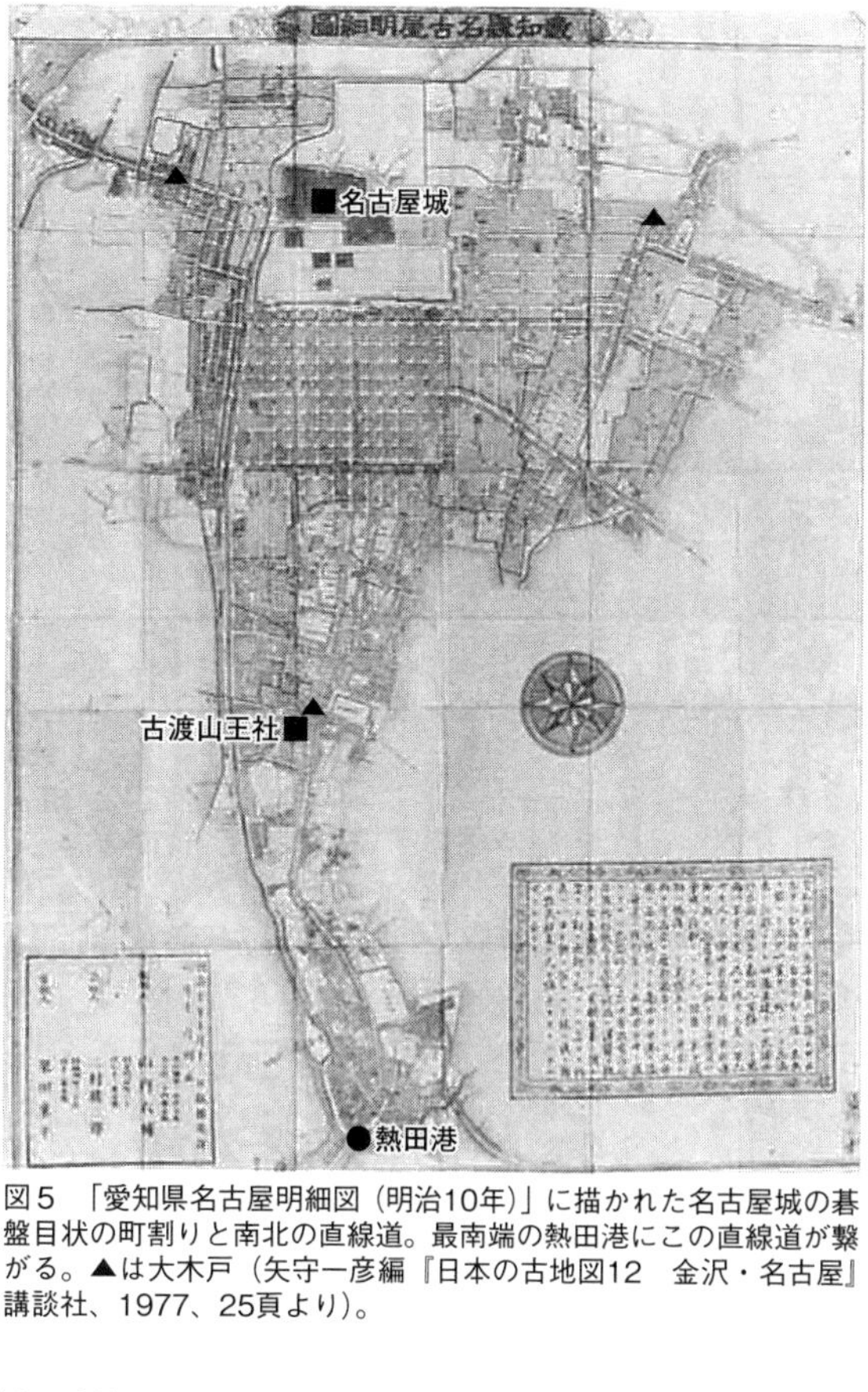

図5 「愛知県名古屋明細図（明治10年）」に描かれた名古屋城の碁盤目状の町割りと南北の直線道。最南端の熱田港にこの直線道が繋がる。▲は大木戸（矢守一彦編『日本の古地図12 金沢・名古屋』講談社、1977、25頁より）。

図5は明治十年の「愛知県名古屋明細図」であるが、当初の基本的な城下町のプランニングが、はっきりと描き出されている。その形状は北に広く南に狭い逆三角形で、北端の広い箇所に名古屋

城が築かれ、その周辺は家老級の重臣が取り囲み、その外郭をさらに堀が囲む。

城の南に、碁盤目状の商業地区が設定され、その周辺を城下の東から南にかけて中級・下級武士の屋敷が取り巻いている。先にあげた山伏の怪異のあった場所は、この城の東に位置する中級武士の居住区であった。

城下町において、寺院や神社などの宗教施設は、いわゆる寺町と呼ばれ、戦術上重要な場所となる。その最も集中している箇所が、この碁盤目状の商業地区の南となる。碁盤目状の地区の南端から、先の少年の夢に出た古渡山王社までの間が、その地区となろう。つまりここは、この城下町の防衛にとって最も重要な場所だったのだ。

次に寺が集中するのは、先の山伏の事例であげた、城の東の地区になる。ここも戦術上ある程度の重要性があったと考えられよう。

図中▲の記号で示したのが大木戸である。この大木戸は主要街道に設けられ、夜間は閉鎖された防衛上の重要箇所である。つまりその周辺に、寺が密集していたのだ。

古地図の景観が語る二つの名古屋

この図を見ると、名古屋城から直線にのびた中心軸である本町通りも、南の大木戸あたりから屈曲を始めるのが見て取れる。それはおそらくこの道が、名古屋城下町形成前からあったからであろう。新しい規則的で整然としたプランニングではないのだ。

つまり、この名古屋台地には、すでに先住民がいたのである。

古くから栄えた、熱田神宮の門前町も、十六世紀には町場が形成され、町人を中心に経済活動が活発に行われていた[7]。

家康はこの熱田の経済的優位性を取り込むために、ここに名古屋城を築いたと考えられている。このため、江戸時代の熱田は、東海道最大の宿場町となる（図6）。

つまりこの名古屋城は、戦術的防御の意味だけでなく、経済的にも、あるいは交通ネットワーク上においても、配慮された重要な場所なのであった。

この図5を、このような観点から見るのであれば、この台地には、まず最初に熱田神宮をはじめ熱田港が存在していたことになる。

その北側には農村地帯しかなかったが、新に名古屋城が築城され、碁盤目状の城下町が形成されていったことになる。

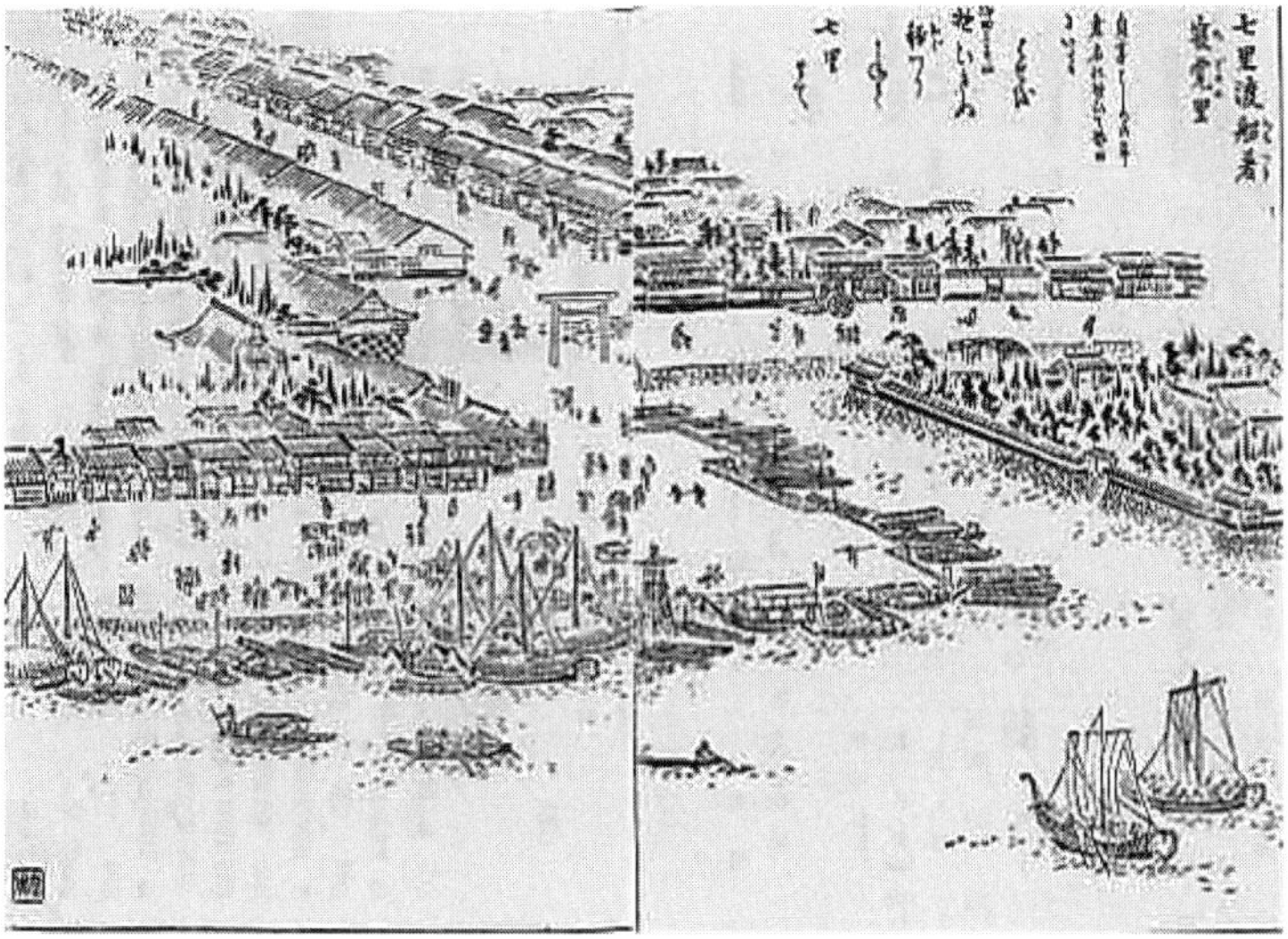

図6　『尾張名所図会』（天保12年）に描かれた七里渡船着と言われた熱田港（『尾張名所図会　上巻』愛知県郷土資料刊行会、1973、406〜407頁）。

それは、まるであのニューヨークのマンハッタンの形成過程を見るかのようだ。そう思うのは私だけだろうか。そしてあの隠喩の風景が生じる場所も似ているように思える。新旧の二つの異なる文化が交錯する場所、それが隠喩の場所なのかもしれない（前章図5・8を参照）。

蛇足だが、ニューヨークの歴史を振り返っておこう。

ニューヨークは、一五二四年にイタリア人探検家によって発見されたと言われている。その当時、先住民族が五千人程度いたとされる。

一六一四年に、オランダ人によって入植が始まる。それが前章で述べたニューアムステルダムであった。先住民との争いの後、一六六四年にイギリス人が町を征服する。時のイングランド王、ヨーク公の名をとって、ニューヨークと名付けられる。

以降、大英帝国の貿易港となり、多くの移民がここから入植することになる。つまり熱田と同じく、交通の要所であり、経済の拠点であり、異文化の混淆の拠点であったわけだ。

場所には、このように距離が離れていても、あるとき同じような条件が整うことがある。それは複雑で、ひもときにくい関係性の拠点なのだが、そこには人、モノ、価値、経済、政治、宗教などの、性質の異なるハイブリッドな景観が生成される。

人々は、そのような異種混淆のネットワーク上にいながら、その景観に意味を見いだし、身体を動かし行動する。そのある瞬間に、同様の隠喩の景観が生まれるのかもしれない。近年の地理学は、このように人間の視点だけではない、モノをも含めた複雑な集合体としての場所を、実験的に探りはじめている。

次章では、その興味深い動きを追ってみよう。

注

（1）佐々木高弘『怪異の風景学―妖怪文化の民俗地理』古今書院、二〇〇九。本書は後にシリーズ妖怪文化の民俗地理2『怪異の風景学』として二〇一四に古今書院から再版された。

（2）瀬戸賢一『レトリックの宇宙』海鳴社、一九八六。

（3）一四一話を一覧表としてまとめたものが以下の報告書に掲載されている。佐々木高弘『都市空間における神話的特性の変容過程に関する歴史地理学的研究』（平成二三～二六年度科学研究費補助金　基盤研究（C）研究成果報告書）二〇一五、一三三～一四四頁。

（4）名古屋市教育委員会編『名古屋叢書　第二十五巻　雑纂編（二）』愛知県郷土資料刊行会、一九八三、一～一二頁。

（5）同上、八三頁。

（6）矢守一彦編著『金沢・名古屋』（日本の古地図⑫）講談社、一九七七、一八頁。

（7）三鬼清一郎編『愛知県の歴史』山川出版、二〇〇一、一八八～一九二頁。

4　サイボーグの風景

これはもはや音楽と言うべきものではなく、自然の響きそのものと言ってもいいだろう。生命のない物質から生が出現していく過程は不気味で、それゆえこの楽章を「岩山が私に語ること」と名づけようとも思ったほどだ。次第にほころび出てきた生あるものは一段階ごとにより高度な生命体、花や動物や人間といった形態に発展していき、最後には精神の領域、つまり「天使たち」にまで到達するのだ(1)。

グスタフ・マーラー

人間中心主義からの脱却

地理学は、人間と自然環境との相互関係を、長年にわたって研究してきた。その研究史のなかで、ある繰り返す駆け引きがあった。それは地球環境のなかにあって、私たち人間は自然環境に対して、受け身的存在なのか、それとも能動的存在なのか、という駆け引きである。この駆け引きは、様々な地理学の隣接分野の影響を受けながら、右往左往しつつ、現在に至っている。

最近の地理学者の言説には、「新しい文化地理学」では、唯物論的関心の回帰が叫ばれ、そのことが生物（生命）と大地（地球）の間の、生き生きとした結びつきを見いだす契機となった。あるいは生命の様相が、政治的に、そして科学技術的に溶け合っているというコンテクストの中で、世界は「生きている」ということについて、新しいアプローチが主張されはじめている[2]」というような、唯物論への回帰や、政治、科学技術との溶け合い、あるいは世界が「生きている」というような、古典的なようで新しくもあるような、人間と自然環境との駆け引きが、今なお繰り返されている。

この物質に戻ろうとする研究、それはどこから来たのだろう。それはどうもこの、人間対自然といった、二元論からの脱出という試みから来ているようだ。

つまり世界を人間と自然に二分割し、人文科学者と自然科学者が、それぞれの立場からそれぞれの対象を研究する、そのような旧態然とした態度では、もはや新しい事態がつぎつぎ発生し、流動的で急変的な現代社会には対応できない、という危機感から来ているようだ。

つまり人文科学の側から言うのであれば、人間中心主義からの脱却、ということになる。

そのなか、社会科学者のブルーノ・ラトゥールらの、アクター・ネットワーク理論[3]のような、アクター、つまり行為者を人間だけでなく、モノや科学技術、動物や植物、地理学で言えば、場所や景観をも参加させて、それらのネットワークを再考しようとする研究が参照されたりもしている。

物質主義への回帰とは、人間を取り巻く様々なモノをも、アクターの一員として見直そうとする動きなのだ。

そして人文地理学（Human geography）のなかに、「非人間地理学」（Inhuman geography）のようなタイトルまで登場することになる[4]。そこでは、私たち人間が、もはや科学技術やモノを介さずに、自然環境との関係性を持つことは不可能である、との観点から「サイボーグ文化」というような言説も飛び出している。

これは、現在の私たちの人間の経験が、機械と生命体の、ある種の混合である「サイボーグ」の経験に取って代わられているとの、ナイジェル・スリフトの見解で、ここでも、人間だけで自然と関係しているのではない、人間中心主義的な観点からでは、もはや現代社会それ自体も捉えきれない、という論点が強調されている。

この「サイボーグ文化」を唱えたスリフトは、「非表象理論」（Non-representational theory）なるものをも提唱し、そこでは、これらのネットワークが構築される「何らかの流れ」、それは主観でもなく、あるモノに触れながら、皮膚の感覚を通じて作られていくような「何らかの流れ」、それら関係性の奥底に流れ続けている、あらゆる種類のモノ、様々な生命体、景観の影響力をも包含している「何らかの流れ」、を捉えようとする。(5)

そして私たちの主観が理解する前に機能する、人類の個を越えた側面の研究が必要だと主張する。

このネットワークにおける、この超個人的な動作と調整を理解するには、事象と物質性を再び、それ自身の感受性にしたがって思考することを意味し、人類の心に共有されている、意図されざる知性によって構築された世界を思考する必要がある、と。(6)

確かに、近年の世界の事件を見ていると、私たちの理解を遥かに越えた出来事が頻発し、そのことによって、今まで私たちが信じきってきた、正しいと考えられていたこと、自由、平等、平和、民主主義、国民国家等々について、再考を余儀なくされている。
それは、私たちの日常においても、同様に繰り広げられている。スマートフォンなどの登場は、私たちの環境との関係を、明らかに変えている。しかしそれは、自動車が登場したときも、あるいはラジオやテレビが登場したときだって同じだったろう。いや鉄器だって…。

何が違うのだろう。どうもここにきて、近代以降に生み出された、既存の人間性、あるいは理性、知性だけでは、現在進行中の問題に、対処することが出来なくなった、との憶測が様々な分野から噴出しているようだ。

であれば、人間とそれ以外のモノとの関係を、再考するほかない。なぜなら、よく考えてみれば、私たちはこれら道具や科学技術を使わずに、もはや環境を知覚することすら出来ないのだから。

『攻殻機動隊』への挑戦

さて、このような地理学の流れのなかで、この二元論の出発点にまで遡って、近未来の社会をも射程に入れながら、ある日本の物語を分析しようとする、興味深い試みが登場する。

それは米国の地理学者ジョルジュ・ハーディ・クルティが、日本のマンガ『攻殻機動隊』(一九九一年・図1)と、同名のアニメ映画『攻殻機動隊』(一九九五年・図2)、同シリーズ『イノセンス』(二〇〇四年・図4)を素材として使った、二〇〇八年に英国の地理学雑誌に発表した論文である。(7)
その論文のタイトル、The Ghost in the city and a landscape of lifeは『攻殻機動隊』の英文タイト

ル、The Ghost in the Shell をもじっている。

　この論文では、やはり先ほどの地理学の流れどおり、人間の地位を中心的立場から押しのけ、景観それ自身の観点から景観を探索し、新しい景観へのアプローチを提示しようとする。

　そしてその哲学的根拠を、一七世紀のスピノザにもとめ、ポスト構造主義者として知られるドゥルーズへと展開し、神道の影響が感じられる、日本の芸術家、士郎正宗（『攻殻機動隊』原作者）と押井守（同作品のアニメ映画監督）の、存在論的観点を探ろうとする。

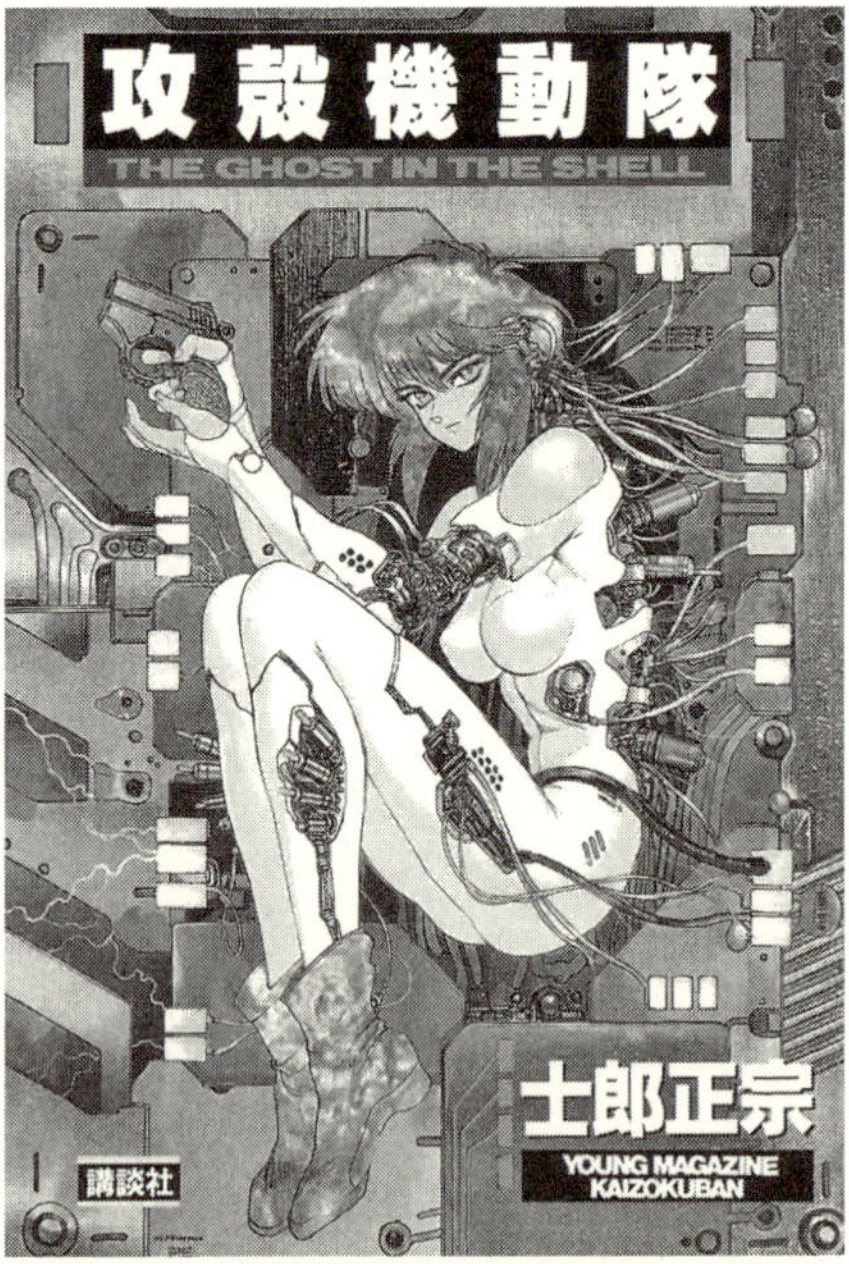

図1　マンガ『攻殻機動隊—THE GHOST IN THE SHELL』の表紙（士郎正宗『攻殻機動隊』講談社、1991より）。

　この論文は、この新しい景観の実験的アプローチを通して、いかにその作品の画像、アイディア、背景にある哲学が、「景観が人間から分離した、あるいは受け身的な存在としてではなく、関連し合う生き物、能動的なモノとして理解できるのか」を明らかにしたい、と表明する。

　そして先にあげた一七世紀のスピノザの哲学を紹介し、この新しい実験的な探求のなかで、スピノザが述べた「人間の体がそとの物体によって触発されるどんなしかたでも、その観念は、人間の体の自然の性とともに、そとの物体の自然の性をともなうはずである」[8]（『エチカ』第二部・命題一六）という言説を取りあげ、この存在論、そして認識論の路線と密接に結びついた言説が、人間の地位を中心から外し、階層化からも外し、そして景観を景観そのものとして探求する、洞察力の源泉と見なそうとする。

そして、景観が何であるのか、という問いではなく、「景観が何をするのか」、という問いを設定する。

心と身体の分離の問題は、いわゆる近代合理主義哲学の祖とされるデカルトが、「我思う、ゆえに我あり」（Cogito ergo sum）と唱えて以降、西洋においては大変な重荷となってしまったが、同時代のスピノザは、それらを同一と見なした。

それはきわめて独創的だった。

そして記号論的（もちろんこの時代にまだ記号論はない。つまり今から見れば記号論に近いということ）だった。

なぜなら心と身体の関係を、シニフィエ（意味内容）とシニフィアン（記号表現）の関係と見なしたからである[9]。

つまり身体は、心（シニフィエ）を表現するシニフィアンであるなら、そのあり方は、換喩、提喩、隠喩の三種の可能性があることになる、という地平を広げたわけだ。これは本書にとって非常に大きな視点でもある。なぜなら、2章で示した、「狂気の景観」に通じる射程が開かれたことになるからだ。

つまり心と身体、そして心と身体と、さらに外部にある景観は、先に示した認識の三角形でいうところの隠喩においては、同一と解釈される観念・認識、あるいは知覚が成立するわけだ。それは「生命としての景観」の論理的成立の、とっかかりとなるにちがいない。そして無機物と有機物の二元論の克服にさえも繋がるのである。

この論文でジョルジュ・ハーディ・クルティは、このことを次のように言う。

私たち人間は、空間と時間のなかに存在する身体として映じることができる。あるいは目的や欲望を表現する心としても。しかしこの身体と心は、同じ人間のアイデンティティの局面なのだ。それらは異なるパートだとしても、人間の本質の総合的部分を形づくっている。…その思考を拡張して類推するのであれば、人類と景観も、力と流れの非階層的な拡張した関係のなかで、それぞれに影響し合っている、あるいは同一となることもありうると。(10)

つまり、観念(表象、テキスト、象徴)としての景観と、物質としての景観が同一であるということを言わんとしているのだ。あるいは、スピノザが延長と思惟と名付けたものは、それぞれが、情動としての身体を通じて、経験され知らされた同じ実体の、属性なのだ、と。

であるなら、景観を受け身的な、人間活動の背景や前景としてではなく、「演技者」(アクター)として解釈することが可能になる。これはあのアクター・ネットワーク理論と共有できる思考である。

人間の視点から理解された景観は、同時に物質的で観念的なのだ。それが唯物論への回帰の正体だったのだ。そしてこのスピノザの、景観が思惟（観念）と延長（物質）のなかで、人間身体と結びついているとの思考が、景観研究における人間中心主義からの脱却へと導くわけだ。

『攻殻機動隊』の描く世界

マンガの『攻殻機動隊』は、士郎正宗によって『ヤングマガジン海賊版』一九八九年五月号に発表され、一九九一年に文庫化される（図1）。

劇場版アニメ（図2）は、一九九五年に押井守監督によって制作され、公開されたが、日本においての興行成績はあまり良くなかった。が、一九九六年にアメリカ、ビルボード誌のビデオ売り上げ一位となり、海外において高い評価を受ける。

その後もこの作品は、米国ハリウッド映画『マトリックス』（一九九九年）等の様々な作品に影響を与える。海外での人気の影響を受けて、日本でもテレビ・アニメが二〇〇二、二〇〇四、二〇〇六、二〇一三、二〇一四年と制

図2　DVD『攻殻機動隊：GHOST IN THE SHELL』の表紙（1995年、押井守監督・絵コンテ、伊藤和典脚本、バンダイビジュアル）。

作され、二〇一五年には劇場版シリーズが、また二〇一七年にはハリウッドで実写版が公開された。

物語の舞台は、近未来[11]の日本で、いくつかの世界大戦を経て、世界秩序は大きく変化し、核攻撃を受けた関東に代わって、日本の中心が関西、九州に移動。

科学技術が飛躍的に発展したその社会では、人々は自身の脳を電脳化し、直接インターネットにアクセスすることができる。この社会では、人間の他に、電脳化した人間、サイボーグ、アンドロイドが混在し、犯罪も新たな形で生じている。

たとえば、ゴースト・ハッキングと呼ばれる犯罪は、ネットを使って、この社会を構成する人たちの、心と身体を支配するサイバー犯罪で、その最も凶悪化し国際手配されている正体不明のハッカーは、通称「人形使い[12]」と呼ばれている。

主人公は、これら新しい犯罪を取り締まるために作られた、政府の秘密組織、公安9課に所属する少佐、草薙素子で、彼女は脳と脊髄の一部を除いて、すべてが人工物からなるサイボーグである。

物語は一見、近未来の平凡な刑事物語であるが、その底流に潜むテーマは、生命哲学に関わるものである。

英文タイトルの'The Ghost in the Shell'は、アーサー・ケストラーの著書『機械の中の幽霊』(The Ghost in the Machine[13])をもじっているが、タイトルだけでなく、その内容も、ケストラーの生命哲学が反映されている。

このケストラーの著書のタイトル'The Ghost in the Machine'は、ギルバート・ライルの著書『心の概念』(The Concept of Mind)のなかの「機械のなかの魂という教義(the dogma of the ghost in the machine)」から得ている。

この「機械のなかの魂」との表現は、肉体と精神の事象のあいだに、通常立てられる区別を攻撃して、あえて軽蔑をこめて使用されたのであった。[14] つまりデカルト哲学の二元論、二つの特徴的な対立物の存在である、心身二元論の概念に対して、カテゴリー化の誤りとして反論したのであった。そしてこの二重信念システムを、「機械のなかの魂という教義」と呼んだのであった。[15]

ケストラーはこのライルの教義を取りあげ、二つの項、部分と全体というパラダイムは、私たちの無意識の慣習的な思考様式と深く結びついている点を問題視した。

そして、この慣習的な思考様式から脱するために、全体(holos)と、部分や単位の接尾語(-on)を表すギリシア語からとった、「ホロン(部分的全体:より大きな全体のなかの一部分を構成する完全体)」という概念を、次のように示した。

生物体と社会とは、次々に低次の亜全体に枝分かれしていく半自立的な亜全体の多段階的階層性である。これら亜全体という中間的な存在は、それより下位のレベルにあるものに対しては自己完結した全体として機能し、上位のものに対しては従属的な部分として振舞う。このようなものを示すために、「ホロン」ということばを導入した。「全体性」と「部分性」、自律性と従属性というこの叉状分岐は、階層的秩序の概念に内在するもので、ここでは「ヤヌスの原理」と呼ぶことにする。そのダイナミックな表現は、自己主張的傾向と全体帰属的傾向の分極である[16]。

このもっとも基本的な意味は、ホロンは一部でもあり全体でもあるということ。そしてその一部とは、ひとつの全体のなかの階層的な構造のなかで機能する、複合的なホロンによって形成される。その全体そのものは、また別の大きな全体なのである。

ちなみに「ヤヌス（Janus）」とは、別々の方向を向いた二つの顔を持つイタリアの古い神のことである。つまり同じ事象の二つの側面、ここで言えば、一部であり全体であるということになる。

実は一月のJanuaryは、この神の名から来ている。ヨーロッパの人たちにとって、この一月は、昨年を振り返り、そして今年に期待する時期であるという。行く年来る年を思う月なのだ。私たち日本人にとっては、年末がそうなろうか。

機械のなかの魂

そしてマンガ『攻殻機動隊』にも、この思考が見られる。

それは、サイボーグ用の諸器官を開発している会社で、一つの工作台が勝手に全器官を組んで、ロボットを造り始め、あげくのはてそのロボットが逃げてしまう事件があった場面でのことである。

そのロボットは、軍事用の機密扱いのものであった。当然公安9課が動き始めるのだが、彼らはこの事件に対して、お互いに問いかける。はたしてこのロボットは魂（ゴースト）を持っていて、自ら自身を組み立てたのだろうか、と。

すると9課の構成員の一人で、主人公と同じサイボーグのバトーが言う。「セルロイドの人形にだって、魂が入る事あるんだぜ」。

そしてこの場面で、作者の士郎正宗は、マンガの欄外に、次のような補足説明文を書いている。

バトーの言う処の「魂」は、先のゴーストという言葉が人体に定着している霊を表すのに対して、もっと霊格の低い構造の単純な（オリオン風に言うと韻度の低い）エネルギーの集合体を表している。精霊とかマニトウからもう少し格上だと「〜神」とか呼ばれるモノである。人より下（ちょっとした想いの残留や単純な虫霊や動物霊など）から上（想像できる限界の大宇宙神霊）までに至る（無限に上下にあるのだが）神霊の階層構造も人間の内宇宙と同様に上層支配的ではなく様々な部分の活動の総体が上層を成すと考えられる。「政治」や「生態系」にもこの考えはあてはまると思う。もちろん各々の層を任意に抽出して見るとマスタースレイブ、上層支配の様に見えるだろうが、抽出する事自体全体をとらえるのに唯物的な結論しか生まない原因となっているのではなかろーか。想いの結したモノが物質を成し、分子を、化合物を、細胞を、組織を、系大成しているとすれば「階層の所々にひとまとめにできるモードがある」とも言える。[17]

この論文は、この発言にケストラーの単純で機械的な階層構造を超越したものを見いだしているが、それは神道のあらゆるものに魂が存在するとの思想にあると見ている。

神道の知の技法は、生命と非生命、生物と無生物、有機体と無機物といった二元論を、すべての現象は生き生きとした内在する活力があると認識することによって、打破する。

その結果これら神道の観点は、密接にスピノザの描いた拡張的な相互関係、つまりすべての有限の自然と生命の自存性（コナトス：あらゆる生物の、自己の存在を維持しようとする、欲望、努力、奮闘）と類似する、と指摘している。

実は、近年海外での日本文化の分析に、この手の解釈が数多く見いだせる。宮崎駿の『千と千尋の神隠し』の分析[18]や、Ｊホラーの分析[19]においても。

私は、この欧米の研究者の、日本文化へのステレオタイプ的な眼差しに、ある種の抵抗感を感じるが、この論文の論旨は無視できない。なぜなら、この種の二元論に対抗する一元論を、神道だけでなく、あのヨーロッパで、特殊な発展を遂げた一七世紀のオランダの、ユダヤ系哲学者スピノザに見いだし、さらにスピノザを再評価したドゥルーズを経て、映画分析の議論へと導こうとするからである。

それだけではない。

地理学が、スピノザとかねてから深く関わってきた点を、ディープ・エコロジーの観点[20]からも述べ、現在私たちが抱える最も憂慮すべき課題である、地球温暖化をはじめとする、環境問題にもからめて議論しているからである。

そしてこの論文は、最終的に、私たちが限定的に、有機体ではないと見なす景観そのものにも、生命・魂・ゴースト・神、を見いだそうと企てる。

人形使い

さて、先のロボットが自らを組み立て脱走した話に戻ろう。

実はこのロボットを組み立てたのが、最も凶悪化し国際手配されている正体不明のハッカー「人形使い」だったのだ。この犯罪者は、このロボットに自身を潜伏させ逃げたのであった。ところが簡単に公安9課に捕らえられる。その理由は公安9課への亡命が目的だったからだ。しかし捕らえてみれば、この「人形使い」と呼ばれる犯罪者は、この犯罪を取り締まるために、公安自身が生み出したプログラムだった。

それに気づいて、プログラムを抹殺しようとした、公安の別の課（6課）からの亡命であったのである。

マンガに描かれた「人形使い」の台詞を見てみよう。

「人形使い」：義体（ロボット）に入ったのは、6課の攻性防壁に、逆らえなかった為だが、ここにいるのは私の意思だ…。壱生命体（ゴースト）として政治的亡命を希望する…

公安9課部長：生命体だと!?

公安6課部長：バカな、自己保存のプログラムに過ぎん！
「人形使い」：それを証明する事は不可能だ。現代科学では生命を定義できないからな。
公安6課部長：だが亡命先を間違えたな！　仮に生命体（ゴースト）だとしても、犯罪者に自由はないぞ！
「人形使い」：時間は常に私に味方する…、ボディと共に死の可能性も得たが、この国には死刑がないからだ―
公安9課部長：半不死…！　人工知能（ＡＩ）か―!?
「人形使い」：ＡＩではない…、私は、情報の海で発生した生命体だ（図3）。

映画の『攻殻機動隊』では、「情報の海で発生した生命体」と主張した「人形使い」（プログラム）が、「生命体であるはずがない」と反論する私たち人間にむかって、次のような辛辣な生命観を投げかける。

それを言うなら、あなたたちのＤＮＡもまた自己保存のため

図3　義体（ロボット）に潜入した「人形使い」がゴースト（生命体）だと主張する場面（士郎正宗『攻殻機動隊』講談社、1991、247頁より）。

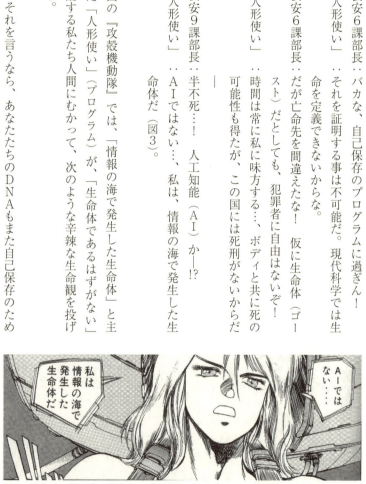

のプログラムに過ぎない。生命とは情報の流れのなかに生まれた結節点のようなものだ。種として生命は遺伝子という記憶システムを用い、人はただ記憶によって個人たりうる。たとえ記憶が幻の同義語であったとしても人は記憶によって生きるものだ。コンピューターの普及が記憶の外部化を可能にしたとき、あなたたちはその意味をもっと真剣に考えるべきだった。[21]

つまり私たち人間も、長い間かかってDNAを伝達するために、人類史という大きな流れのなかの、その時その時に出現しては消え、出現しては消える、ある結節点にしか過ぎないのであって、「私」というものは、この顔でもなく、性格でもなく、身体でもなく、結局は、これまで生きて経験してきた記憶ではないのか。で、その記憶が私たちの身体を離れて、外部化されるのであれば、外部化された記憶自体が、生命体と言ってもよいことになる。心でも身体でもないのだ。

　この『攻殻機動隊』を取り上げた地理学の論文は、さらに同シリ

図4　DVD『イノセンス』（監督・脚本：押井守、2004年、ブエナビスタ）の表紙。

ーズの映画『イノセンス』（二〇〇四年）の「生命の本質が遺伝子を介して伝播する情報だとするなら、社会も文化もまた、膨大な記憶システムに他ならないし、都市が巨大な外部記憶装置[22]」だとするサイボーグ、バトーの言説（2章の冒頭部）を取り上げ、都市や建築物、あるいは景観をも生命体だと見なす可能性を指摘する。

想定されるサイボーグの実存的恐怖

さて、この一連の作品を分析した論文は、サイボーグである主人公の実存的恐怖も取り上げる。それは有機体としての人間よりも、より無機的な機械に近いサイボーグが抱く、彼女自身の生命とは、生命の進化とは、あるいは、彼女のアイデンティティや身体、記憶はいったい誰のものなのか、に関する疑問である。

そして主人公であるサイボーグが、自己の存在に悩みつつ、次のように同僚バトーに語る。

人間が人間であるための部品が決して少なくないように、自分が自分であるためには驚くほど多くのものが必要なの。他人を隔てるための顔、それと意識しない声、目覚めの時に見つめる手、幼かった頃の記憶、未来の予感。それだけじゃないわ。私の電脳がアクセスできる膨大な情報やネットの広がり。それらはすべて私の一部であり、私という意識そのものを生みだし、そして同時に私をある限界に制約しつづける。[23]

なるほど、当たり前の事かもしれないが、私たちが私自身である事を確認するには、たくさんの要素が必要となるのだろう。顔はその最たるモノで、日常生活において、私たちが他人を同定するときに使用する部位であろう。パスポートや証明書も基本的にはこの手法を使っている。声もそうだと言えるが、最近の詐欺事件をみると、親が子の声を聞き分けていない事が判明している。顔と声が同時に確認出来れば間違いないのだろうが。そうなると電話を使う人も、サイボーグの一種となるのか。声紋は証拠になるが、これも判定に機械を使う事になる。手はどうだろう。自分の一部だからわかるのだろうか。指紋も個体の同定の手段となるが、ガラスに写った指紋を見ても、自分のものか、他人のものかはわからないだろう。そこで記憶が登場する。生まれたときから（いや生まれる前も?）今の瞬間までの体験は、これは確かに私自身にしか経験し得ない、唯一のオリジナルなのかもしれない[24]。未来の予感もどうなのだろう。

ところが、この実存的不安を語るサイボーグは、脳と脊髄の一部だけが生身の自分なのである。つまり先に個人を同定した要素は、彼女にとっては、すべて機械なのであった。これはまさにあのギルバート・ライルの「機械のなかの魂の教義」で辛らつに批判した、デカルトの心身二元論を皮肉っている。

デカルトは私たち生身の人間をも、心と身体に分解し、心のみが、存在する自分自身だと言いたかったのだろう。そのことを近未来のサイボーグに言わせしめている点が、この作品のユニークさを際立たせている。そしてライル同様に、心身二元論を「駄洒落」で茶化しているのだ。

確かに心身二元論は、近代科学を発展へと導いた。そのお陰で、今や私たち人間の死は、肉体の死ではなく、心臓の停止でもなく、脳死へと追い詰められている。

心や精神の在処とおぼしき脳が、機能しなくなったのであれば、もう人間ではなく、単なる部品の寄せ集めに過ぎないのだと。であるなら、有効利用すべきだとして臓器移植を打診される。

そこまで科学は発展したことになるのだろう。このように近代科学は、すべてのものを細かく分割していく。

そしてこのサイボーグも、公安9課を退職するときは、謹んで義体と記憶の一部を返上しなければならないと、つぶやく。

そうすると残るのは、脳と脊髄の一部だけ、という事になる。しかし私たちは自分の脳と脊髄を見たことがないではないか。たとえ見たとしても、顔のように判別できるのだろうか。では、どうやって私自身である事を確認するのだろう。

映画では、このサイボーグは次のように言う。

草薙素子：私みたいな完全に義体化したサイボーグなら誰でも考えるわ。もしかしたら自分はとっくの昔に死んじゃって、今の自分は電脳と義体で構成された模擬人格なんじゃないか。いや、そもそもはじめから私なんてものは、存在しなかったんじゃないかって。

バトー　：おまえのチタンの頭蓋骨の中には脳みそがあるし、ちゃんと人間扱いだってされているじゃないか。

草薙素子：自分の脳を見た人間なんていやしないわ。しょせんは周囲の状況で、私らしきものがあると、判断しているだけよ。

バトー　：自分のゴーストが信じられないのか？

草薙素子：もし電脳それ自体がゴーストを生み出し、魂を宿すとしたら、そのときは何を根拠に自分を信じるべきだと思う？

こうなると、まさにデカルトの「我思う、ゆえに我あり」となるわけだ。

ところがこのサイボーグは、それだけじゃない、と主張する。私の電脳がアクセスできる膨大な情報やネットの広がりも、私の一部なのだと。

これはむしろ身体の拡張、つまりスピノザの思想ではないのか。

この状況は、最近のスマホを使いネットに頼りきっている人たちにも似ている。もう彼らにとって、スマホを介して繋がるネットも、自分自身の一部なのだ。スマホを忘れたときの、彼らの狼狽えようは、このことを如実に示している。そして確かに、それが彼らの限界にもなっているのだ。

サイボーグの見た都市景観

劇場版アニメ『攻殻機動隊』では、先のサイボーグの台詞（人間が人間であるための部品が…）の後、映像は巨大な都市を写し出し、そこから都市内部の風景を次々描き出す。

ビルのガラスに写し出される旅客機、都市の隅々まで張り巡らされた道路のネットワーク。そしてそれを行き来する人々、車、バス、路面電車。都市の街路の壁一面に張り出されたポスター。降り出した雨を避けるために走る黄色い合羽を着た子供たち。張りめぐらされた水路を行く船、そして浮かぶ文明のゴミ…。

これらはすべて情報ネットワークでもあり、記憶でもある。であるなら都市そのものも、そして都市景観も、一生命体なのであると、そうこの論文は主張する。

さて、物質への回帰の正体が見えてきたような気がする。

それは地理学で言えば物質的景観への回帰を指している。しかしそれは単に伝統的な地理学の、実在する景観への回帰なのではなく、テキストとしての景観からの回帰なのである。

それをスピノザ的に言えば、再び身体が優位になったのではなく、観念からの回帰であり、それは一度そこを経た以上、両者の相互作用に注目する事になろう。

ドゥルーズはこのことを、「スピノザの最も有名な理論的テーゼのひとつは、一般的には心身並行論の名で知られている。このテーゼは、たんに精神と身体のあいだのいっさいの実在的な関係を否定するところに成り立っているのではない。同時にこの両者の一方の他に対するいっさいの優越を禁じているのである[25]」、と両者の関係が階層的でないことを指摘している。

それはこの『攻殻機動隊』で、プログラムが人間に対して「それを言うなら、あなたたちのDNAもまた自己保存のためのプログラムに過ぎない」と反論した哲学的根拠にもなろう。

であるなら、「生命としての景観」にも。

では、なぜ今まで、私たちはこのことに気づかなかったのだろう。それは私たちの意識に限界があるからである。

ドゥルーズはニーチェの次の言葉を引用して、彼もスピノザ主義だと指摘している。「主要な大半の活動は無意識的になされている。意識はふつう（私なら私という）ひとつの全体が高次の全体に従属しようとするときにしか現れてこない。なによりもまずそれは、そうした高次の全体に対する意識、私の外部にある実在に対する意識なのだ。意識は、私たち自身がそれに左右されてしまうような存在に対して生まれるのであり、そこに私たちが自身を組み入れてゆく手段なのである」と。[26]

この『攻殻機動隊』を分析した論文も同様に言う。このことを「直接の観察を通して、直接的に感じたり経験することが出来ないのは、私たちの精神的活力よりも潜在性や真実性が乏しいのではなく、異質であるからだ。細胞のように再生され人間の身体を形作ることを助ける機能を、私たち自身のゴーストが意識しない（あるいは少なくとも直接的には意識しない）ように、人間も都市のゴーストをほとんど意識しない[27]」のだ。

ではどうやって知る事が出来るのだろう。それはここにあるように、一つは芸術作品の分析を通して、そしてそれはレヴィ＝ストロースの言う隠喩という方法を使う事であろう。と同時にラカンの隠喩、つまり本書で言うところの「狂気の景観」ということになろうか。

そこでは、景観が人に語りかけ、人をしてある活動を行わせるような、「生命としての景観」なのである。それはまさに『攻殻機動隊』のサイボーグが見た、そしてプログラムが指摘した、ゴーストのある都市景観なのである。

このマンガ芸術、映像芸術は近未来のサイボーグの、実存的恐怖とデカルトの心身二元論を、似ていると茶化した。記号論では、この類似関係を隠喩と言う。

そしてプログラム「人形使い」の、「自己保存のためのプログラムに過ぎない」人間という表現は、スピノザの心身並行論に類似している。

地理学的に言えば、心身二元論は、自然と人間を分割する二元論に類似していることになる。そして記憶こそが生命であるとの主張は、コンピュータによる記憶の外部化と景観も、私たち人類の記憶の外部化である、との類似関係を思わせるのである。

つまり、現在、私たちの見ている風景は、ほとんどこのサイボーグの見た風景に、そっくりなのだ。

注

（1）一八九六年六月に、交響曲第三番の第一楽章の導入部について、作曲者であるマーラー自身が、このように語ったとされる（コンスタンティン・フロロス『マーラー――交響曲のすべて』藤原書店、二〇〇五、一〇九頁）。

（2）Sarah Whatmore, Materialist returns: practising cultural geography in and for a more-than-human world（サラ・ワットモア「唯物論者の帰還――人間のみの世界を超えた文化地理学の実践」邦訳未刊）, *Cultural Geographies* 2006 13: 600-609.

（3）ブルーノ・ラトゥール『科学論の実在』産業図書、二〇〇七、同、『虚構の「近代」―科学人類学は警告する』新評論、二〇〇八。この理論が生み出された要因や、問題点については、後者の川村久美子「訳者改題　普遍主義がもたらす危機」二五五〜三二〇頁がわかりやすい。

（4）Jonathan Murdoch, Inhuman / nonhuman / human: actor-network theory and the prospects for a nondualistic and symmetrical perspective on nature and society（ジョナサン・マードック「非人間・人間以外・人間―アクター・ネットワーク理論と自然と社会への非二元論とシンメトリーな視点のための展望」邦訳未刊）, *Enviroment and Planning D: Society and Space* 1997, 15, 731-756.

（5）近年の人文地理学において、「流れ」という表現が使われることが多くなっている。それは従来の人文地理学が、空間を固定的な何か「入れ物」として捉えがちであったことへの反省から来ている。グローバリゼーションの果てに、地域固有の空間や場所が消滅し、それとともに地理学の役割が無くなるのではとの危機感から、「流れ」やネットワークという動的な視点を導入し、常に変化し新しく生成するものとして空間や場所を再考しようとする、革新的な人文地理学者たちがいる。詳しくは以下の文献を参照。フィル・ハバート、ロブ・キチン、ブレンダン・バートレイ、ダンカン・ブラー『現代人文地理学の理論と実践―世界を読み解く地理学的思考』明石書店、二〇一八。

（6）Nigel Thrift, *Non-Representational Theory: Space / politics / affect*（ナイジェル・スリフト『非表象理論―空間・ポリティクス・情動』邦訳未刊）, Routledge, 2008, vii-viii.

（7）Giorgio Hadi Curti, The ghost in the city and a landscape of life: a reading of difference in Shirow and Oshii's *Ghost in the Shell*（ジョルジュ・ハーディ・クルティ「都市の魂と生命の景観―士郎正宗と押井守の『攻殻機動隊』の差異を読む」邦訳未刊）, *Environment and Planning D: Society and Space*

2008, 26, 87-106

（8）ベネディクトゥス・デ・スピノザ『スピノザ　エチカ抄』みすず書房、二〇〇七、一〇九頁。

（9）田島正樹『スピノザという暗号』青弓社、二〇〇一、一七二～二二一頁。

（10）注7、p.88-89.

（11）原作では「企業のネットが星を被い、電子や光が駆け巡っても、国家や民族が消えてなくなる程、情報化されていない近未来。アジアの一角に横たわる、奇妙な企業集合体、日本…」とある。そして最初の物語は二〇二九年三月五日、新浜県海上都市ニューポートシティで…とある（士郎正宗『攻殻機動隊：THE GHOST IN THE SHELL』講談社、一九九一、一頁）。

（12）映画『攻殻機動隊』によるとこの「人形使い」は、「国籍、推定アメリカ、年齢、性別、経歴すべて不明。去年の冬頃から主にＥＣ圏に出没。株価操作、情報収集、政治工作、テロ、電脳倫理侵害、その他十数件の容疑で国際手配中の犯罪者。不特定多数の人間をゴーストハックして操る手口からついたコードネームが「人形使い」」と紹介されている（『攻殻機動隊：Ghost in the Shell』（一九九五年、押井守監督・絵コンテ、伊藤和典脚本）。講談社、バンダイビジュアル。）。

（13）アーサー・ケストラー『機械の中の幽霊』ぺりかん社、一九六九。

（14）同上、二七三頁。

（15）Gilbert Ryle, *The Concept of Mind*（ギルバート・ライル『心の概念』みすず書房、一九八七）, Penguin Books, 1990（First published by Hutchinson, 1949）, 20-24

（16）注13、八三頁。

（17）士郎正宗『攻殻機動隊：THE GHOST IN THE SHELL』講談社、一九九一、二四〇～二四一頁。

（18）Boyd, W.J and Nishimura, T. 'Shinto perspectives in Miyazaki's anime film "*Sprited Away*"（ボイド・W・J、ニシジマ・T「宮崎アニメ『千と千尋の神隠し』の神道的視点」邦訳未刊）, *The Journal of Religion and Film* 8-2, http://www.unomaha.edu/jrf/Vol8No2/boydShinto.htm, 2004.

（19）Jay McRoy, *Japanese Horror Cinema*（ジェイ・マキロイ『日本のホラー映画』邦訳未刊）, Edinburgh U.P. 2005.

（20）アルネ・ネス『ディープ・エコロジーとは何か―エコロジー・共同体・ライフスタイル―』（ヴァリエ叢書４）文化書房博文社、一九九七。

（21）映画『攻殻機動隊：Ghost in the Shell』（一九九五年、押井守監督・絵コンテ、伊藤和典脚本）。講談社、バンダイビジュアル。

（22）映画『イノセンス』（二〇〇四年、押井守監督・脚本）ブエナビスタ。

（23）注21。

（24）私の義理の伯母がノートパソコンを自宅から盗まれた事があったが、捕まった犯人から警察が押収したパソコンを伯母のものと同定するのに、やはり記憶が証拠となった。パソコンのなかに保存されていた、かつての家族旅行の写真が。

（25）ジル・ドゥルーズ『スピノザ―実践の哲学』平凡社、二〇〇二、三三～三四頁。

（26）同、四一頁。

（27）注７、p.97.

5　城下町のディスクール

生命の本質が、遺伝子を介して伝播する情報だとするなら、社会も文化もまた、膨大な記憶システムに他ならないし、都市が巨大な外部記憶装置ってわけだ。

『イノセンス』（二〇〇四年）

名古屋城下町の狂気の景観

少年は夢で見た。そして身体で遭遇した。そしてそれは、ある地域に集中している。それが図1で示した分布図である。この地域は、図1を見てもらえればわかるとおり、いわゆる整然とした碁盤目状の区画の、その南に集中している。それは本町通が直線から曲線へと、徐々に変化していることからも読み取れるであろう。

これはあのニューヨークのマンハッタンでもあった、先住民の作った曲がった道と、植民者の作った整然とした区画割りとの対比を思い起こさせる。

そしてそこには、問題の「狂気の景観」があった。ここにもあるのだろうか。であるのなら、この名古屋城下町の南に隣接する地域で、少年が見た風景は、あのサイボーグの見た風景と似ているのかもしれない。つまり、名古屋城下町の南に隣接する地域は、「生命としての景観」が存在しており、それら景観が少年に働きかけ、あの奇談を語らしめたのではないか。なぜならあの語りは、確かに、通常の少年の欲求とは思えないからだ。

　なぜこの少年は、同時代の人から見ても不可解な「奇談」を、自らの意思で語り始めたのだろう。

　いやはたして自らの意思だったのだろうか。もしそうでなければ、一体誰がこの少年の身体を通して、この「奇談」を語ったのであろうか。

　それとも誰かが、何らかの目的で、この少年と打ち合わせをし

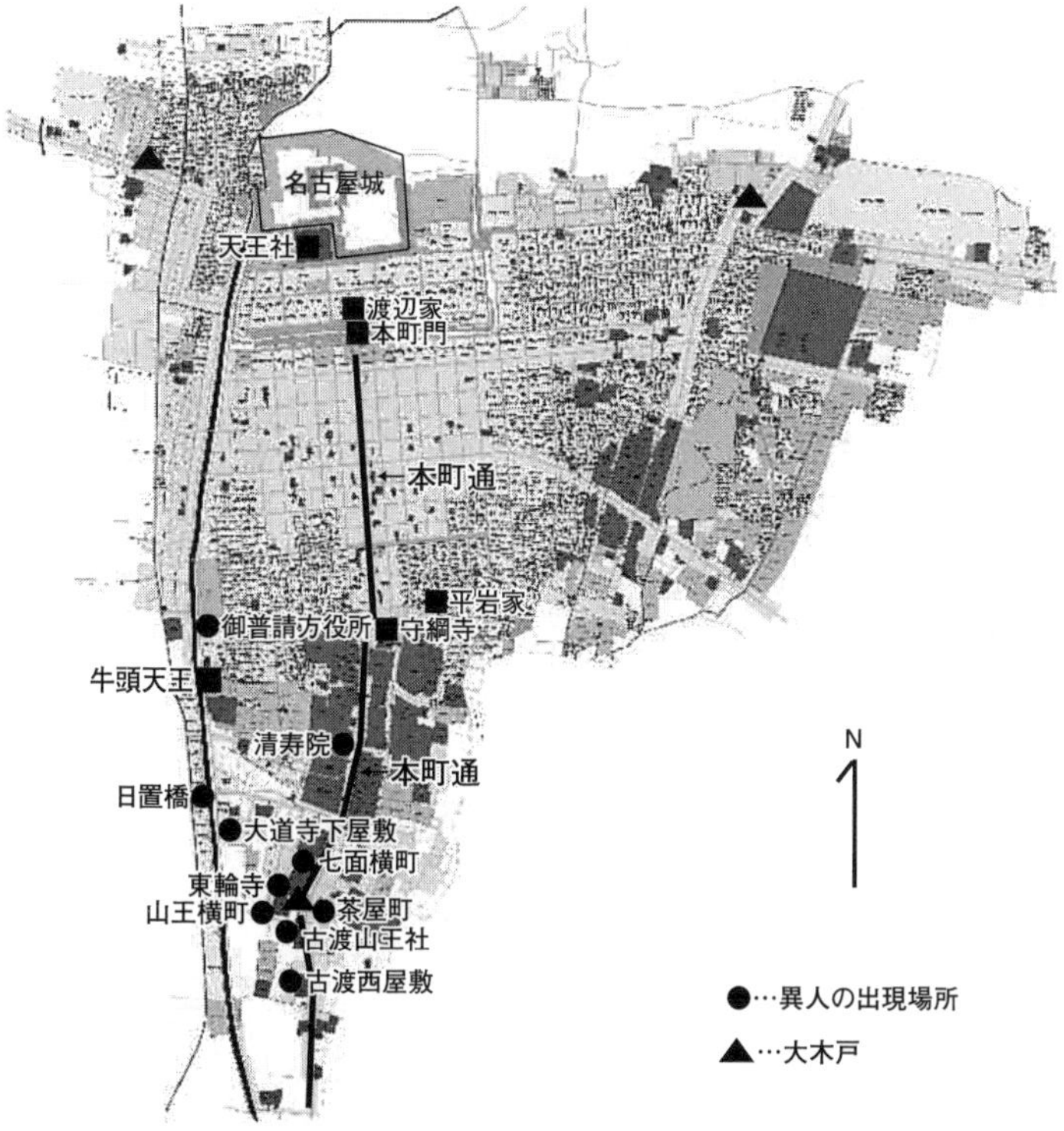

図1　弘化年間（1844～47）名古屋城下町絵図に見る狐と異人の出現場所（「城下町名古屋デジタル復元地図」『名古屋城下お調べ帳』名古屋市博物館、2013年の冊子、地図、CD-ROMより本分布図を作成した。）

て、この「奇談」を語らせたのだろうか。

がしかし、その語りを見る限り、その内容はたいへん詳細で具体的である。つまり単なる作りごととは思えないのである。

いや百歩譲って、夢での狐の出現や、異人、あるいはそれらの発言は、少年の虚構であったとしても、昼日中に少年が目撃した異人たちの出現場所までは、そうとも思えないのだ。なぜならそれら場所は、毅然と実在しているのであるから。

そこで、その実在する場所を確認するために、再び名古屋城下町へと戻ろう。

先の異人の出現地を古渡村だけでなく、城下町をも含めて、弘化年間（一八四四~四七）の名古屋城下町絵図に示したのが図1である。

確かに直線である本町通りが、曲がり始めるあたりから、異人の出現地の分布が始まっている。つまり、この異人が出現した地域にある景観群が、少年の夢、身体との関係で問題となっているわけだ。

この異人の出現地域は、大きく言えば、先に述べた碁盤目状の南の地区なのだが、細かく言えば、▲で示した大木戸の北と南に分けることができる。この大木戸とは、城下に通じる主要街道の入り口に、防衛のために設けられたもので、夜間になると閉じられる。

つまり名古屋城下町は、この大木戸で城内と城外に区分されるのである。ようするにこの問題の地区は、城内と城外から構成されているのである。そしてこの大木戸の南が古渡村となるわけだ。

この大木戸は、名古屋城下町には三カ所あるが、この古渡村との境にある大木戸は、いわば名古屋城下の南門ということになる。

この少年が十月九日の夢で最初に見た狐は、この南門のすぐ外にある古渡山王社（古渡稲荷社）であった。またこの少年の現実世界で頻繁に異人と出合うのも、この南門に隣接した山王横町である。

実はこの異人の出現場所は、この南門を中心に繰り広げられているように思えるのだ。ニューヨークのマンハッタンで言えば、あのウォール・ストリートに相当する。

異人の出現場所とその地域

ではここで、この少年の夢や現実世界で、実在する場所に現れた狐や異人たちの日付と場所を、もう一度整理しておこう。

	出現した日付	出現した者（物）	出現した実在の場所
①	十月九日	腹の白い狐	夢　：古渡村山王社裏門前（城外）
②	十月十二日	腹の白い狐	夢　：清寿院に住んでいると告げる（城内）
③	十月十四日	坊主姿の老翁	現実：下女つきが清寿院で「白髭大明神」と聞く（城内）
④	十月十六日	白髭と記した赤紙	現実：自宅の祭場（城外？）
⑤	十一月八日	白衣の異人	夢　：京都伏見の永井八郎家から清寿院へ移った（城内）

⑥　十一月十四日　声のみ　現実：役所（御普請方役所？）（城内）
⑦　十一月十九日　白衣の老人　現実：清寿院右門の西あたり（城内）
⑧　十一月二十日　二人の老人　現実：本町通茶屋町から山王横町西裏道南で消失（城外）
⑨　十一月二十六日　異人　現実：山王孫彦先生宅（古渡村山王社？）（城外）
⑩　十二月一日　異人　現実：恵比寿町通七面横町上がる所（城内）
⑪　十二月五日　運搬人と板　現実：自宅のお宮の後ろ（城外？）
⑫　十二月八日　異人　現実：山王横町（城外）
⑬　十二月十二日　異人　現実：山王横町（城外）
⑭　十二月十三日　異人　現実：山王横町（城外）
⑮　十二月十五日　異人　現実：山王横町裏通りから少し東（城外）
⑯　十二月十六日　異人　現実：本町筋から山王横町へ半町程西に入った所（城外）
⑰　十二月十八日　異人（立日大明神）　現実：日置橋角（城内）
⑱　十二月二十日　立日大明神　現実：大道寺家の下屋敷前（城内）
⑲　十二月二十一日　立日大明神　現実：東輪寺の裏の筋の道（城内）
⑳　十二月二十二日　立日大明神　現実：古渡西屋敷の内（城外）
㉑　十二月二十四日　立日大明神　現実：堀川筋から山王横町上がる所（城外）
㉒　十二月二十七日　立日大明神　現実：役所へ行く道筋の山王横町（城外）
㉓　十二月二十九日　立日大明神　現実：役所へ向かって堀川筋の山王横町上る所（城外）

このように、虎之助の夢を含めて、実在する場所に、狐や異人の姿で登場した回数が二十三回。そのうち城内が九回、城外が十四回。

城内の場所は清寿院が四回、役所（父、領八郎が御普請方勤役なので御普請方役所とした）、恵比寿町七面横町、日置橋角、大道寺家の下屋敷、東輪寺の裏がそれぞれ一回である。

清寿院四回のうち、虎之助が現実で異人に遭遇したのは一回であるので、多くは城外で遭遇していることになる。またその城内の場所もほとんどが城下の南部分で、その多くは虎之助が家から役所へ通う途中で遭遇しているように思われる（図1）。

この少年の実家である箕浦家の正確な位置は、絵図等では特定できないが、このように見ると、おそらくこの古渡村に居住する下級武士であったのだろう(1)。

そしてこれら場所は、この少年の日常の行動範囲をも示しているわけだ。

それら場所の性質は、寺や神社などの宗教施設、自宅、役所、本町通（主要通り）、横町（脇道）、橋、上級武士（大道寺家）の下屋敷、川筋などと多様である。つまり宗教施設に限らず、様々な性格の場所で、異人（神々）と遭遇していることになる。

そこには少年と父をはじめ、狐や下女、坊主姿の老翁、文字の書かれた紙、異人、運搬人、神々が現れる。まさにこれら多様なモノたちのネットワークが想起される。

スリフトの言う「何らかの流れ」が、この様々な人や動物、モノ、神々や場所、景観のネットワークを駆け巡り、この少年をして「奇談」を語らせたのだろうか。

それは主観でもなく、あるモノに触れながら、皮膚の感覚を通じて作られていくような「何らかの流れ」で、それら関係性の奥底に流れ続けている、あらゆる種類のモノ、様々な生命体、景観の影響力をも包含している「何らかの流れ」、というのだろうか。

そうすると、私たちの主観が理解する前に機能する、人類の個を越えた側面の研究が必要となる。このネットワークにおける、この超個人的な動作と調整を理解するには、事象と物質性を再び、それ自身の感受性にしたがって思考することを意味し、人類の心に共有されている、意図されざる知性によって構築された世界を、思考する必要がある、(2)ということになる。

であるなら、これら出来事のあった実在の場所に、まずは注目してみてはどうだろう。ひょっとすると、そこからこの「奇談」の真のメッセージが、読み取れるのかもしれない。それはまさに、その場所の景観に語らせる、そのような作業となろう。

名古屋城・古渡村そして熱田港

さて、まずはこの少年が住むと思われる、古渡村から出発しよう。

古渡村とは、一体どのような場所だったのだろう。それは、その北に名古屋城下町を配し、その南には熱田港を擁する、交通路上のきわめて重要な場所であった。徳川家康は、この点にも注目して、名古屋城をここに築城したとされる。

そしてもう一つの名古屋城築城地の選定要因は、当時の政治情勢を鑑みて、大坂の豊臣家をはじめ、西国大名をも睨む、軍事的最重要点にもあった。

やはりここでも、交通ネットワークの重要性が見いだせるだろう。つまりこの場所を押さえておけば、東国は守護できることになるわけだ。

　この徳川幕府にとっての、二重の意味での交通路上の重要性は、江戸時代を通して、名古屋城の二の丸が尾張藩主の居所で、本丸は将軍の宿泊所とされたことに、如実に表れている。

　名古屋城は、徳川家康の天下統一の最終段階に、築かれた城であったのだ。

　図2は、江戸時代の東海道と中仙道の宿駅を示した地図だが、名古屋城、古渡村、熱田港が東海道と中仙道、あるいは航路を繋ぐ要所であったことがひと目でわかる。確かに交通路上の重要点であったのだ。

　さて、この場所性が、この少年の語りと、どのように関連づけられるのであろう。

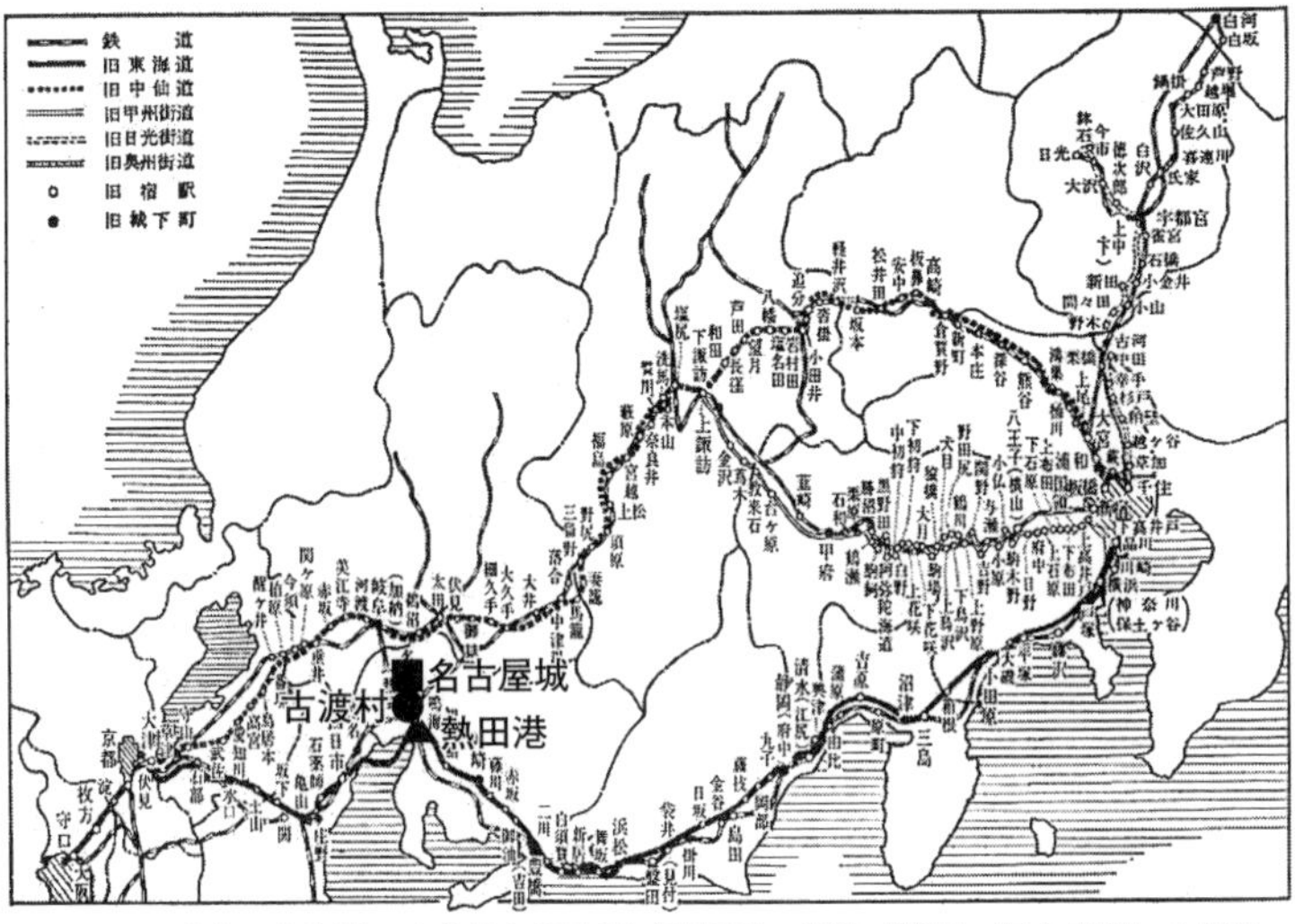

図2　江戸時代の東海道・中仙道と旧宿駅（藤岡謙二郎他『新訂　歴史地理』大明堂、1990、233頁に筆者加筆）。

この少年の、最初の夢にとりついた腹の白い狐は、古渡村の山王社裏門前に出現している。その場所は図1で示した通り、名古屋城下町の南の大木戸の、すぐ南に位置している。

その当時の景観は、1章の図2ですでに示している。そこには、山王社（古渡稲荷社）の鳥居が悠々と建つその前を、多くの人々が行き交う名古屋城下町の南北の中心軸、本町通りが描かれている。

狐が出たとされる裏門が、何処を指すのかは、この図会では不明である。が、ここが、名古屋城と熱田港を結ぶ、交通の要所であることが見て取れる。

十二月十五日の記録に、箕浦家の者が、この狐（神）に奉納するための魚を、この山王社の前で、城下から帰ってくる魚屋から購入する場面が描かれているが、この場所がまさに、熱田の漁港から城下に、魚屋が荷を担いで行き来する、交通の要所であったことをも示す、そして当時の様子を生き生きと描く、資料となりえよう。

衢としての古渡村

いわゆるこのような場所を、古来、衢《ちまた》と呼ぶ。

この父の領八郎曰く、「正直で律儀な子ども」である虎之助が、この古渡村をとりまく、江戸時代の交通事情を斟酌に入れつつ、このような奇っ怪な夢や出来事を、意図的に語っていたのであろうか。

ちなみに何度も言うが、この地は、ニューヨークのマンハッタンで言えば、あのウォール・ストリートに相当する。

父の領八郎は、この子の夢でこの狐が住む、と言った清寿院に下女をやり、この神が「白髭大明神」であることを寺の老翁から聞き出し、後日、父自らその神の正体が、猿田彦命《さるたびこ》であることを書物より調べ上げている。

が、この神が記紀神話(3)において、衢の神であることを知っていたのだろうか。

「白髪大明神」と聞いて、猿田彦命の名が出てこなかったのであれば、この父はおそらく、そのような神々の種別に関する知識を持ち合わせていなかったのだろう。

さらにこの場合、少年一人だけで古渡村という名古屋の衢に、白髭大明神という衢の神を配置したのではない。少なくとも下女、父が語りに加わっている。

この下女は清寿院に行き、この神の名を知ったのであるが、その神の名を下女に教えたのは、この寺の主ではなく、後に知れるのだが、少年の前に現れた老翁、立日《りうしつ》大明神であったと思われる。少なくとも、父はそう解釈した。

つまり、これら記録された少年の夢から始まる「奇談」は、少年の夢の語りから始まるのであるが、周囲の大人たちが、その語りに寄り添って動くことによって、さらに補強されていくことになる。ある意味、集団の語りともとれるのである。

古渡村は城下の南門に隣接した村であった。そこには大木戸という象徴的な門が、物質的景観として建っていた。そのすぐ南に、あの狐が最初に登場した山王社があった。異人が頻繁に登場する山王横町も、この大木戸と山王社の間にあった。

大きく言えば、この古渡村は交通路がいくつも重なる衢という場所であった。そしてそこに、衢《ちまた》の神《かみ》である猿田彦命が登場する。まさに様々なネットワークが、この奇談を少年に語らせたとしか思えない。

多様な顔を持つ古渡村

ちなみに、もっと多様な顔を、この古渡村は持っている。

この古渡村は、名古屋城下町と熱田港の間の約一〇キロの間にあるが、尾張藩は早くも、寛文年間（一六六一～七三）ごろから、両者を結ぶ道筋の町屋化と道路拡張を進め、一八世紀後半には、周辺村落を市街地化し、徐々にこの古渡村の、名古屋城下と熱田港の媒介項としての役割を高めていくことになる。

あの名古屋の文化振興を、幕府にまで逆

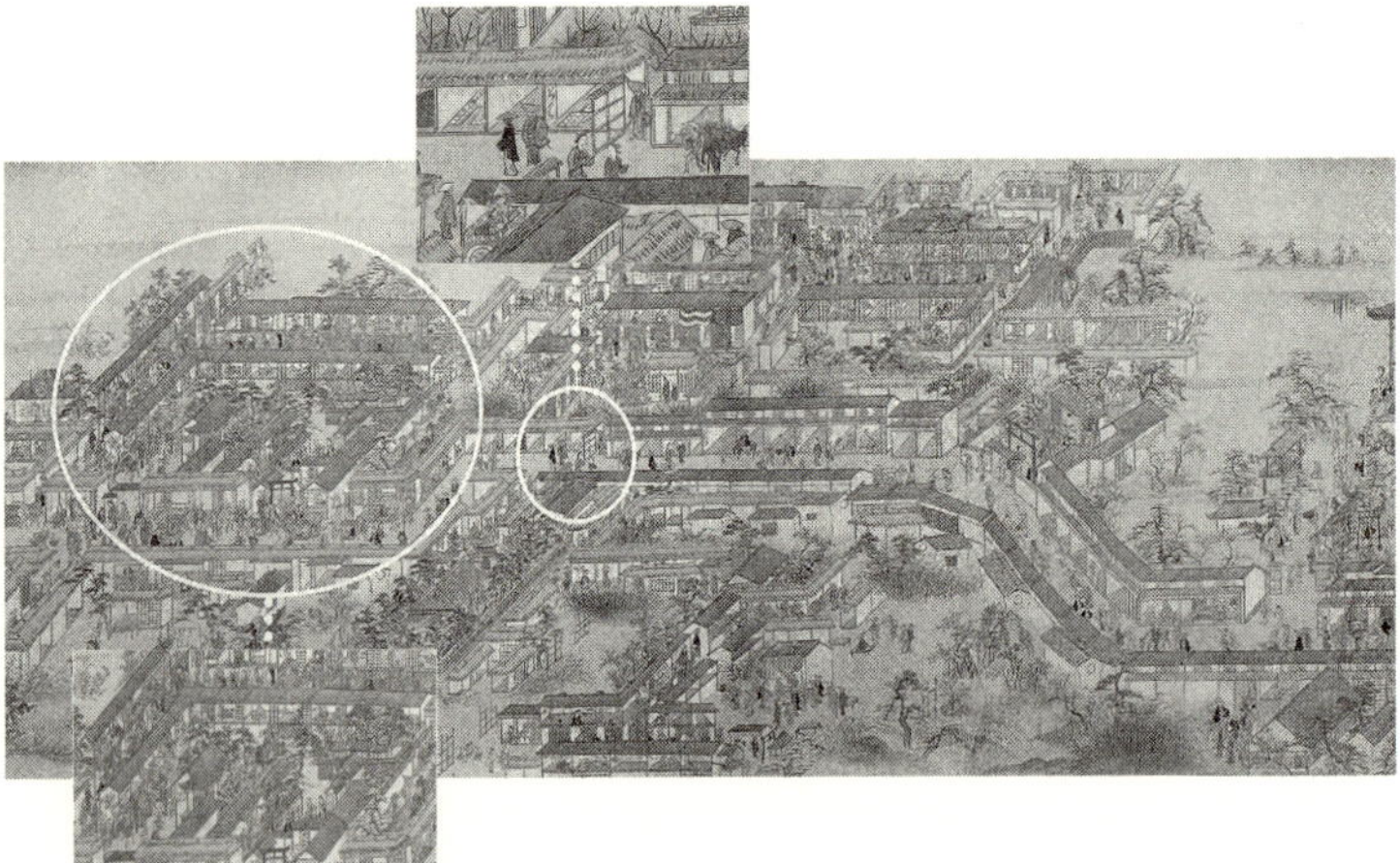

図３　尾張藩七代藩主、徳川宗春時代（1730～1739年）の城下町が描かれた「享元絵巻」の本町通周辺。絵の右に行くと名古屋城、左に行くと古渡村。図の上部の拡大部分が大木戸。下の拡大部分が古渡山王社と遊郭。本町通りの屈曲が極端に描かれているが、この周辺がまさに異人たちが出現した地域となる（『名古屋時代MAP：江戸尾張編』新創社、2009、77頁より）。

らって推し進めた、徳川宗春によって、遊郭が置かれたのも、この古渡村であった（図3）。つまり中心地の周縁的な多様性を持った、いわば「第三の地域」だったのだ。

しかしながら宗春政権の終焉によって、この地は廃れてしまうのであるが、この地にとどまる遊芸人たちも多かったらしく、一八世紀後半以後も、娯楽、遊興空間として、名古屋城下町の賑わいの一角を担ったとされる。

であるなら、これら語りはどこからやってきたのだろう。今ひとつ、思い出して頂きたい。ドゥルーズが、ニーチェの言葉を引用した箇所である。

> 主要な大半の活動は無意識的になされている。意識はふつう（私なら私という）ひとつの全体が高次の全体に従属しようとするときにしか現れてこない。なによりもまずそれは、そうした高次の全体に対する意識、私の外部にある実在に対する意識なのだ。意識は、私たち自身がそれに左右されてしまうような存在に対して生まれるのであり、そこに私たちが自身を組み入れてゆく手段なのである。[4]

つまり少年の夢や不思議な体験は、その大半が無意識的なものだったのだろう。それを、ラカンの言う他者のディスクールとみるのであれば、それは誰のディスクールだったのだろう。

もともとはこの他者のディスクール、フロイトは他の場所のディスクールと呼んでいた。では他の場所とはどこを言うのだろう。そもそも場所といえば、この語りの舞台となったのが古渡村で、ここが問題なのかもしれない。

なぜならこの古渡村は、名古屋城下町という高次の全体を、意識せざるを得ない位置にあるからだ。であるなら、この城下町の南端に位置する古渡村をはじめ山王社の景観は、2章で述べた無意識と意識が混濁する「狂気の景観」とも呼べるのかもしれない。なぜならこの少年の語りは、現代的に言えば狂気に近く、同時代人から見ても「奇談」であったからだ。

フロイトもラカンも、私たちの無意識を研究対象とした。彼らはそれぞれその無意識を、他の場所、あるいは他者のディスクール、つまり言説と考え、当の語り手の無意識から発せられたものだと主張した。

この少年の語りも彼の無意識であるのなら、語られた場所も無意識の場所、とすることができるだろう。問題は、その無意識がどこからやってきたのか。ここでは集団性も感じられる。つまり彼一人の問題ではないことになる。

ここにテキストとしての景観から、物質としての景観へと移行するプロセスが、見いだせるのだ。

渡辺家の家臣平岩某とは

つぎに、この異人たちの出現場所の北限に注目してみよう。図1によるとそれは、平岩家となろう。

この平岩家とは、この少年の語りのなかで、どのような位置にあったのだろう。それは『尾張霊異記』の記録では、次の箇所となる。

斯も続て同じ夢を見ければ不思議と思ひ、花屋町筋伊勢町角に平岩某とて渡辺殿の家中有。此屋敷内に明神の社有て、人の事の次第を伺へば、速に告の有事の由を聞し故に、下女きよと申者を右屋敷へ遣、夢相の次第を委咄伺せ参らせければ、明神宣ふ様、是は為指事とは見へね共、清寿院に居とあれば、何分右方へ参り聞合様にと、明神の差図有ける故、十四日に、右院へ召仕つきと申女を遣候処、若旦那躰に相見候廿余の人出て、右の次第を具に聞、夫は誠の吉事なり。(5)

それは、この少年、虎之助が最初にこの夢を見た、天保四年（一八三三）十月九日の、四日後のことであった。

この少年が何度も同じ夢を見たこと、そしてその夢が、古渡村の山王社裏門前に、腹の白い狐が現れたとか、その狐が「もし私のお宮を建ててくれるなら、病にかかることなく健康で善い行いのできる子にしてあげよう」であるとか、「清寿院に住んでいる」などと、その内容や場所が具体的であったからであろう。父の箕浦領八郎が、花屋町筋の伊勢町角に住む渡辺家の家臣、平岩某に、下女のきよを使わし、虎之助の夢について詳しく話させ、助言を得た箇所である。

実は、この渡辺家の家臣、平岩某の助言から清寿院に下女を遣わすこととなり、この出来事がより一層現実味を帯びていく。

私は、このきっかけを作った平岩某よりも、渡辺殿の家中、という言説に、重要性を感じている。では、なぜこの渡辺家が問題なのか。

尾張徳川家の渡辺家と言えば、渡辺守綱（半蔵）のことを指している。

この渡辺半蔵は、徳川家康に仕え、尾張徳川家の初代藩主義直の附家老にもなった人物である。そしてその後、子孫は代々、尾張藩家老として続いた。

ここで指摘したい問題は、この渡辺家が平安時代の嵯峨源氏の渡辺綱を祖とする、と称している点である。(6)

渡辺綱という人物は、あの源氏の祖、源満仲の息子、源頼光の四天王の一人と伝えられており、平安時代の説話文学では、源頼光とともに酒呑童子や土蜘蛛、茨木童子などの妖怪退治で名を馳せた。

つまりこの渡辺家は、初代から怪異に対処することを誉れとする家系なのである。

父領八郎は、息子の虎之助が連続してみる怪異の夢の対応に、この家中の人物を選んだ。この平岩某が屋敷内に明神を持ち、このような不思議があると、その答えを教えてくれる、というのもこの地域では評判の事だったのだろう。

渡辺家は江戸時代に至っても、このようなある種の宗教的職能集団の性質も持っていたのではないか。そのことが父をして平岩某とはせず、渡辺殿の家中、と記述せしめたのではなかったか。

渡辺党の本拠地は大坂の八軒家

この渡辺の姓の由来は、摂津国渡辺に綱が居住したことから始まる。まずはこの摂津国渡辺という場所を見ておこう。

この奇談を語った少年と同時代、つまり江戸時代においてこの渡辺という場所は、八軒屋と呼ばれる大坂と京都を結ぶ水上交通の要所だった（図4）。天満橋から天神橋の間に宿屋が八軒あったことから、そう名付けられた。

江戸時代、この八軒屋・伏見間を三十石船が昼間休まず航行した。

あの十返舎一九の『東海道中膝栗毛』で弥次郎兵衛・北八が最初に大坂に上陸するのもこの八軒屋、さらに森の石松が「江戸っ子だってねえ、寿司食いねえ」と言ったのも、この辺りの舟の中だった。

そして時代を平安時代にまで遡れば、このあたりを渡辺の津と言い、京都から舟で来た皇族

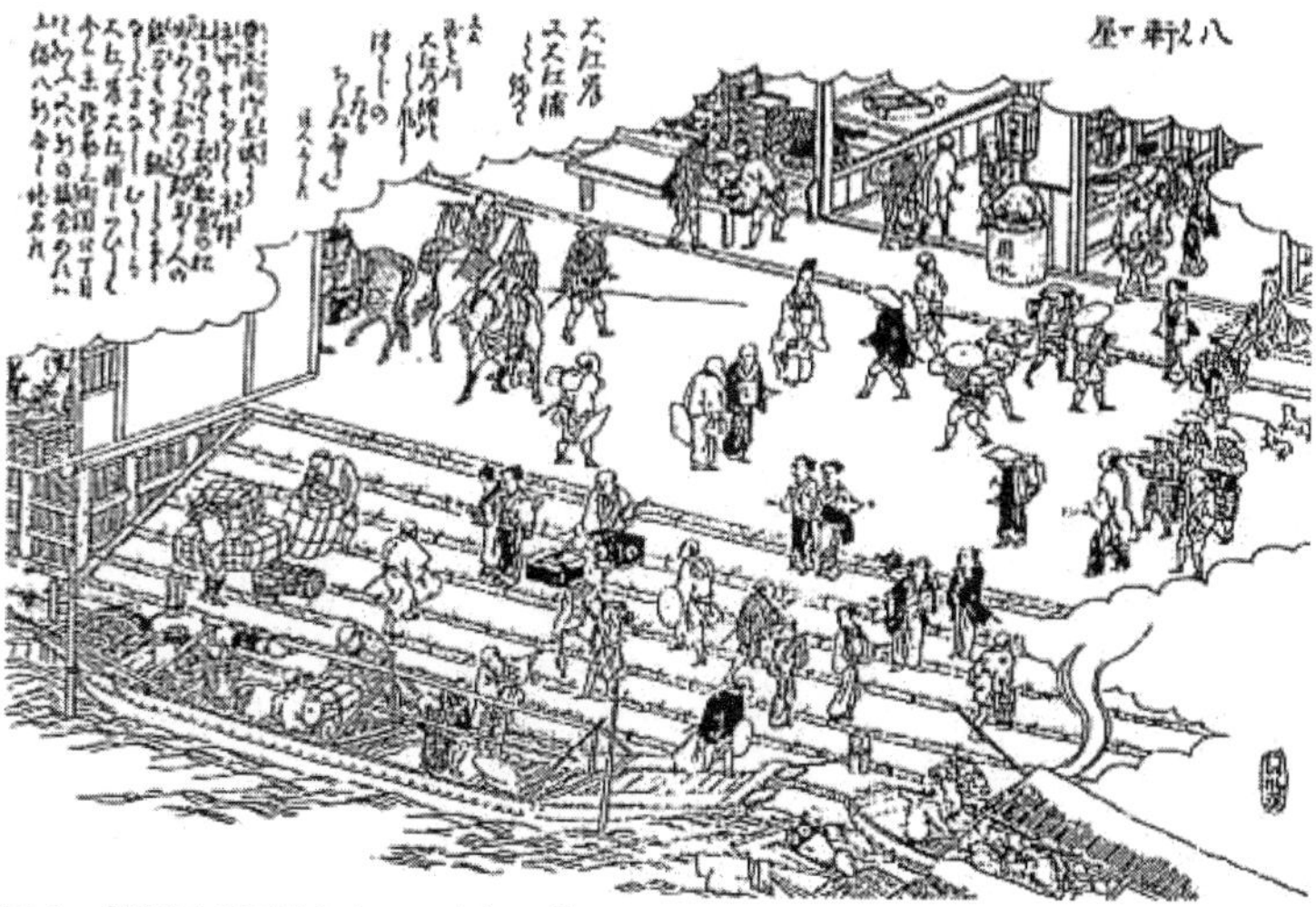

図4　『摂津名所図会』（1798年）に描かれた江戸時代の八軒屋の賑わいと三十石船（秋里籬島『摂津名所図会　第一巻』臨川書店、1996、414〜415頁より）。

や貴族たちがここで上陸し、そしてこの場所から熊野詣が始まったのだった。

この熊野詣は、紀州の熊野三社まで、熊野権現の御子神とされる九十九王子を訪ねて祈りながら進んでいく。人々は、その第一の王子を渡辺王子と呼びこの地に置いた。

さらにその近くには皇居を守る神、坐摩《いかすり》神社（現在は中央区久太郎町四丁目渡辺）も鎮座していた。

このように平安時代から近代に至るまで、この八軒屋という地は上方の二大都市を結ぶ、何か意味深で重要な場所だったのである。

この重要な渡辺の津を守ったのが、渡辺党と称される人たちだった。

彼らは嵯峨天皇の皇子、源 融《みなもとのとおる》を祖とする嵯峨源氏で、後に清和天皇を祖とする摂津の多田源氏と養子縁組みを結び、この渡辺の地に定着し、渡辺姓を名乗ったとされる。それがあの妖怪退治で有名な、多田源氏源頼光の四天王の一人、渡辺綱だったのだ。

史料上の綱の存在は危うい。が、その後の文献には、渡辺党の人たちが滝口の武士の名簿に頻繁に登場することから、やはり皇居を守る人たちだった、と言えそうだ。

そしてこの渡辺党の人たちは、あの鵺《ぬえ》退治を行った源頼政の配下にも入っている。

また先の渡辺の津にあった坐摩神社の神官も、代々渡辺党がつとめ、現在もつづく。渡辺姓の重要性は、先の坐摩神社現在地の奇妙な地名、中央区久太郎町四丁目渡辺に表出している。

この渡辺党の人たちがつとめた滝口の武士とは、天皇の住まいである清涼殿を警護する侍のことで、その名称は、清涼殿東庭北東の「滝口」と呼ばれる御溝水の落ち口近く、その渡り廊下の詰め所を宿直としていたことからくる。

やはり彼らも、武士とはいえ、宗教的な色合いを持っていたようだ。

なぜなら彼らは、天皇の領土である畿内、あるいは平安京のある山城国、さらに平安京に、妖怪たちが侵入しようとするのを防ぐ祭、道饗祭《みちあえのまつり》にも立ち会っていたからである。渡辺党の祖である渡辺綱の活躍が、妖怪退治の物語で語られ描かれるのは、このことと関係がある。(7)

名古屋城下の渡辺党の景観

ようするにこの渡辺家は、平安時代から天皇を警護し、平安京という都市を、怪異・妖怪から守る伝統の家なのである。そしてこの江戸時代の尾張でも、藩主を警護し、名古屋城下町という都市を、怪異・妖怪から守る役割を持っていたのではないか。

その証拠は城下町絵図に残っている(図5)。

この少年の住む古渡村は、名古屋城下と熱田港、あるいは東海道とを結ぶ交通の要所、衢とよべる場所であった。ここを通る街道、本町通りは、名古屋城下町の中心軸であった。その南門に近接する古渡山王社が、この奇談の最初の舞台となる。

そして、その南門を北へとくぐり抜けると、更にこの本町通りは、名古屋城の南門、本町門へと向かう。ここで外堀を越えれば、いよいよ名古屋城三の丸へと入ることになる。そしてこの地区には、上級武士たちが屋敷を構えている。

この本町通を越え、本町門の正面にあったのが代々、渡辺半蔵と名乗る家老の屋敷だったのである(図5)。

その位置は、まさにこの怪異・妖怪（荒ぶる神々）が、名古屋城へと侵攻するのを、真っ正面で阻止しようとする意図を示している。

そして本町通は、その城下町南部で防衛のために寺社を集めているのであるが、その寺社町の始まる一番北に、この渡辺守綱の菩提寺、守綱寺があり、その東にこの記録に登場する平岩某が住む屋敷がある（図1）。

さて、これら場所に共通する要素がある。それはこの城下町の形態、つまり景観と関係がありそうだ。

図6は、明治十年の愛知県名古屋明細図であるが、ここに最初に少年が夢で狐を見た場所、古渡山王社、渡辺守綱（半蔵）の菩提寺である守綱寺、そして代々の渡辺半蔵の屋敷の、それぞれの場所を置いてみよ

図5　弘化年間（1844～47）名古屋城下町絵図に見る本町通と本町門。その北正面に位置するのが渡辺半蔵屋敷（城下町名古屋デジタル復原地図ver.3、名古屋市博物館、2013に筆者加筆）。

う。

古渡山王社は大木戸のすぐ南にある。それは城内と城外の境界を意味する。

次に渡辺守綱（半蔵）の菩提寺である守綱寺であるが、この一連の怪異が起こった場所の北限である、平岩家、そして御普請方役所は、この守綱寺とほぼ東西のラインで並んでいる（図1）。その場所は、あの整然とした碁盤目状の町割りがなされた地区と寺町の境界にある。

そして家老である渡辺家は、城と町の境界部にある。そしてそれらはすべて、名古屋城下町の中軸線である本町通にあるわけだ。

この本町通は、図6でみると、碁盤目状地区ではほぼ直線であるが、寺町地区で若干西へ屈曲し

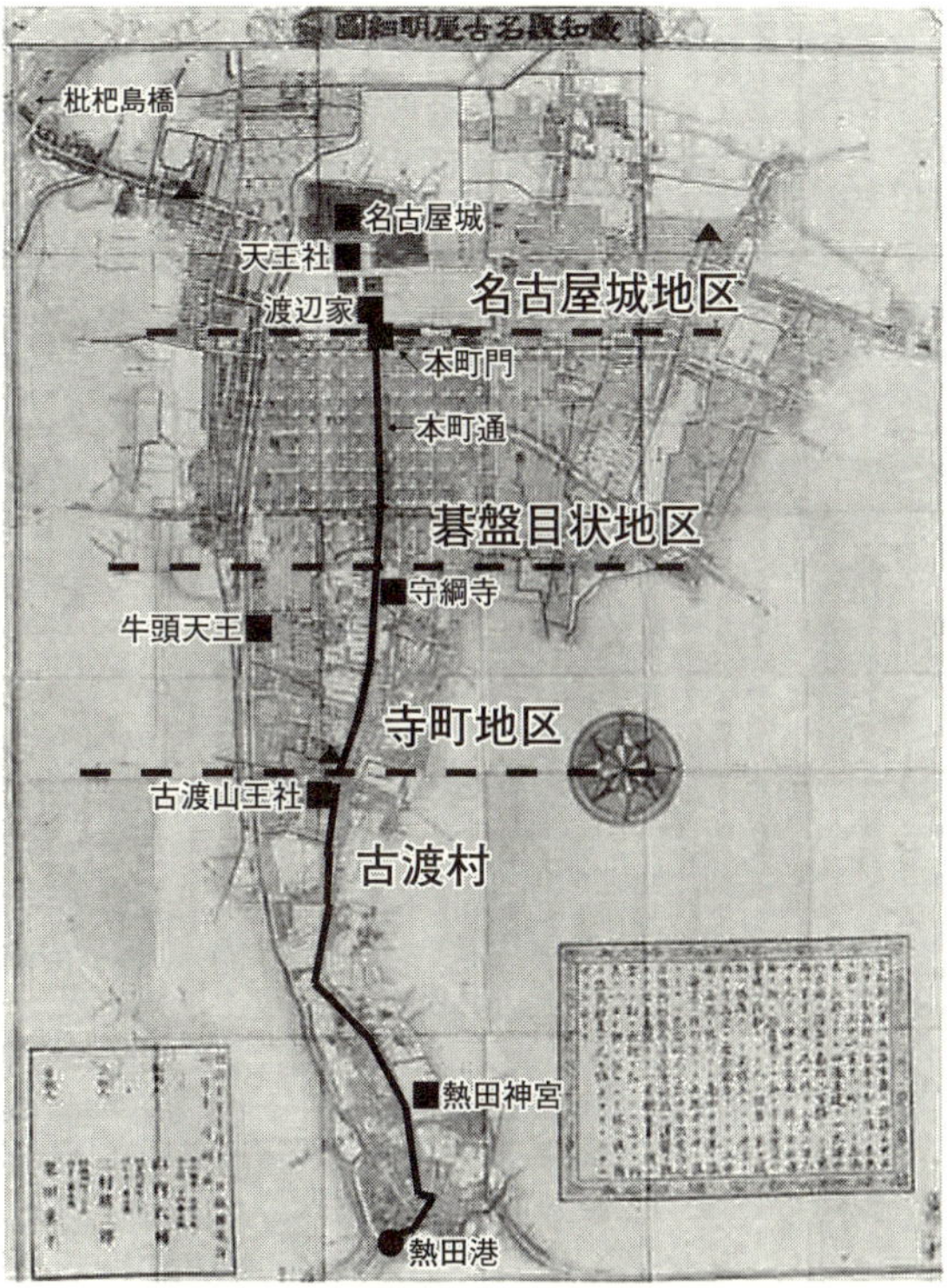

図6　名古屋城下町の地域区分図（「愛知県名古屋明細図（明治10年）」矢守一彦編『日本の古地図12　金沢・名古屋』講談社、1977、25頁に筆者加筆）。

はじめ、大木戸を出ると直線ではなくなる。

図3ではその屈曲が極端に描かれている。つまり絵師には、そのように認識されていたのであろう。それは城下町の住人にとっても同様ではなかったか。

またそれは、同時にそれぞれの地区の人々の空間認識にも関係していただろう。住人たちは、それぞれの道の屈曲で、地区の差異を認識していたのである。

ここでは仮にその地区を北から、名古屋城のある「名古屋城地区」、家康によって整然とした町割りが計画された「碁盤目状地区」、道が屈曲を始め、寺社が集中する、戦時には防衛の拠点、平時には宗教、遊興の空間、「寺町地区」、そして城外の古渡村から熱田港への、農村的でもあり、町屋も並び、そして遊郭や芸能者のいた「古渡村」地区に区分してみた（図6）。

このような都市の景観の差異が、この少年の夢に、そして大人たちのディスクールに影響を与えていたのではないか。そして日本人にとっての、あるいは武士たちにとっての、平安時代から継承された伝統的な怪異観の影響も。

つまりこの少年の不思議な夢、周囲の大人たちの行為は、ラカン流に言うのであれば、他者のディスクール、つまり景観、そして伝統的な怪異観のディスクールだったのではないかと。

この奇談の舞台は、古渡村と寺町地区であった。それは単に都市の南部というだけではなく、熱田港という交通の要所も関わっていた。

それは先に図4で示した大坂の八軒屋と似ている。そしてそこに渡辺家も関わっていた。規模は違うがこの大坂の八軒屋は、熊野詣をする際の、京都の南の港とも言える場所なのである。

そして八軒屋も熱田港も、平安京よりも、そして名古屋城よりも古くからあった。この時代の差異も、何らかのディスクールを有しているのかもしれない。

注

(1) 『デジタル版名古屋城下お調べ帳』(名古屋市博物館、二〇一三年)の「藩士大全」によると記録当時の箕浦領八郎は御普請奉行手附吟味方で石高は七石二人扶持とある。

(2) Nigel Thrift, *Non-Representational Theory: Space / politics / affect* (ナイジェル・スリフト『非表象理論—空間・ポリティクス・情動』邦訳未刊), Routledge, 2008, vii-viii.

(3) 記紀神話の記は『古事記』、紀は『日本書紀』のこと。

(4) ジル・ドゥルーズ『スピノザ—実践の哲学』平凡社、二〇〇二、四一頁。

(5) 名古屋市教育委員会編・発行『名古屋叢書　第二十五巻　雑纂編(二)』、一九六四、一二二～一二三頁。

(6) 日光東照宮社務所編・発行『日光叢書寛永諸家系図伝6』、一九九〇、四五〇～四五五頁。

(7) 高橋昌明『酒呑童子の誕生—もうひとつの日本文化』中央公論社、一九九二、二八～三五頁。

6　平安京のディスクール

無意識は「多様」な記号化の様式として構造化されていると言いたい。そしてその場合、おそらく言語的言表行為がもっとも重要な位置を占めるわけではない。こうした条件の下でこそ、無意識と欲望を、主観的、意識的、個人現象的な個体化の拘束衣のなかに閉じ込められた状態から解き放つ事ができるだろう。(1)

フェリックス・ガタリ

平安京の狂気の景観

平安京にも、怪異と結びつく「狂気の景観」とおぼしき場所があった。それは名古屋城下町と同様に、三つの区画に分割され、その区画の南の門に集中していた。(2)

図1は平安京の都市プランを示したものだが、これら三つの門は、それぞれ内裏・大内裏・都の南門に位置している。

内裏とは天皇の住居、そして大内裏とは内裏を含めた諸官庁のある区画、つまり政治の中心地、そして都とは平安京のことを意味する。

さて、なぜこれら三つの南門で怪異が目撃されるのか。

それはおそらく、それら怪異を祓う古代の祭礼と関係がある。それは大祓と呼ばれる、それぞれの三つの領域で生じた災厄、具体的には疫病などによる人の死であったり、落雷などの自然災害などの汚れを、祓うことを目的とした祭礼である。

では、どうして南門だったのだろう。それはすべての街道が、平安京の南門である羅城門から発せられていたからである。

建礼門、朱雀門、羅城門と、それぞれの区画の南門でケガレを祓うことで、都内部は徐々に清浄化されていく、そしてそれを全国に張り巡らされた街道を通じて、外へ外へと追い祓おうというわけであろう。

『続日本後紀』や『日本文徳天皇実録』、『日本三代実録』などの、いわゆる平安時代前期に勅撰された歴史書には、この災厄を起こす怪異に対処する大祓の祭礼の多くが、実際に建礼門・朱雀門・羅城門前で行われていた様子が描かれている。(3)

例えば『日本三代実録』の清和天皇の貞観元年（八五九）、十月十五日、東南の空に異様な雲が

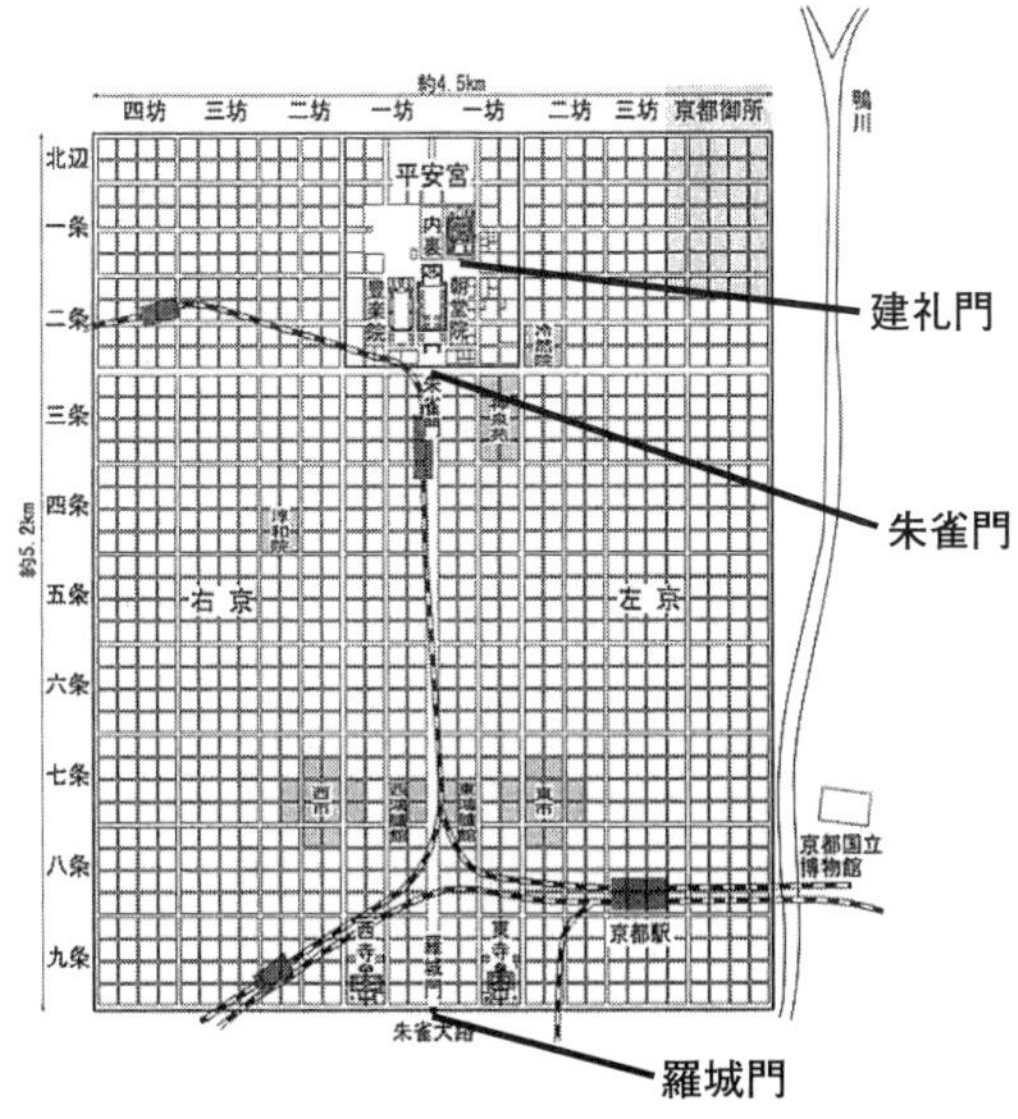

図1　平安京と三つの南門（川尻秋生『平安京遷都』岩波書店、2011、29頁に筆者加筆）。

現れ、雲の中が赤色に光り、電光のように激しかったとある。そしてその夜に、神祇官を羅城門前に集めて祭事を行ったとある。大嘗祭があるからだと。(4)

同じく清和天皇の貞観五年一月二十七日に、災厄を祓うために、御所、建礼門、朱雀門で大祓を行った記事がある。その災厄とは、昨年の冬から都と畿内で疫病が流行し、死者が多かったからだとしている。(5)

このように平安京は、大きくはこの三つの区画に区分され、その三つの区画のそれぞれの南門で、記事にあるような災厄を祓う儀式が行われていたのである。

ところが、この大祓で清められたはずの場所に、貴族たちが怪異と遭遇する話が、数多く伝承されている。

羅城門・朱雀門・建礼門の怪異

平安後期の説話文学集『今昔物語集』に、次のような殿上人源博雅と、都の南門である羅城門の鬼との話が見いだせる。

村上天皇の時代に玄象という琵琶がなくなってしまった。天皇は大変嘆き悲しんでいた。その頃源博雅という管弦楽器の道を極めた人がいて、この人もまた玄象がなくなったことを嘆いていた。この博雅が夜、清涼殿に控えていると、南の方から玄象を奏でる音が聞こえてくる。空耳かと思ったが確かに玄象の音だ。小舎人童一人を伴って内裏西側の宜秋門から出て、南へと向かった。朱雀門に至ったがまだ南から聞こえる。さらに朱雀大路を南へ南へと行き羅城門に至る。門の下で玄象の音を聞いていた博雅は、これは人ではなく鬼に違いないと思った。博雅は門の上に向かって「誰が玄象を弾いているのだ。天皇は玄象を失って探しておられる。今宵、清涼殿でこの音を聞き、ここまでやってきたのだ」と言うと、音が止み、天上から玄象が縄にくくられて下ってきた。博雅はこれを取り、天皇に返上すると、天皇は非常に喜ばれた。(6)

玄象というのは、藤原貞敏が唐から持ち帰ったとされる、天皇家に伝わる琵琶の名器のことで、それが無くなって天皇は心を痛めていた。ところがその琵琶がある晩、羅城門の上から縄にくくられて降りてきた。つまり羅城門に棲む鬼が玄象を盗んでいたのであった。

政治の中心地である大内裏の南門、朱雀門には次のような話が伝わっている。

平安時代初期の文人で漢学者の紀長谷雄という人がいた。この人は様々な才能に恵まれ中納言にまでなる。その長谷雄がある日、夕暮れになってから急に内裏へと参内することになる。長谷雄の屋敷の門前では従者たちが主人の出番を待っている。そこに見知らぬ男が訪問してくる。いかにも聡明そうな目をしたその男は言う。「私は双六の相手を捜しておりますが、私の相手になれるのは、音に聞こえた長谷雄の中納言さましかおりません」。長谷雄が「どこで双六を打とうというのか」と尋ねると、「私のところで…」と言って長谷雄を連れ出すのだった。長谷雄は先の見知らぬ男に導かれ、街を歩くうちに気がつくと朱雀門にいるではないか。

男は門の上に登るよう長谷雄を誘う。さて、朱雀門の楼上で双六盤を挟んで対峙する二人。男は言う。「私が負けたら絶世の美女を差し上げよう。あなたが負けたら何を下さるか」。長谷雄は答える。「全財産を取らせよう」。双六の対局が始まる。長谷雄は勝ち続ける。すると悔しがった男が、見る見るうちに鬼に変容して行く。悔しさの余り本当の姿を現したのである。

図2　朱雀門の長谷雄と鬼（小松茂美編・解説『長谷雄草紙・絵師草紙』（日本の絵巻11）中央公論社、1988、22頁より）。

この話は『長谷雄草紙』という絵巻に描かれている[7]。図2が朱雀門の楼上の長谷雄と鬼である。

どうもこの鬼は朱雀門に住んでいるようだ。長谷雄は目の前の鬼に恐怖しながらも、鼠と思えばどうということはない、と心に念じながら勝利する。次の日、約束通り長谷雄邸に絶世の美女が届けられる。鬼は百日間美女に触れてはならないと言って去る。長谷雄は八十日間我慢するが、ついに触れてしまう。すると美女は水となって消えてしまった。この女は、人間のたくさんの遺体から、良い部位だけを選んで組み立てた、鬼の作った美女だったのだ。

百日すれば魂が入り、本当の人間になるはずだった。三ヶ月後またあの男が長谷雄の前に現れた。男は、約束を守らぬ情けない殿よ、と長谷雄をそしりながら鬼へと変身し向かってくる。とっさに長谷雄が北野天神の霊に祈ると、天から「不都合な奴じゃ、立ち去れ！」という声がし、鬼は逃げ去ったのであった。

この紀長谷雄とは、九世紀から一〇世紀にかけて活躍した、やはり殿上人である。

このように、大内裏の南門である朱雀門にも、怪異の伝承が残っているのだ。

さて、次の南門が建礼門である。建礼門は、天皇の住まいである内裏の南門ということになる。ここを通過すると、いよいよ天皇の住まいに近づくことになる。

この内裏に出没したのは、鵺と呼ばれる怪鳥だった。『平家物語』から引用する。

　夜がふけて、人が寝静まった頃、あたりの様子をうかがって見ていると、日頃から人の噂にのぼっているとおり、東三条の森のほうから、例の雲が出てきて、御殿の上にたなびき始めた。雲の中に妖しいものが見える。源頼政は「これを射損じたら、この世には生きてはおれない。南無帰命頂礼、八幡大菩薩」と心の底で祈念して、矢を弓につがえて、狙いを定め、ひょうと射た。手応えがあり、その妖しいものは矢を射立てられたまま、南の庭に、どうと落ちた。早太が走り寄り、取って押さえ、刀で五回刺した。そして人々が手に火をかざし見たところ、頭は猿、胴体は狸、尾は蛇、手足は虎の姿であった。鳴く声は鵺に似ていた[8]。

『源平盛衰記』では平清盛が内裏の南殿、つまり紫宸殿に出没する怪鳥を退治している[9]。『今昔物語集』「巻第二十七・第十」では、紫宸殿と仁寿殿を結ぶ回廊に何やら物の怪が[10]、そして同「巻第二十七・第三十三」では、応天門に青い光が出没している[11]。

これら怪異は、いずれも内裏の南半分で目撃されている。ちなみに北半分は後宮である。つまり内裏の南、大内裏の南、そして平安京の南、特にそれぞれの地区の境界上に、鬼をはじめとする妖怪たちが出没していたわけである。と同時に大祓の祭が行われた場所でもあった。

このように見ると、どうも大祓の場と「怪異の見える風景」とが、連動しているように思える。

図3　現在の建礼門と奥に見える紫宸殿（「京都御所一般公開」宮内庁京都事務所より）

菅原道真の狂気

その最も明確な事例が、平安中期頃の史書『日本紀略』にある。それは醍醐天皇の延長元年に皇太子保明親王が亡くなった時のことである。

実はこの頃、菅原道真の怨霊の噂が世間にあった。そのあたりのいきさつを、十三世紀に書かれた『北野天神縁起』で追ってみよう[12]。

菅原道真は、延喜元年（九〇一）に、ライバルの藤原時平の讒言から、醍醐天皇によって太宰府に左遷。子ども四人も流刑に処される。そして延喜三年、失意のうちに太宰府にて死去。死して五年の延喜八年、道真左遷に関与した菅根が死去したのを皮切りに、翌年、ライバル時平が病になり、三十九歳で息を引き取る。

延喜十三年、さらに左遷に関わった源光が沼に沈んで死亡。死体は見つからなかったという。翌年、左京で大火、さらに翌年疫病流行、そして延喜二十三年、醍醐天皇の皇子で、時平の甥である保明親王が、にわかに亡くなる事件が起こる。

醍醐天皇は、同年に道真を元の右大臣に戻し、一階級上げて正二位を贈り、左遷の詔文は焼き捨てられた。そして延喜の年号が、延長と改められた。

『日本紀略』はその頃のことを、次のように記している。

延長元年二月二十一日、皇太子が病に伏せる。天下に大赦令が出される。夜半、皇太子保明親王が亡くなる。天下の人々が悲しみに泣いた。その声は雷のようだった。世間の人たちは言った。菅原道真の霊魂の怒りが成したのであろう。…四月十六日建礼門にて大祓。賀茂祭も停止[13]。

その後、延長三年（九二五）の春から天然痘が流行し、皇太孫の慶頼王（時平の外孫）が五歳で死去。この頃から道真の怨霊が業なしているとの噂が定着。

延長八年六月二十六日、雨が降らないので雨乞いの祈祷について会議をしていたところ、清涼殿南西の柱に落雷、殿上間にいた藤原清貫の衣に火がつき、平希世の顔が焼け、是茂朝臣は弓で抵抗したが霊気で、美努忠包はびんがやけ、紀蔭連は炎につつまれ、皆ことごとく殺された。

縁起は言う。これは天満大自在天神（道真）の眷属の火雷火氣毒王の仕業だと。

そして、この落雷を目の当たりにした醍醐天皇にも毒気が入り、病が重くなり、帝位を朱雀天皇に譲った後、事件の三ヶ月後に崩御する。

この縁起の記述は、「天満大自在天神（道真）の眷属の火雷火氣毒王の仕業だ」以外は、ほぼ『日本紀略』と一致する。それによるとこの落雷は、愛宕山の方からやってきた黒雲が原因だ、と記している。そして最後に、朱雀門で大祓が行われた事が、記されている(14)。

このように、怪異が生じると、これら三つの門のいずれかで大祓が行われる、つまり連動していたのだ。

この連動が名古屋城下町の奇談と、各地域の南門の施設とに関連があるように思えるのだ。つまり名古屋城南に位置する、あの妖怪退治で有名な渡辺綱を祖と称する渡辺半蔵宅、碁盤目状地区の南に位置する、守綱寺（渡辺家の初代守綱の菩提寺）、そしてあの少年が狐の夢を見た城下町の南門にある古渡山王社である（前章の図6参照）。

平安京のディスクールに則して言うのであれば、ここで山王社と怪異が連動するのは至極当然の事、とは言えまいか。

冒頭で紹介した、ガタリの言葉にあるように、無意識は言語的言表行為だけでなく、ここで見てきたような、場所や祭礼行為に注目することによって、あの少年の無意識と欲望を、主観的、意識的、個人現象的な個体化の拘束衣のなかに、閉じ込められた状態から、解き放つ事ができるのだ。

循環する怪異空間

ではなぜ、このような古代平安京のディスクールが、近世の名古屋城下の、南の村に住む少年の無意識的体験に潜んでいたのだろう。

それはおそらく古代に生成した、怪異の循環する世界観にあったと考えられる。

この古代の循環する怪異空間も、すでに自著『神話の風景』で明らかにしているので、紹介は簡単にしておきたい。

京都に、雅とともに魔界という冠を、世間が掲げ始めて久しいが、その多くは桓武天皇が御霊、つまり政敵の怨霊を恐れ、その都市プランニングの段階から、それら恐怖を押さえ込む数々の装置を、平安京の周囲に配置したことを源としている。

先にも指摘したように、これら怪異が集中する場所には、あるパターンがある。その中核は平安京を中心に張り巡らされた交通路にある。

なぜなら古代人は、これら怪異を生む鬼や妖怪たちは、日本列島の四方にある、根の国・底の国から街道を伝って、天皇の座す大内裏を目指す、と考えたからである。

そこで彼らは、それらを阻止する方法を考えた。鬼や妖怪が街道を伝ってくるのであれば、全国の街道の要所である衢で、この荒ぶる神々を祭祀し、接待し、機嫌良くUターンしてもらおう、そのような腹づもりである。

それを道饗祭《みちあえのまつり》と言った。そこで祭った神が衢の神々であった。

この少年の夢に、あるいは周囲の大人たちの言説に出てきた白髭大明神、猿田彦命も、その種別の神に入る。この神が憑依した少年の居住する古渡村は、まさに主要な街道が交差する衢と言うにふさわしい場所なのである。まずはこの点が指摘できるであろう。

もう一つは、これら全国に行き渡った街道が集結する場所である。それが平安京の羅城門であった。

抽象的に表現するのであれば、そこは都市の南門に相当する。そこに怪異が集中すると古代人は考えた。そこでくい止めなければ、都市に荒ぶる神々、つまり鬼や妖怪たちが侵入してしまうからである。

名古屋城下の南門は、この古渡村にあった。

この少年が見た夢や現実での怪異は、誰の、そしてどこのディスクールなのか。

それはおそらく、古代律令国家の、そして平安京のディスクールなのだ。

図4は、『神話の風景』で示した、平安京を中心とした古代日本人の、神話的世界観と、怪異が生じるとされた場所のモデル図である。(15) 本図は記紀神話をベースに、『延喜式』に描かれた古代日本の、神話的世界観を描いたものである。

詳しくは、前書を参照して欲しいのだが、ここでも簡単に説明しておこう。

まず古代日本人は、世界を垂直に三区分した。天界・地上界・地下世界である。天界は高天原、地上界は葦原中国、地下世界は根の国・底の国と。

この抽象的な世界観を、天皇の座す平安京を中心とする具体的な空間に配置したとき、それらは水平四方向へと拡張する。地下世界である根の国・底の国は、北は佐渡、東は陸奥、西は五島列島、南は土佐の、それぞれの向こうと想定された。

この地下世界は、スサノヲが支配している。先の「奇談」の元に

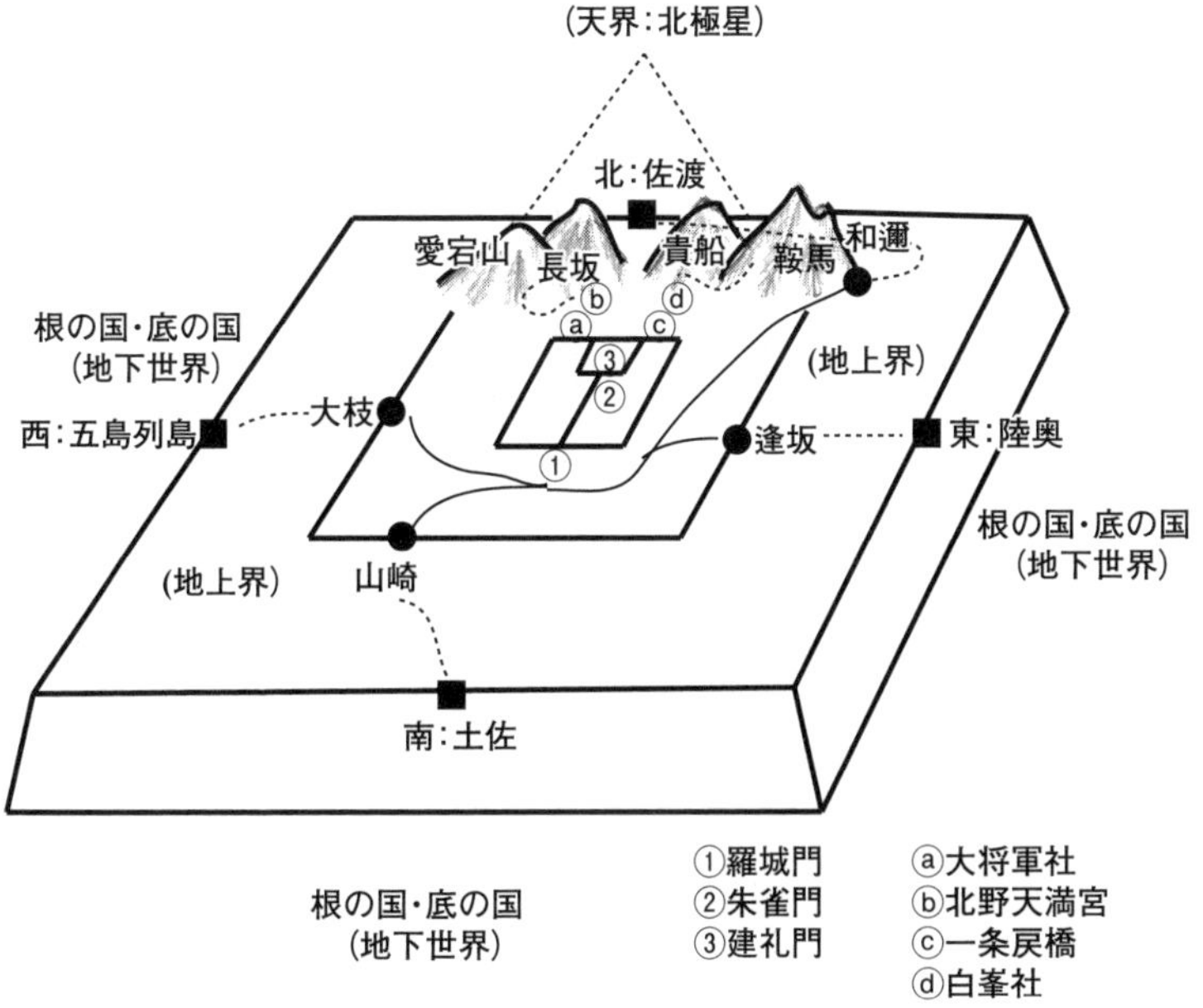

図4　平安京の神話的世界観と怪異のモデル図（佐々木作図）

なるような鬼や妖怪、荒ぶる神々は、ここから出立し、人の作った道を伝って、四方から平安京を目指すと考えた。『続日本紀』などを見ても、疫病や災害、戦乱を国に入らせないように、各国の街道で祭を行っている様子がわかる。

天皇の領土を守護する祭礼

その中でも、特に天皇の領土である畿内（山城・大和・摂津・河内・和泉）の、それぞれの国の交通路が通過する境界部で、スサノヲあるいは衢の神を祀った。

平安京にとって最も重要な場所は、山城国の国境を交通路が通過する箇所であった。それがこの図にある北は和邇、東は逢坂、西は大枝、南は山崎の、山城四堺と呼ばれる場所であった。

ここでもスサノヲを祀って、何とか怪異の流入を防ごうとしたが、すべてを防ぐことはできなかった。

山城国に侵入した選りすぐりの怪異は、この神話世界の理論上、すべての道が集まる羅城門に集結することになる。図の①である。ここでも同様の祭礼が行われたが、それでも侵入するモノたちがいたと考えた。

次に彼らは、朱雀大路をまっすぐ北へと駆け上り、②の朱雀門へと向かう。さらにそこを突破したモノたちは③の建礼門へ、そして最終的には天皇の住まいを目指した。

そのような神話的世界を、平安京に則して描いたのが図4である。

このような天皇の座す都を中心とした神話的世界観は、古代の律令制を通じて各国にも頒布され、全国的な中心と周縁という階層構造が成立する。

例えば『続日本紀』の天平七年（七三五）八月十二日の記事に、つぎのような疫病を封じる手立てが記されている。

八月十二日　次のように勅した。

聞くところによると、この頃太宰府管内で、疫病により死亡するものが多いという。疫病を治療し民の命を救いたいと思う。このため幣帛を太宰府管内の神祇に捧げて、人民のために祈祷をさせる。また太宰府の大寺（観世音寺）と別の国の諸寺に、金剛般若経を読誦させ、さらに使者を遣わして、疫病に苦しむ人に米などを恵み与えると共に、煎じ薬を給付せよ。また長門国よりこちらの山陰道諸国の、国守もしくは介は、ひたすら斎戒し、道饗をして防げ(16)。

この時代の都は大和国の平城京であるが、その原理は平安時代と同じである。

この記事では、太宰府管内の疫病流行に対する、天皇の慈悲深い被災者救援が目立つが、ここで注目したいのは、この記事の最後にある、長門国から畿内までの山陰道諸国の国守あるいは介に命じた道饗祭である。

この道饗祭とは、ここで引用した現代語訳の解説によると、「悪鬼の侵入するのを防ぐため街道で行う祭祀」である。つまり本書で言う怪異の侵入を防ぐ祭りを、太宰府から畿内まで通じる道、つまり山陰道が通る、長門国をはじめとする各国で道饗祭を行うことを命じ、天皇や貴族にまで疫病が及ばないような対策がとられていたのである。

ようするにこの記事の主題は、都、天皇にこの疫病が近づかないように、との対策なのである。こうなると天皇一人のエゴのようにも見えるが、もちろん当時の天皇は、日本の公そのものであった。

天皇を悪鬼から守ることが、日本を守ることであったのだ。思えばそもそも、この古代日本人の発想自体が隠喩的なのだ。なぜなら天皇と日本が、類似関係にあると認識しているからだ。

さてこの場合、この太宰府管内で疫病を振りまいた悪鬼は、五島列島の向こうにある、西の根の国・底の国からやってきた、と想定されたのであろう。であるから山陰道の、おそらくは各国の国境、あるいは国府等の街道の要所で道饗祭を行い、なるべくは都の遠くで、防御しようとしたのであろう。

平安京へと北上する道路鬼

平安時代にも、似たような出来事があったようだ。

承和十二年（八四五）のことである。山城国の綴喜郡《つづきぐん》・相楽郡《そうらくぐん》（現在の京都府南部）で、三月上旬頃から、体が赤くて首の黒い、蜜蜂ぐらいの大きさの虫が大量発生し、牛や馬を刺し殺す事件が多発する。

神官や僧侶に祓ってもらうが、終息する気配もない。そしてその荒ぶる気配は、北へと向かっていると言う。つまり平安京へ…。

占ってみると、綴喜郡の樺井社と道路鬼の祟り、と出た。そこで幣帛を奉り、供物を捧げた、との記録が『続日本後紀』に残っている。(17) 平安時代になると、どうも「道路鬼」という妖怪がいたことになる。

先にも述べたように、平安時代、あるいはそれ以前の様々な記録によると、私たちの祖先は、私たちにさまざまな災厄をもたらす鬼や妖怪たちが、人間の作った道を伝って、都を目指す、と考えていた。

「道路鬼」との呼び名は、そのような認識から、彼らの空間的特性を表した、鬼の一般名称の一つだったのかもしれない。それがゆえに、先にも述べた道饗祭という儀礼があったわけだ。

その実情は、これら鬼や妖怪たちを、古代の主要な街道でもてなし、それ以上の侵行を諦めてもらおう、そのような祭であったのだ。

さて道饗祭とは、具体的にはどのような祭だったのだろう。

淳和天皇の命によって、天長十年（八三三）に小野篁らが編纂した律令の解釈集、『令義解』によると、この祭は都の四隅の道の上で行われ、鬼や妖怪たちが都に侵入しないように、お迎えし「饗遏」する、つまり御馳走をして思い止まってもらう祭礼、とある。(18)

醍醐天皇の命によって、藤原時平らが編集し、延長五年（九二七）に成立した法典、『延喜式』には、この祭で唱えられる祝詞が、おおよそ次のように記されている。

「道がいくつも交差する衢に、聖なる岩の群れとして塞がっておられる、八衢比古《やちまたひこ》・八衢比売《やちまたひめ》・久那斗《くなと》の神々をお祭りするのは、根の国・底の国から乱暴にやってくる物に追従するのではなく、天皇をはじめ私たちを守護して欲しいからです」と。

そして次に、これら神々に捧げられる、数多く供物（織物が数種類、大量の御神酒、稲穂、鳥獣類の毛皮、数々の種類の魚、海草など）が記されている。[19]

この祝詞から明らかになったのは、一つは、この道を乱暴にやってくる物（鬼）たちの出発点が、根の国・底の国であること。

もう一つは、それらを阻止する場所は、道路が交差する衢、の二点であろうか。

そしてこの道路が交差する場所に祀られている神、八衢比古が、記紀神話の天孫降臨の場面で登場する、天の八衢にいた神、猿田彦命だと考えられるのだ。

つまり、あの天孫降臨の神話において、『古事記』では、天の八衢でホノニニギを出迎え降臨の先導役をつとめ、『日本書紀』では、やはり天の八衢で天鈿女命《あめのうずめ》を出迎える神である。

つまり八衢にいる神なのである。この道饗祭で唱えられる祝詞にある、衢に座して荒ぶる神々から天皇を守る「八衢比古」、あるいは「久那斗」に相当するのである。

再び『延喜式』の祝詞のうちの、大祓の条を見ると、この祭で祓われた、私たちの犯した罪や災厄は、「山から勢いよく落下してくる、流れの早い川の瀬にいるセオリツヒメが、川から大海原に流し、それを川が合流する渦にいるハヤアキツヒメが呑み込み、つぎにイブキドヌシが息を吹きかけ、根の国・底の国へと吹き飛ばす」とある。[20] そして最後に、根の国・底の国のハヤサスラヒメが、それら罪や災厄を消し去ってしまうのだ、と。

重層的で円環的な怪異の世界

先の道饗祭の祝詞と比べてみると、たいへん興味深い点が浮かび上がってくる。

この大祓の祝詞では、都で生じた罪や災厄を、水流に沿って「根の国・底の国」へと流している。ところが道饗祭の祝詞では、その罪や災厄の終着地である「根の国・底の国」から、街道を伝って荒ぶる神たちが、都を目指して侵行してくるのである。

つまり、流したはずの私たちの犯した数々の罪や災厄を、荒ぶる神々、つまり鬼や妖怪たちが再生所持し、道を伝って再び都へ戻ってくる…、つまりそれが道路鬼だったのである。

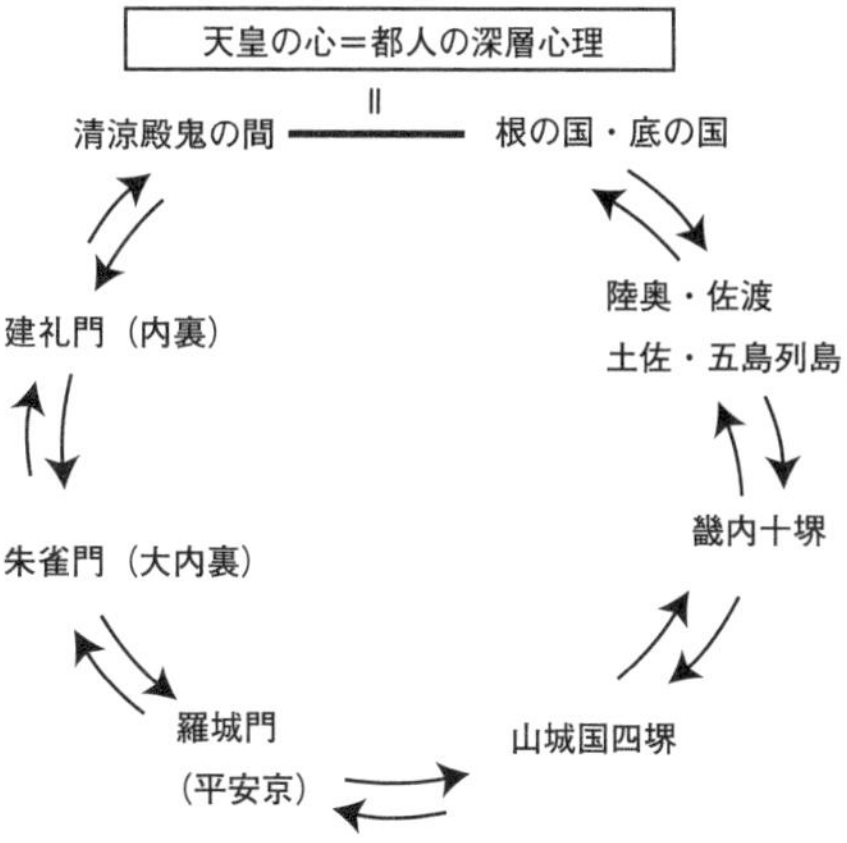

図5　重層的で円環的な怪異の世界（佐々木作図）

これら道路鬼を、どこでもてなしたのだろう。

先の道饗祭の祝詞では、それは複数の道路が交差する衢、とあった。

『続日本紀』光仁天皇宝亀元年（七七〇）の記事に、「都の四隅、畿内の十の堺にて疫神を祭る[21]」とある。この疫神とは道路鬼と言っていいだろう。

その十の堺とは、『延喜式』によると、「①山城と近江、②山城と丹波、③山城と摂津、④山城と河内、⑤山城と大和、⑥山城と伊賀、⑦大和と伊賀、⑧大和と紀伊、⑨和泉と紀伊、⑩摂津と播磨[22]」の各国の堺とある。

つまりこれら国境近くの、道路が複数交差する衢で、疫神たちのおもてなしが、行われたことになる。であるなら、これら場所は鬼や妖怪たちを封じる場所でありながら、お呼びして接待する場所、つまり妖怪たちの出現場所、でもあったのだ。

ということは、これらの場所に、鬼や妖怪たち、つまり怪異の伝承があるはずだ。

この天皇の住まいを中心とし、根の国・底の国を周縁とした、怪異の循環を図5のように描くことができる。

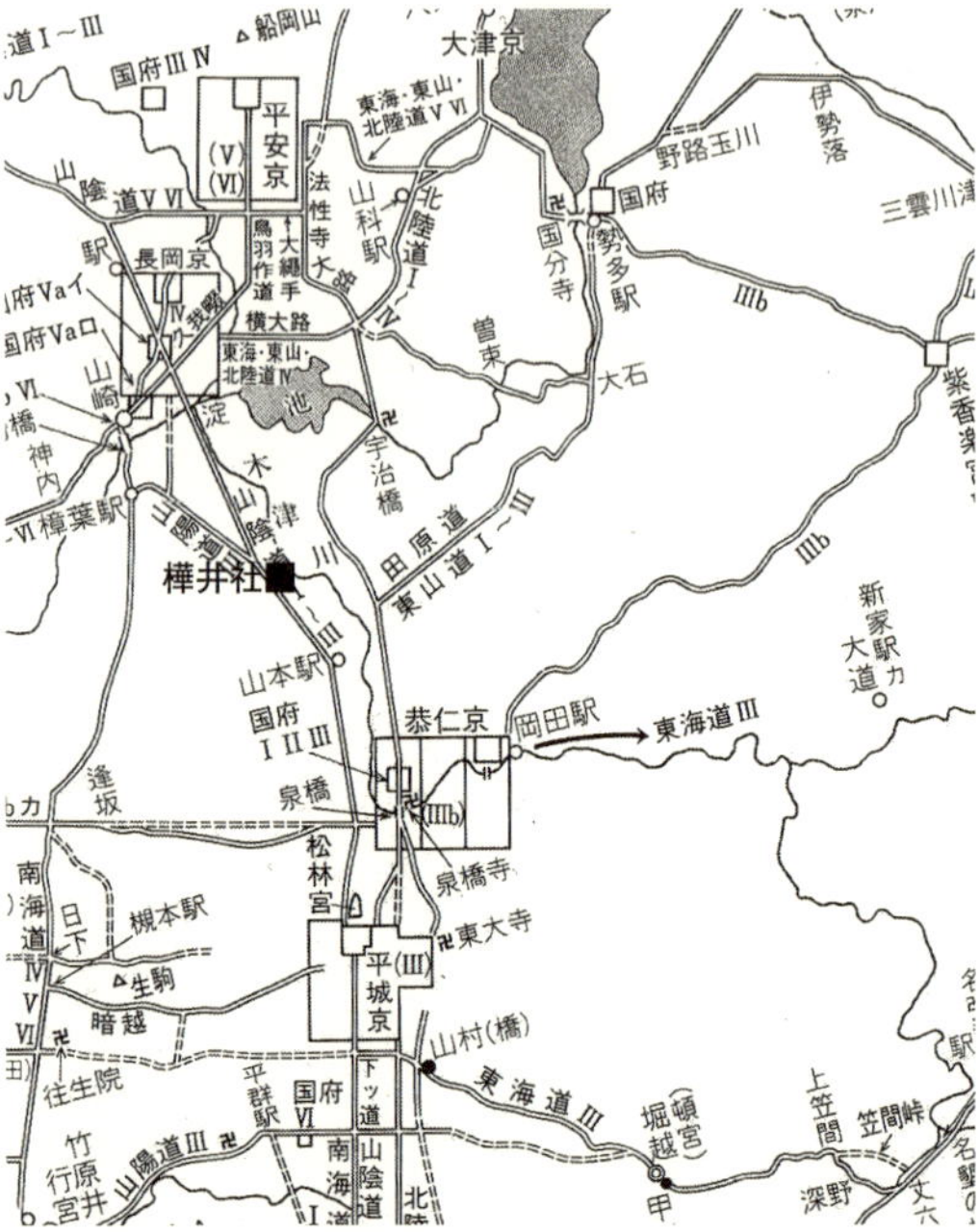

図6　古代の都と交通路に見る樺井社の位置（足利健亮『日本古代地理研究』大明堂、1985、423頁に佐々木加筆）。

陸奥・佐渡・土佐・五島列島のそれぞれ向こうにある根の国・底の国から出発した荒ぶる神たちは、全国の道を伝って畿内十堺にたどり着き、平安京の場合、山城四堺をめざすことになる。

ちなみに、先の『続日本後紀』で幣帛が奉られた、樺井社《かばいしゃ》は、綴喜郡と相楽郡の堺に位置し、あの古代の山陰道が通ると同時に、山陽道が交差し、そのうえ木津川の渡しのあった場所だとされる（図6）。
水陸交通の要所であり、これら両交通路が交差する衢でもあったのだ。

三井寺での安倍晴明の祭礼

『延喜式』の畿内十堺で、山城国と近江国の堺が、一番最初にあげられているのは、この時代の都、平安京が山城国にあったからであろう。当時の朝廷にとって、最も近く、そして重要性の高い堺であり、衢であった、ということになる。
この近辺に誰もが知る、有名な疫神たちの伝承が残されている。鎌倉前期に、鴨長明によって記されたとされる『発心集』を見てみよう[23]。

三井寺に智興内供という尊い僧がいた。この人が流行病を患って重態に陥った。安倍晴明に見てもらったところ、「これは前世の業によって決まっていることで、どうすることも出来ない。ただ弟子の誰かが、身代わりになると言うのなら病を移し替えることはできる」と言った。多くの弟子たちが居並んでいたが、皆伏し目がちになり、応える者はいなかった。そのとき、証空阿闍梨という年若い地位の低い弟子が、身代わりを名乗り出た。ただし、年老いた母がいるので、最後の別れを告げてきたいと言う。その話を聞いて多くの弟子たちが泣いた。母を説得して帰ってきた阿闍梨に、智興の病を移す泰山府君の祭が晴明によって行われた。すると智興は元気になり、阿闍梨に病が移り始めた。病に罹った阿闍梨は一人、部屋で不動明王に向かって祈った。この師匠の身代わりになろうとする、弟子の姿を見た不動明王は、眼より血の涙を流して「汝は師にかわる。我は汝にかわろう」と言った。そのありがたい声は、阿闍利の骨を通り肝にしみた。「ああ恐れ多い」と合掌して念じていると、身体が楽になっていく。そしてその日の内に回復したのであった。その後、阿闍利は智興の最も信頼する弟子となった。

図７　『不動利益縁起絵巻』に描かれた安倍晴明と疫病の神たち（小松和彦監修『妖怪絵巻』平凡社、2010、29頁より）。

この伝承、よほど関心が高かったのか、平安後期の『今昔物語集』や、鎌倉初期の『宝物集』などの、様々な記録に残されている。

そのうち『不動利益縁起絵巻』は、安倍晴明や式神、疫神たちを生き生きと描いており、妖怪ファンにもよく知られている。

ところが、意外と知られていないのは、この絵巻の舞台となった三井寺の場所である。そこは山城国から近江国へと、国境を通り峠を下りた所にある。ここから道は東海道、あるいは北陸道、また琵琶湖の水上交通へと分岐していく。いわゆる衢と考えられる場所なのである。

図7の絵巻にあるのは、安倍晴明が泰山府君の祭を行っている場面で、智興内供の病を、身代わりとなった弟子にうつしているところであろう。安倍晴明の前に居並んでいるのが、疫神たち、つまり道路鬼ということになる。

彼らは、東海道を通って陸奥の先、あるいは北陸道を伝って佐渡の沖にある、根の国・底の国からやってきたのだろう。

安倍晴明と彼らの間にある祭壇の上には、幣帛が見える。どうやら食べ物も置かれているようだ。また疫病の神たちが羽織っているのは、あの道饗祭の供物にあった鳥獣類の毛皮ではないか。まさにおもてなし、道饗祭の場面なのだ。

想定される尾張国への怪異の循環

そして、この場所から古代の東海道を東に行けば、尾張国の国府へと出る。

図8は、古代の尾張国府と東海道の復原図である。

おそらくは先の、『続日本紀』天平七年の記事にもあるように、もし東国で疫病が流行すれば、東海道沿いの各国守が国府で、道饗祭を行ったであろう。

播磨国府においては、道饗祭や大祓が行われた可能性が、考古学的な遺物からも指摘されている。[24]

この尾張国では、今まで示したような物語や説話は残っていないが、先のガタリの言うように、言語的言表だけに頼るのではなく、その他の情報、ここでは場所と祭礼に注目するのであれば、この図は非常に興味深いその二つを示している。

図８の尾張国府の南にある点線は、歴史地理学者の金田章裕による、古代の東海道と尾張国府の復原案である(25)。

尾張国府は東海道から若干北へと離れているが、この図に疫病を祓う施設、牛頭天王社を記入してみると、国府の南に走る東海道上に位置づけられていることが分かる。

現在、津島牛頭天王社でも、京都の祇園祭同様に、七月に祭を行っている。それはあの大阪の天神祭と同じ船渡御の祭である。

時期も似ている。京都の祇園祭は牛頭天王の祭で、現在はあの六月三十日の夏越大祓の後に、七月一日から始まる。平安京の汚れを祓い、淀川に流し、月末になると天

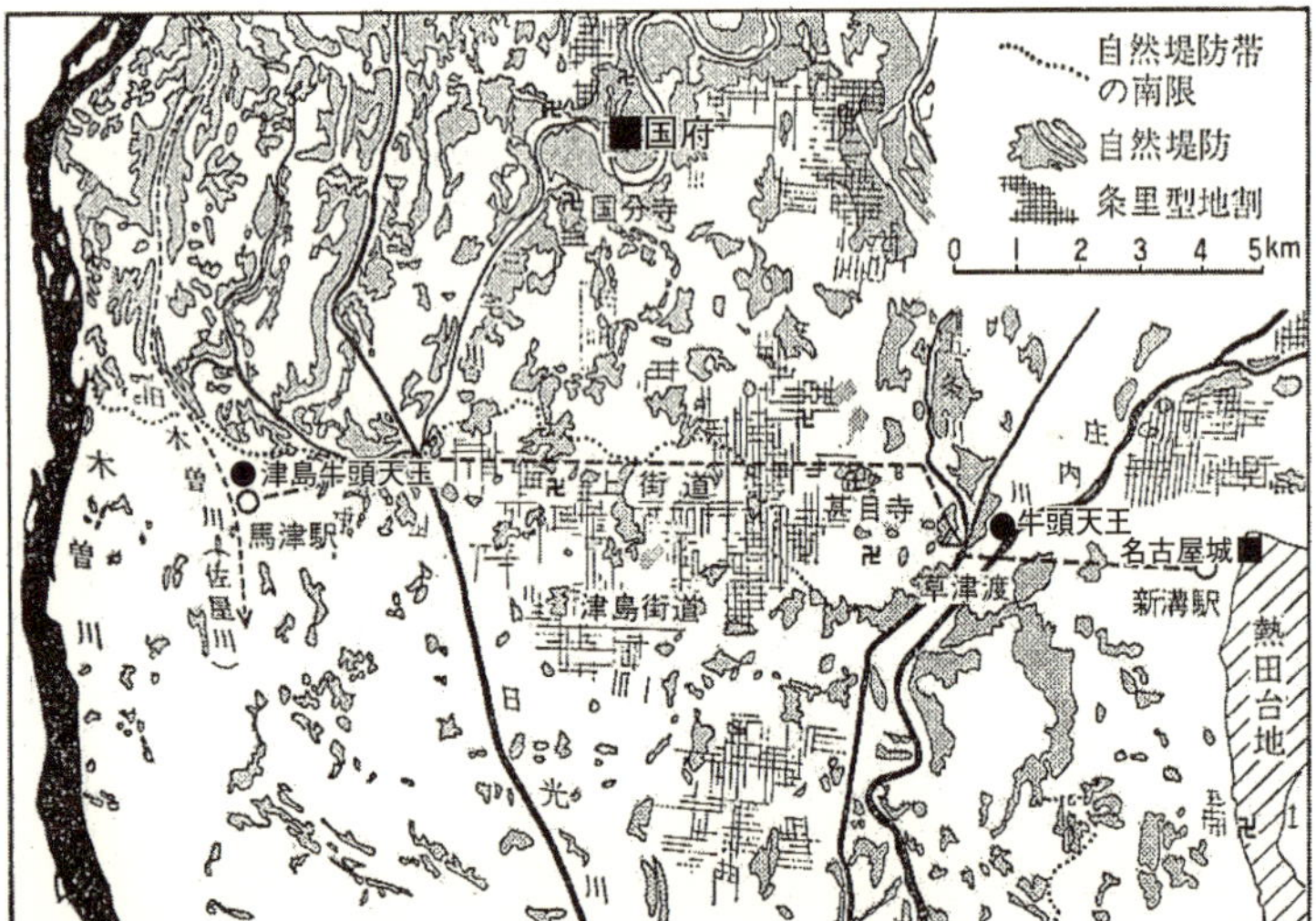

図８　尾張国府と古代の東海道（金田章裕「尾張国」『古代日本の交通路Ⅰ』藤岡謙二郎編、大明堂、1978、109頁に佐々木加筆）。

満橋のあたりにやってくるのである。

その汚れの通過を確認するのが、あの渡辺綱を祖とする渡辺党の人たちであった。その祭が天神祭の船渡御である。もちろん茅ノ輪の儀礼もある。

それと同じ時期に、この津島牛頭天王社でも祭が行われるのは、おそらくは平安京の汚れが、ここにも到達しているということであろう。

そしてこの図で見ると、かつての木曽川がそのそばを流れている。ここでも同様に、汚れを水で流すという考えがあったのであろう。

江戸時代になってから、名古屋城へと街道が向かうようになると、やはり庄内川沿いに新に牛頭天王が祭られる。江戸時代になっても、この街道を通過する疫神、そしてその汚れを川に流すという考えが保持されていた証拠となろう。

牛頭天王とは疫病の神で、丁寧に祀れば私たちを守護してくれるが、そうでなければ、私たちに疫病を振りまき、死に至らしめる神である。

平安京では祇園社で祀った。祇園祭はこの神を接待する祭である。このような伝承と祭祀儀礼から、最終的には都市を守護する神となったと思われる。

名古屋城にも、天王社とあるのがそうである（前章の図1と6）。尾張藩主あるいは将軍を守護していることが見て取れる。そして寺町地区にも、牛頭天王が祀られている（前章の図1と6）。京都の祇園社が、八坂神社と名を変えたように、現在は洲崎神社となっている。

そしてもう一カ所あった。それは、先にあげた図8の、庄内川にかかる枇杷島橋を西岸に渡ったところにある橋詰神社である。

　この枇杷島橋には、『尾張霊異記』「初篇　下巻—1」に、次のような「俗称鬼婆八つ裂となる」と題する怪異伝承が記されている[26]。

　少し長いので、要約して示そう。


　名古屋城下の長者町に、裕福で多くの人を雇い入れている石臼屋があった。その家では、父を亡くした八郎兵衛という息子が母と暮らしていた。兄弟はなかったので、壮年にはなっていたが、息子は母を大事にしていた。ところがこの母が清洲生まれで、いい育ち方をしていたのだが、なぜか性悪で人の使い方もひどく、挙げ句の果て、養子を殺してお金を貯める

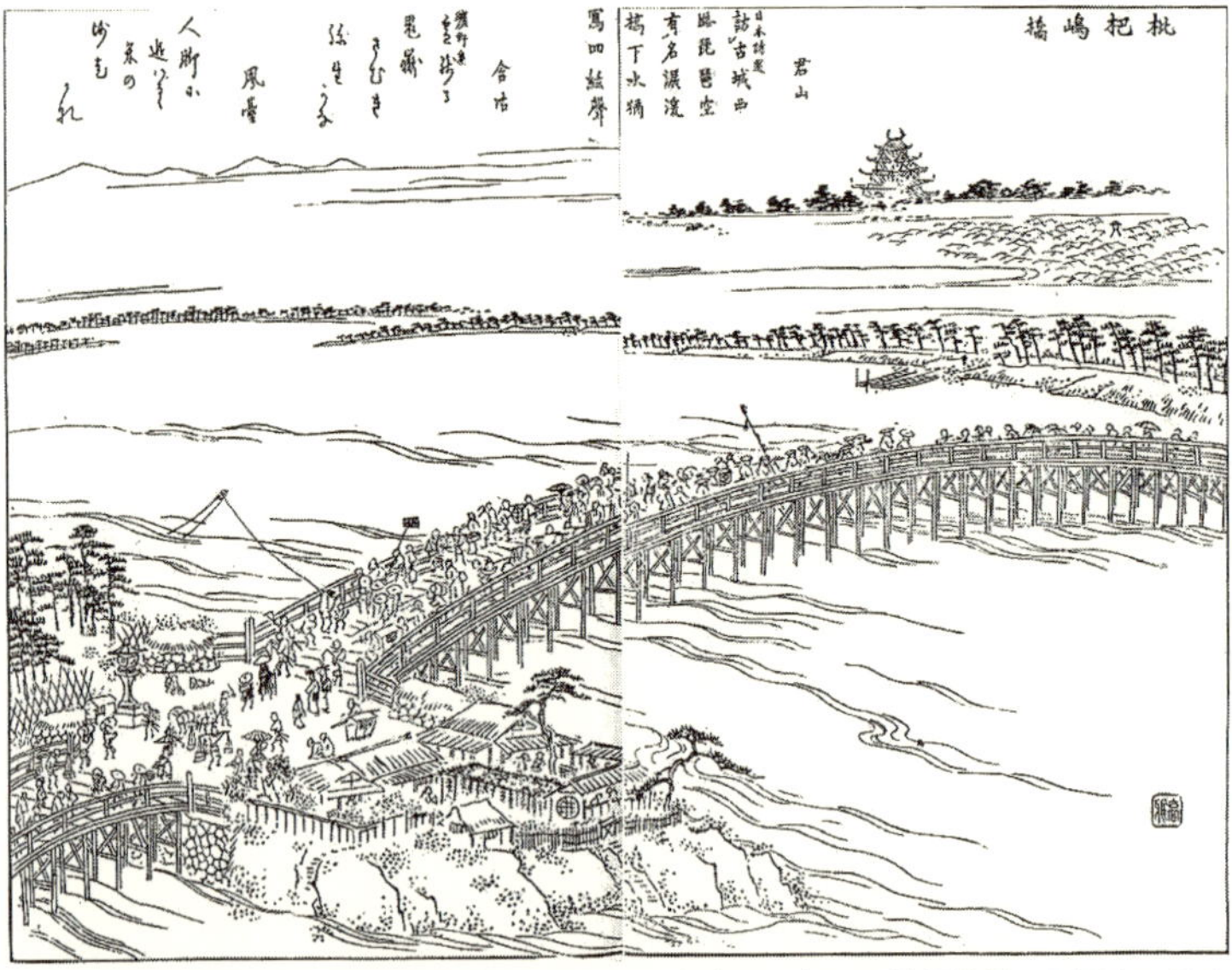

図9　『尾張名所図会』（天保12年）に描かれた庄内川に架かる枇杷嶋橋。画面奥に見えるのが名古屋城天守。手前に牛頭天王が祀られている（『尾張名所図会　上巻』愛知県郷土資料刊行会、1973、140〜141頁）。

というひどいことをしていた。その評判で長者町石臼屋の鬼婆と呼ばれていた。誰ともなく、その鬼婆が、七月十六日に雷に取られるという噂がひろまったが、息子には誰も知らせなかった。その母がお盆に清洲の実家に帰り、甥と息子と三人で名古屋城下に帰る途中、枇杷嶋川に架かる枇杷島橋を三人で渡っているとき、一天の曇りもない日にもかかわらず、世間の噂通り、その鬼婆は雷に打たれ行方不明となった。息子は慌てて母を探したが、ついに見つからなかった。四、五日して猿投山で木こりが、山の中腹にある大きな椹の枝に、この鬼婆が逆さまになって、爪先から頭まで二つに裂けて刺さっているのを見つけ、名主に届け出た。調べたところ、この鬼婆であることがわかり、死骸を八郎兵衛に送り葬った。

この話は、『温故夜話草』という書物より転載している。

この怪異伝承には、牛頭天王の名は出てこない。しかしあの平安京のように、厄を祓うという場所、つまり牛頭天王社と、この雷の怪異伝承が、共存していたのであった。

このように、ここでも時代は違えども、場所性、祭礼行為、宗教施設、そして伝承、つまり言語的言表行為が共存している。

古代律令的、もっと空間的表現を使うのであれば、そしてラカン的に言うのであれば、平安京のディスクールが、この名古屋の数々の怪異を、名古屋という拘束衣から、もっと多様で、広大な世界に解放するに違いない。

この近世の名古屋にも、古代律令国家が編み出した怪異の循環が、およんでいたのである。

注

（1）フェリックス・ガタリ『人はなぜ記号に従属するのか―新たな世界の可能性を求めて』青土社、二〇一四、二三頁。
（2）佐々木高弘『神話の風景』（シリーズ妖怪文化の民俗地理3）古今書院、二〇一四、一八八～一九三頁。
（3）垂水稔『結界の構造』名著出版、一九九〇、二一五～二六四頁。
（4）武田祐吉・佐藤謙三訳『読み下し日本三大実録（上巻）』戎光祥出版、二〇〇九、六七頁。
（5）同、一八八頁。
（6）池上洵一編『今昔物語集　本朝部（中）』岩波書店、二〇〇一、三一一～三一三頁。
（7）小松茂美編・解説『長谷雄草紙・絵師草子』（日本の絵巻一一）中央公論社、一九八八、一～三九頁。
（8）水原一校注『平家物語　上』（新潮日本古典集成第二五回）新潮社、一九七九、三六八～三七二頁。
（9）市古貞次他校注『源平盛衰記（一）』三弥井書店、一九九一、二七～二八頁。
（10）馬淵和夫他校注・訳『今昔物語集　四』小学館、一九七六、四四～四六頁。
（11）同、一一六～一一八頁。
（12）小松茂美編『北野天神縁起』（続日本の絵巻15）中央公論社、一九九一。
（13）『新訂増補国史大系第十一巻　日本紀略』吉川弘文館、一九二九、二五頁。
（14）同、三〇頁。
（15）注2、二〇七頁。
（16）宇治谷孟訳『続日本紀（上）』講談社、一九九二、三五〇頁。

(17)『新訂増補国史大系第三巻　日本後紀・続日本後紀・文徳天皇実録記』吉川弘文館、一九三四、一七七頁。
(18)『新訂増補国史大系　令義解』吉川弘文館、一九八三、七七頁。
(19)『新訂増補国史大系　交替式・弘仁式・延喜式　前編』吉川弘文館、一九七二、一七一頁。現代語訳は青木紀元『祝詞全評訳　延喜式祝詞・中臣寿詞』右文書院、二〇〇〇、二七七〜二八一頁を参照。
(20)同『新訂増補国史大系　交替式・弘仁式・延喜式　前編』、一六九〜一七〇頁。現代語訳は同『祝詞全評訳　延喜式祝詞・中臣寿詞』、二四一〜二四五頁。
(21)宇治谷孟訳『続日本紀（下）』講談社、一九九五、三八頁。
(22)前掲注16『新訂増補国史大系　交替式・弘仁式・延喜式　前編』、五五頁。
(23)三木紀人校注『方丈記・発心集』新潮社、一九七六、二四七〜二五一頁。
(24)鬼塚久美子「古代の宮都・国府における祭祀の場—境界性との関連について—」人文地理四七—一、一九九五、一〜二〇頁。
(25)金田章裕「尾張国」『古代日本の交通路Ⅰ』（藤岡謙二郎編）大明堂、一九七八、一〇八〜一一六頁。
(26)名古屋市教育委員会編『名古屋叢書　第二十五巻　雑纂編（二）』愛知県郷土資料刊行会、一九八三、五四〜五六頁。

7　記憶する牛頭天王

図1
元禄の頃
侍四人が湯所へ夜話に行き
丑の刻に宮内惣門へと帰ってきた時のことである…
宮内惣門とはいわゆる鳥取城の南の門
つまり境界部に当たる
そこを城外に侍たちが出たとき
遭遇したのが
牛のような姿をした異形のモノであった
ここでも城の南門という景観が…（佐々木撮影）

古代を記憶する景観

　ここまで見てきた、古代律令国家が編み出した平安京を中心とした怪異の循環は、名古屋以外の城下町でも見いだすことができるのであろうか。

この古代律令国家の編み出した怪異の循環とは、『延喜式』の道饗祭の祝詞と、大祓の祝詞に見いだすことが出来る。もう一度それを見ておこう。

道饗祭では、「道がいくつも交差する衢に、聖なる岩の群れとして塞がっておられる、八衢比古・八衢比売・久那斗の神々をお祭りするのは、根の国・底の国から乱暴にやってくる物に追従するのではなく、天皇をはじめ私たちを守護して欲しいからです」とあり、そこには、根の国・底の国から道路を伝って都にやってくる、乱暴なモノ（道路鬼）が認識されている。

大祓の祝詞では、この根の国・底の国から、道路を伝ってやってきた乱暴なモノが原因で、都に生じた罪や災厄を、今度は水流に沿って「根の国・底の国」へと祓い流そうとする。

それは「山から勢いよく落下してくる、流れの早い川の瀬にいるセオリツヒメが、川から大海原に流し、それを川が合流する渦にいるハヤアキツヒメが呑み込み、つぎにイブキドヌシが息を吹きかけ、根の国・底の国へと吹き飛ばす。そしてそれを根の国・底の国にいるハヤサスラヒメが消し去ってしまう」とする、大祓の祝詞に描かれた、怪異世界の認識である。

その「根の国・底の国」は、同じく『延喜式』の「陰陽寮」の儺（おにやらい）、つまり疫神を追い払う祭礼の項に、穢れた悪鬼や疫鬼が住む場所として「東方陸奥。西方遠値嘉。南方土佐。北方佐渡」[1]が示されている。

つまり東は陸奥の、西は今の五島列島の、南は土佐の、北は佐渡の奥に、「根の国・底の国」が設定されていたと考えられるのである（図2）。

ちなみにこの儺の祭は、承明門の外で行ったとある。承明門の外とは、まさにあの平安京の三つ

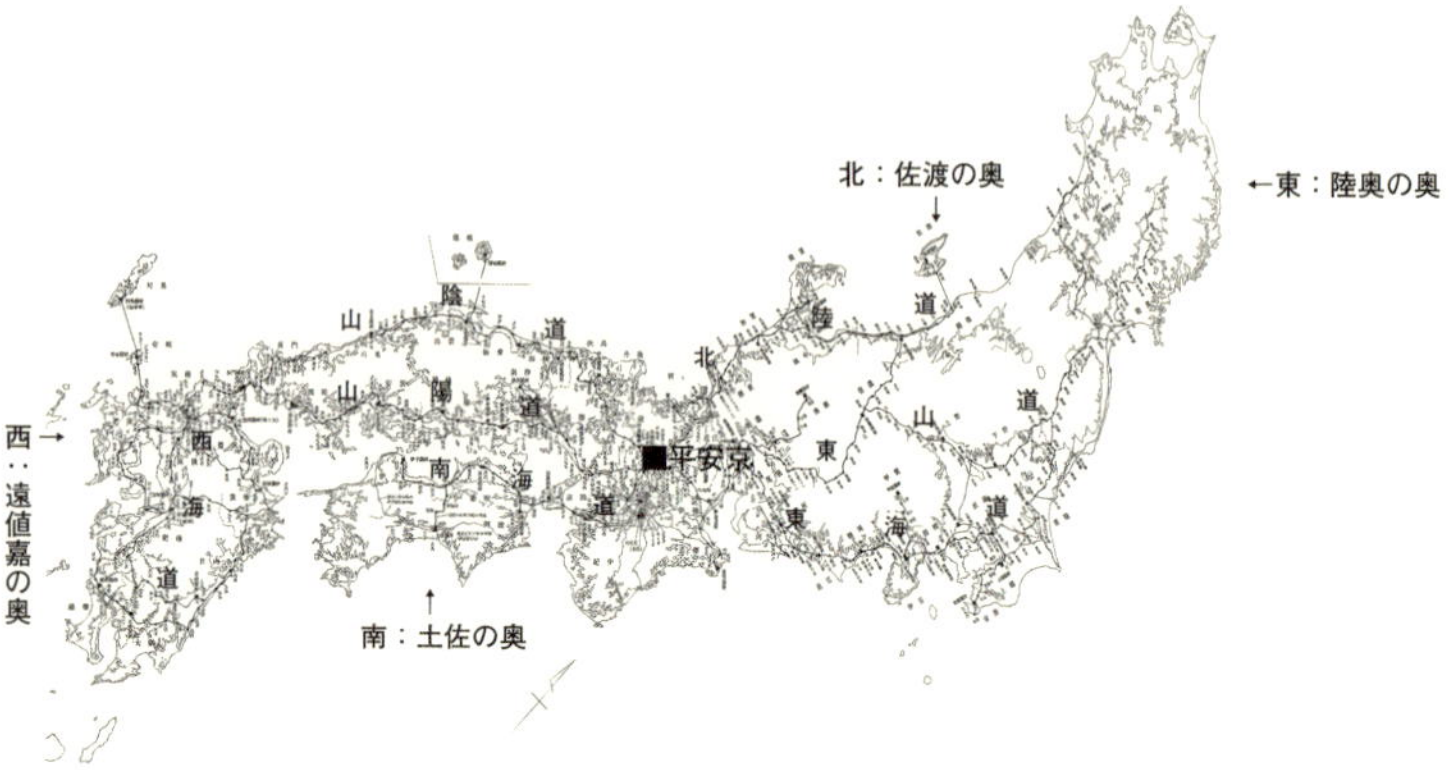

図2　古代の交通路と想定される四方の「根の国・底の国」（藤岡謙二郎編『古代日本の交通路Ⅳ』大明堂、1979、の別葉図（その1、その2）に筆者加筆）。

の南門の一つ、建礼門の前になる（8章の図1）。

これら古代律令国家の編み出した循環する怪異世界とは、一つは、東は陸奥の、西は五島列島の、南は土佐の、北は佐渡の向こうの、それぞれの根の国・底の国から、穢れた悪鬼や疫鬼が道を伝って都にやってきて、様々な災厄を律令国家にもたらす、そのような流れである。

そこで律令国家は、各街道の複数の交通路が交差する、衢と呼ばれるような場所や国境で、道饗祭を行い、これら鬼たちをくい止めようとした。

その痕跡が、近世の城下町の衢と呼ばれるような場所に記憶され、当時の人々の口を借りて、あるいは身体を通して、無意識的に語られていたのではないか。

と同時に、今度はこれら鬼たちの厄を祓い流すには、水流を使って、再度日本列島の四方の端にある根の国・底の国へと流すわけだが、それも同様に私たちの無意識に残存した。

それらは、京都の祇園祭や大阪の天神祭、名古屋市の西に隣接する津島市の尾張津島天神祭に現在も残っている。いわゆる疫病神である牛頭天王を接待すると同時に、厄を流す祭なのである。

祇園牛頭天王の縁起

ここで念のため、牛頭天王の伝承を紹介しておこう。それは、かつて祇園社と呼ばれた、京都は八坂神社の『祇園牛頭天王御縁起』の伝承である。

むかし須弥山の中腹に豊饒国という国があった。その国に、牛頭天王という牛の頭をして赤い角のある王子がいた。この牛頭天王は、山鳩の助言から、八海龍王の三女を娶るため龍宮へと旅立つ。日が暮れたので宿を求め、古単という長者の家を訪ねるが断られる。次に蘇民将来の家を訪ねる。するとその家は貧乏であったが、快くもてなしてくれた。無事、龍宮を訪問し、八年過ごし、八人の王子をもうけ本国に帰る途中、再びこの地を訪れる。すると古単の家では、相師を招いて占いを行っている。相師は言う。牛頭天王が、三日以内に古単をはじめ家来を蹴殺しに来ると。古単は、相師の助言で千人の大徳の法師を招き、大般若経を読経して、この難を逃れようとしたが、牛頭天王の家来たちによって、古単の一族郎党はことごとく蹴殺された。その際、蘇民は、正しい心を持つ古単の娘一人を助けてくれるように頼む。牛頭天王は、赤い絹でつつんだ茅萱の輪と、蘇民将来の子孫なりと記した札を持っていれば、難を逃れることができると教え、この娘一人だけが助かった。このようにして今でも、牛頭天王と八王子は、古単の一族を罰し、蘇民の一族を擁護しているのだ[2]。

実は『備後国風土記』逸文にも、ほぼ同じ話が残っている[3]。風土記では武塔の神といわれ、最後に私はスサノヲだと語ったこの神は、この縁起では、インドの祇園精舎の守護神で、薬師如来の化身である牛頭天王に変えられている。

この神、牛の顔をしているようだ。そして不親切な人間を許せないようでもある。不道徳な人間を罰する神々とも言える。そしてその神が怒れば、私たちはすぐにでも殺されてしまうのだ。先の名古屋城下の枇杷嶋橋で、雷に取り殺された鬼婆は、まさにこの神の怒りを買ったのであろう。なぜなら、この橋のたもとに、牛頭天王社があったからだ。

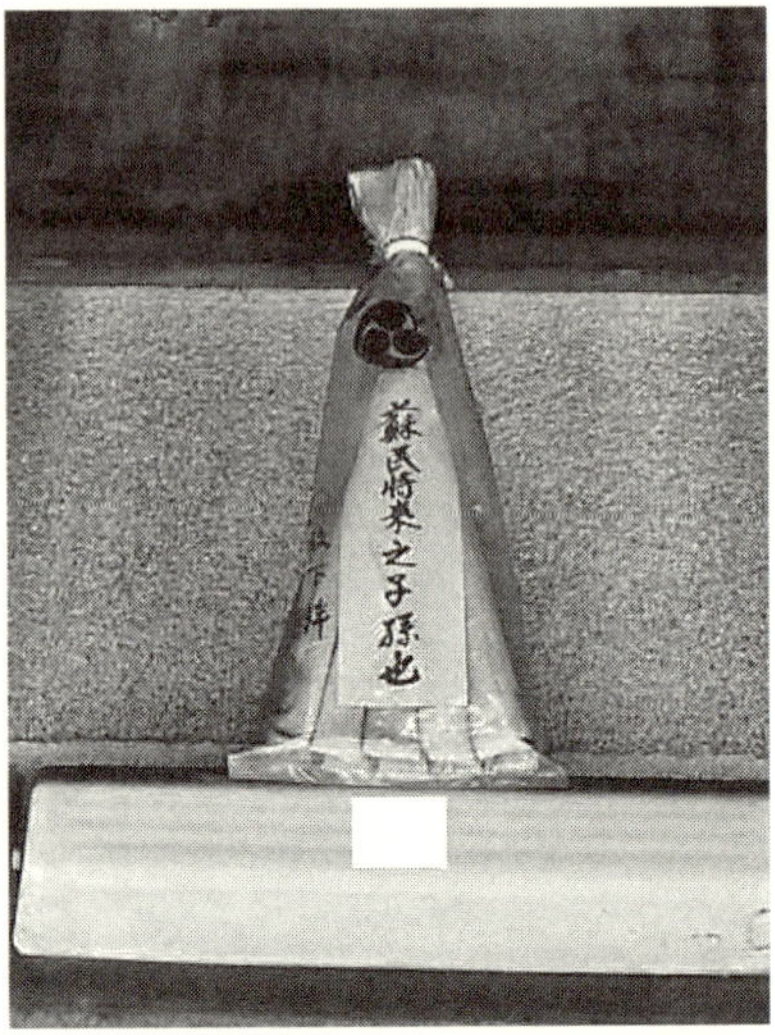

図3　現在でも京都の町家の玄関には祇園祭で配られた粽と蘇民将来之子孫也というお札を貼っている。『祇園牛頭天王御縁起』によると、この粽は、古単のもとどりだとされる（京都市中京区で佐々木撮影）。

まさに人間の態度いかんによって、荒ぶる神となる性質を、この神はもっているわけだ。しかしながらここにあるように、茅萱の輪と蘇民将来の子孫なり、と記した札を持っていれば、難を逃れることができるらしい（図3）。

今でも私たちは、「六月晦大祓」で茅の輪くぐりをすることになっている、そこにつながるわけだ。

それで荒ぶる神々を接待する道饗祭でも、そして重要と思われる領土の境界部のような場所でも、この牛頭天王やスサノヲが鎮座し祀られることになる。

この古代に生まれた、平安京を中心に置き、四方に根の国・底の国を果てとする怪異の循環が、近世の街道や城下町でも、記憶されていたとするのであれば、名古屋城での記憶は、東の陸奥の奥の根の国・底の国からやってきた、あるいはそこに流される怪異だった、ということになる。

さてこの記憶は、名古屋城下にだけ残されていたのだろうか。それとも、その他の城下町でも見いだすことができるのだろうか。

鳥取城下町で語る侍たち

山陰道は、平安京が最も恐怖した街道であった可能性がある。それは、山陰道が山城国に入らんとする西の境界の、大枝の酒呑童子の伝承と、その首塚の存在が、最も強烈に物語っている。

また先に述べた『続日本紀』にある、太宰府での疫病の流行の際に、長門国から山陰道沿いの国守に、道饗祭を行わせていることから見ても、西から来る荒ぶる神々を、朝廷が特に怖がっていたことが推察されるのである。

しかしながら、各街道沿いの城下町を逐一追いかけていくのは難しい。なぜならそのような怪異を語る文献が、どの城下町にも残されているわけではないからだ。

が、全くないわけではない。

山陰道沿いの因幡国に、次のような怪談集が残されている。それは、寛延二年（一七四九）から少し後の頃の成立とみられる『因幡怪談集』で、記録者は因幡藩家中の者と思われる。全三十八話で、伝承経路が明示されているものがほとんどである。話の時代は、寛永九年（一六三二）頃から寛延二年（一七四九）までで、その中に「宮内惣門にて妖怪を見る事」と題する記録が残っている。(4)それは、次のような侍たちの怪異の目撃談であった。

元禄年間（一六八八～一七〇三）に、侍が友人三、四人で湯所という町に夜話に行ったときのことである。丑の刻（午前一～二時頃）、宮内惣門を過ぎて石橋の辺りを通り、江崎の方へ向かっていると、暗闇に、何か酒樽五尺（一・五〇メートル）ほどの大きさの黒い牛のようなものが動いている。四人の侍たちは驚いて「何物だろう」と見るやいなや、気味が悪かったので、一人が「上の町に廻って帰ろう、別にこの道で帰る必要もないだろう」と言うと、残りの三人も同意してうなずいた。そこで上の町へ廻って、後ろを振り返ると、その何物かが次第に近づいてくる。「いざ急げ」と足早に行くと、そのモノは早追いつき、石橋辺りまでやって来た。そこで皆、角を曲がって山田の屋敷の内に隠れた。その恐ろしいこと、誰も何も言えなかった。しばらくして一人が門から外を覗いてみると、そのモノは栗谷の方へ向かっていく。その後姿を見ると、何か長いものを引きずりながら行くではないか。「皆、あれを見てみろ」と言うと、残りの三人も見た。そのうちその尾のようなものも見えなくなった。四人とも門を出て帰る道で「あれは何物だったのだろう」と話合っていると、一人が「私は以前、夜更けて、

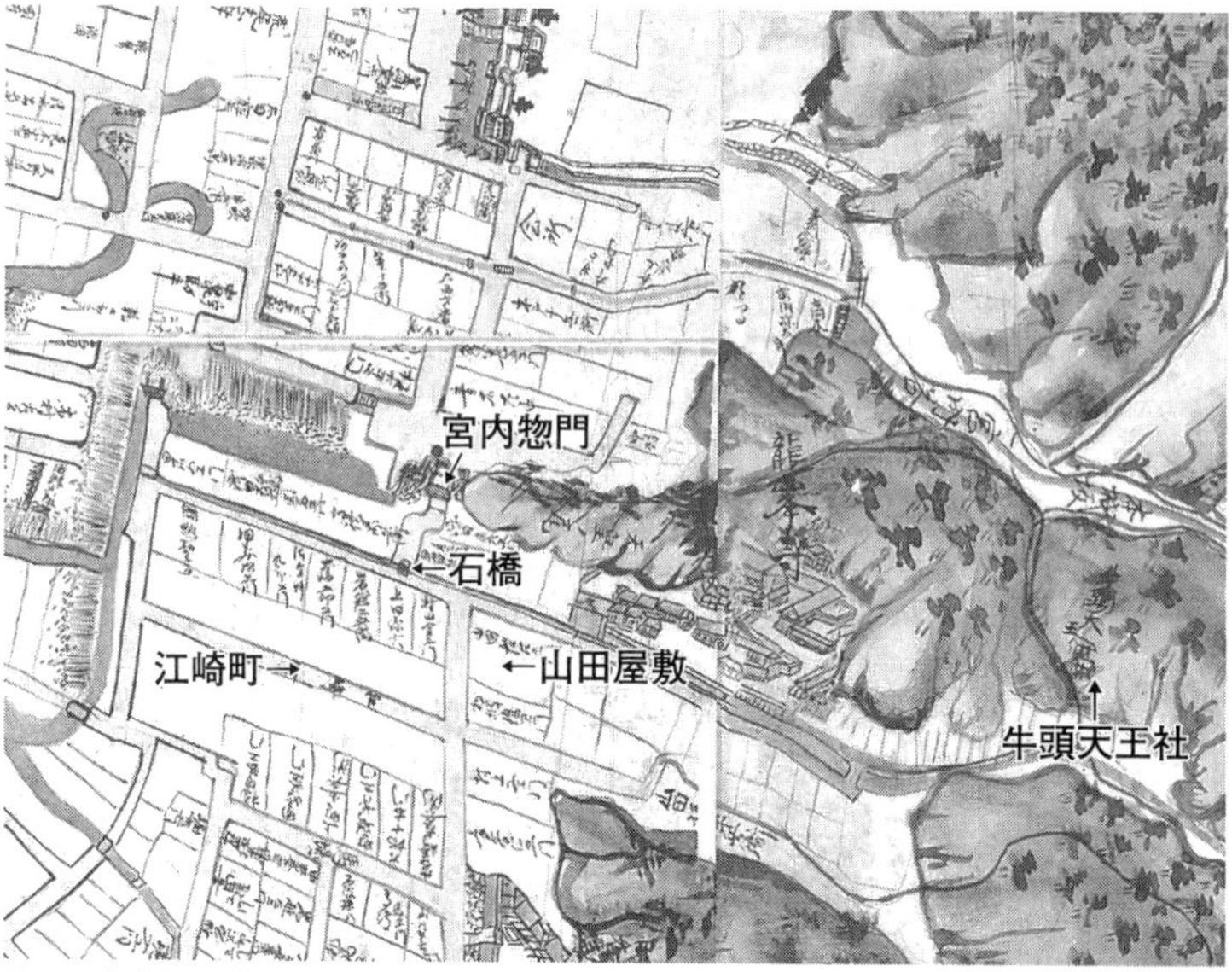

図４　寛文大図（1661～1672年）に見る宮内惣門、石橋、江崎町、山田屋敷、牛頭天王社（鳥取市歴史博物館編・発行『ここは城下にござる―因州鳥取の城下町発見』2011、75頁に佐々木加筆）。

栗谷の牛頭天王が出てくるという噂を聞いたことがあるのだけど、あれはそうだったのではないか」と。そう言っておのおのの家に帰った。その後、この四人が人々にこの話を語ったという。

この話の場合も、名古屋の少年の話と同じように、城下町絵図で詳しく状況を確認することが出来る。

図４は、寛文年間（一六六一～一六七二）の宮内惣門周辺を描く絵図である。宮内惣門は鳥取城内堀の南門に相当する。その南門を出たところに石橋があり、彼らは江崎町へ向かっていた。

名古屋城で言えば、本町門に相当する。平安京で言えば朱雀門であろうか。あの名古屋城の少年が怪異を目撃した場所は、城下町の南門を出たところであった。類似の場所、と言っていいだろう。

そしてこの侍たちも、ここで怪異を目撃することになる。

彼らは石橋から西に向かおうとするが、黒い牛のような物を目撃し、向きを変えて上の町、つまり東へ向かおうとする。すると、その牛のような物が追いかけてくる。急いで角を曲がった侍たちは、山田屋敷の門に隠れる。門の陰から見ていると、その牛のような物は、栗谷の方に向かって去っていた。

図4には、すべての情報が描かれており、彼らの行動が手に取るように分かる。そしてその牛のような物が去って行った先には、確かに牛頭天王社がある。

そこで彼らは、その牛頭天王社の神が、夜の城下町を徘徊していたと解釈したようだ。

牛頭天王は先にも紹介したように、人間の態度いかんによっては荒ぶる神にもなる。そして人間を容赦なく懲らしめる神でもある。そのような古代からの知識が、彼らを恐怖させたのかもしれない。

本章の冒頭で示した図1は、現在の宮内惣門周辺の様子である。

あの名古屋の少年の夢は、名古屋城下町の南門に隣接する、古渡山王社での白い腹の狐との遭遇であった。その後も約三ヶ月にわたり、この南門に接する山王横町で異人たちに遭遇している。

それは平安京のそれぞれの南門、つまり建礼門、朱雀門、羅城門での鬼や怪鳥との遭遇、あるいは大祓の祭礼とも類似関係にある。

このような場所は、人に怪異を目撃させる性質を持っているのだろうか。であるなら、それら景観は古代の記憶を保持している、外部記憶装置とも言えるのかもしれない。

古代山陰道に連なる怪異

ところで、この『因幡怪談集』の鳥取城外の分布[5]を見わたしてみると、その多くが古代の山陰道に沿っていることがわかる(図5)。

因幡の古代交通路は、平安京を中心に見るのであれば、因幡国府から東の但馬国へと向かい平安京を目指すルートと、南へ智頭を通って播磨へ向かい、山陽道を伝い平安京へと向かうルートがある[6]。

であるならここでも、因幡国府は衢の役割を担っていたことになる。怪異の伝承は、この両方のルート上に分布している。

またいくつかの伝承は、因幡国府やその国府の中心軸となった宇倍神社に関わる伝承である(図5の11・13)。古代にここで、道饗祭や大祓を行った可能性がある。

太宰府へと向かう、山陰道沿いに位置している伝承も見られ

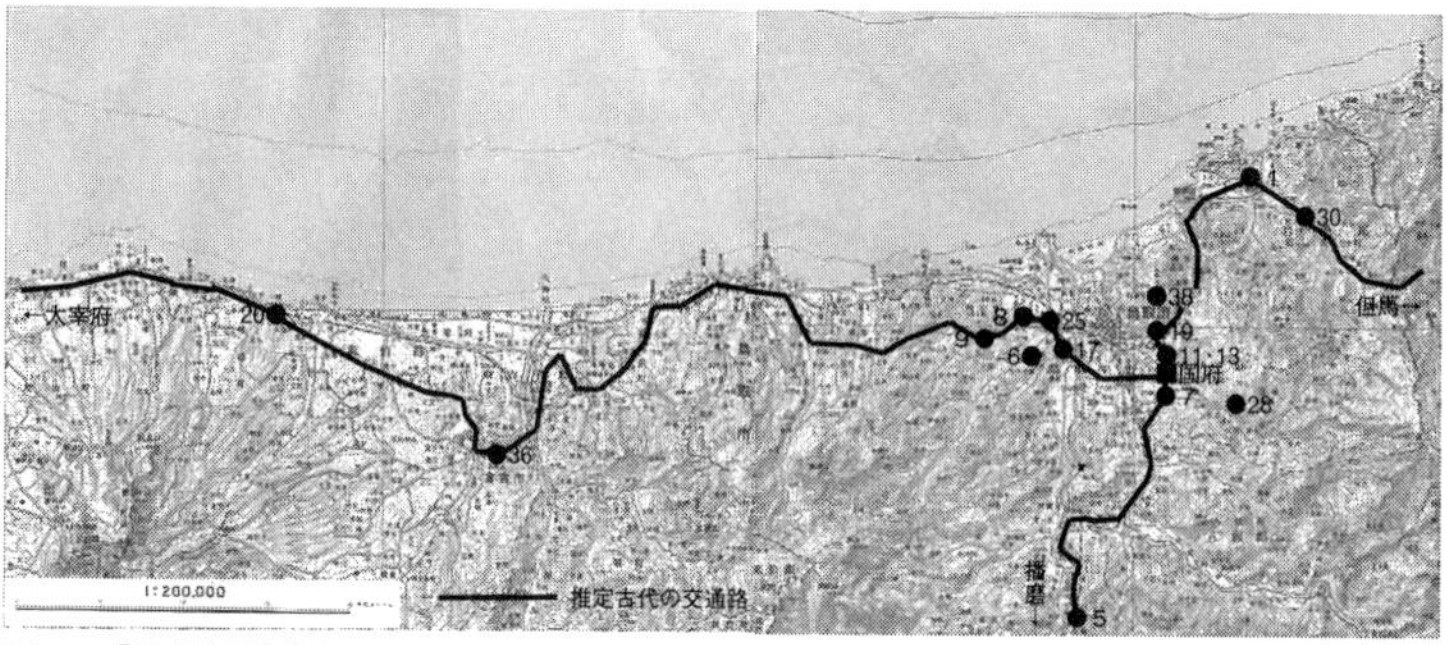

図5　『因幡怪談集』に見る怪異・妖怪の分布図と古代の交通路(佐々木作成。番号は本怪談集における怪談の出現順。分布は鳥取城外のみ)。

る（図5の20・36）。

もちろんこの『因幡怪談集』は、近世の侍たちの体験談であったり伝承であったりする。にもかかわらず、このように古代的性格を有していることになるわけだ。

それはこれら景観が、古代の記憶を、近世の人々をして語らしめている、とは言えまいか。

そしてこの宮内惣門には、そのほかの体験談や伝承が集中する。

たとえば、天祥院公（三代藩主吉泰、在位一七〇〇～三九年）の時代、御用人の青木氏の家に霊が出るという噂があったとする「青木氏家に霊有る事」という話。

また、光仲公の時代（在位一六四八～八五）、安倍某が若い頃、夜に猟に出ることが好きで、ある夜、御本陣山に行って、夜の猟をしていたところ、宮内の山の惣門の上まで来て、犬が前に進まなくなった。すると甚兵衛の頭の三メートル位上を、真っ黒な門の戸のようなものが通り過ぎて、しわがれ声で「何をするのか」と言った。さらに虚空で「気が強い、気が強い」と聞こえる。甚兵衛は刀に手を懸けたが力が出ない。そこで若い者を呼んだが、二人とも力が出なかった、という。おそらくは山神か天狗の仕業ではなかったか、と伝える「安倍氏、宮内の山にて妖怪逢事　安倍甚兵衛家」などがそうである。

特に後者の話は安倍氏とあるので、もしかしたら、陰陽師系統の話かもしれない。

名古屋城下の渡辺家同様に、安倍家も古代から怪異・妖怪に対処する家筋だからだ。

平安京の各南門や山城国の国境と同様に、先の古代律令国家の怪異の循環を担った、道饗祭や大祓の儀礼が行われたと思われる場所に、怪異の伝承が集中することが、この近世の鳥取城下町周辺でも見いだせた、と言えるだろう。

『備後国風土記』逸文の武塔の神

想定される西の根の国・底の国、つまり五島列島沖からの、荒ぶる神々の街道ルートは、先の山陰道とともに、山陽道もあげることができるだろう。

山陽道は山陰道と南海道にも挟まれているので、そのルートは単純ではない（図2）。様々な分岐ルートを伝って、荒ぶる神々が合流したと思われるからである。

実は、牛頭天王の発祥の地と思われる場所がこの山陽道沿いにある。それは先にも紹介した『祇園牛頭天王御縁起』に先行すると思われる、『備後国風土記』逸文の、次のような伝承が根拠となっている(7)。

北の海に住んでいた疫隅の国社の武塔の神が昔、南の海の女神に求婚をする旅に出た。日が暮れたので、宿を得ようとしたところ、そこに将来という二人の兄弟が住んでいた。兄の蘇民将来は貧しく、弟の将来は富み栄え倉が百もあった。弟に武塔の神が宿を借りようとしたが貸してくれなかった。兄は心よく貸してくれて、もてなしてもくれた。後にこの神は、南の海の女神との間にできた、八柱の神子を率いて帰還の途中に、再びこの地に立ち寄り「蘇民将来の子に報いたいが、どこに住んでいる」といって彼の家を訪問し、その子に「茅の輪を腰につけるように」と指示した。するとこの神は、茅の輪をつけた蘇民将来と娘のみを残して、あとの者たちを復讐のため皆殺しにしたのだった。そして言った。「私はスサノヲの神だ。後の世に疫病があれば、蘇民将来の子孫と言って、茅の輪を腰につけたら助かるだろう」。

この北の海からやってきて、人間世界を訪問し、もてなしてくれた蘇民将来の家に滞在し、その後南の海に行き、そして再び人間世界を訪れ、弟を罰し兄の蘇民将来を守護し、北の海へと帰っていく動きは、まさに古代律令国家が編み出した怪異の循環に合致する。

つまり北の山から水流をつたってやってきた荒ぶる神々が、道饗祭でもてなされ、大祓で南の方へと流されていく。しかし彼らは、やはり先の循環でみたように、都へと帰還する。そして実際にこの古代の世界観が、現在の京都の祇園祭をはじめとして、各地で再現されているのだ。

さて、『風土記』とは、奈良時代の和銅六（七一三）年に、朝廷の命によって、諸国が編んだ地誌（地方誌）で、そこには当時の国の、下位の行政区である郡や郷の名称、名産、土地ごとの土壌の善し悪し、山川原野の地名由来、古老の伝承などが調査報告されている。

残念ながらその多くが、すでに平安時代に散逸したらしく、現存するのは五カ国のみである。しかしながら、平安後期から鎌倉時代の、他の文献に引用されて残った伝承などがいくつかあり、それを逸文と呼んでいる。先に紹介した伝承は、幸運にも、鎌倉時代中期に記された『釈日本紀　巻七』に残されていた(8)。

となると、この武塔の神（スサノヲ）の巡行の話は、備後国の古老の伝承ということになろうか。

古代山陽道を東進する牛頭天王

この伝承の冒頭にある疫隅の国社とは、現在の広島県福山市新市町の素盞嗚神社であるとされている。地誌である以上、その神の鎮座する福山市の場所性を吟味する必要があるだろう。

福山市の素盞嗚神社の立地について、今のところ次の二点が指摘できる。

一つは、古代の山陽道沿いにある点（図6）。古代の交通路は、『日本書紀』によると、六四六年に全国に設置された[9]。となると風土記の成立より、交通路の敷設が先行することになる。つまり交通路があって、そこに神社が建てられた可能性が出てくるわけだ。

であるなら、その立地は、中央政権が意図して配置した場所であった、ということになる。その意図とはおそらく、西から山陽道を伝ってやってくる荒ぶる神々、疫神を止めることにあったろう。なぜなら先にも述べたように、古代国家は、日本列島の遠く四方にあって人々に疫病を蔓延させる神々が、交通路を伝って、天皇の住む畿内に向かってやって来る、と考えていたからである。

そのため、特に交通路が畿内に入ろうとする境界部でスサノヲを祀った。それらの痕跡は今でもある。したがって、福山市の素盞嗚神社

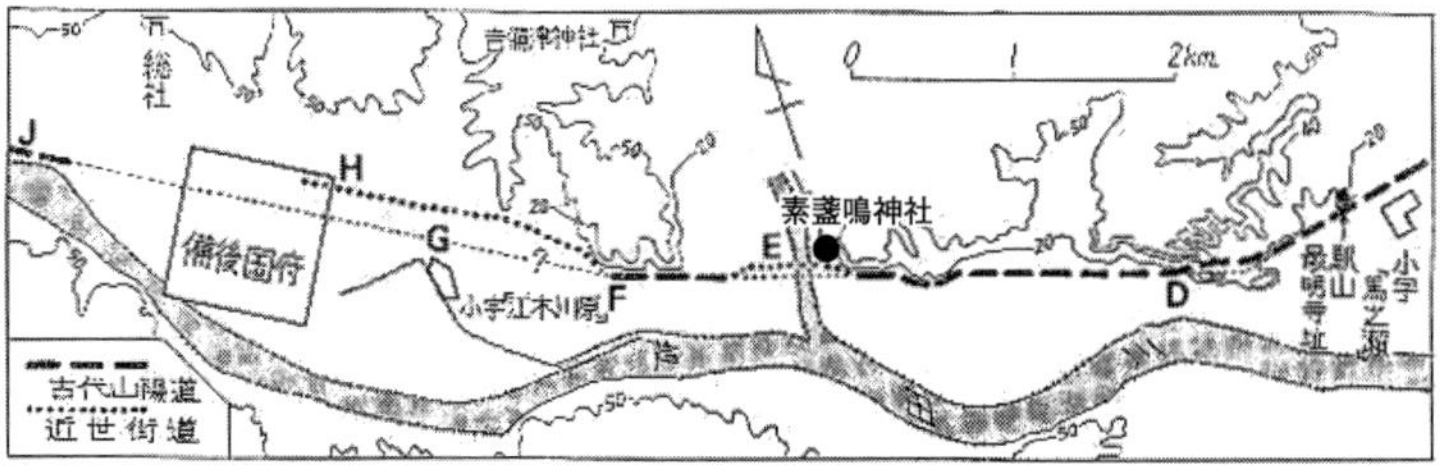

図6　広島県福山市新市町の素盞嗚神社の位置：古代の山陽道と河川の近くにある点に注目（足利健亮「備後国」藤岡謙二郎編『古代日本の交通路Ⅲ』大明堂、101頁に筆者加筆）。

も、西方からやってくる疫神を、ここでくい止めるために設置された、と解釈できるわけだ。

伝承の最後に、武塔の神がスサノヲと名乗るのは、この時、中央政権の神話に組み込まれたからだろう。

もう一点。それは、先の素盞鳴神社の前を流れる芦田川を南に下り、海に出る河口部からさらに南に位置する、福山市鞆町にある沼名前神社との関係である。この神社もスサノヲを祀っている。

この鞆の港は古代からあったことが、『万葉集』で知られている。(10) その後、この港は、江戸時代には朝鮮通信使の停泊地となり、異国人と接触する場所でもあった。つまりこの沼名前神社のある鞆も、海路の要所であったわけだ。

特に日本の場合、このような異国人と接触する場所については敏感だ。なぜなら異国人をケガレと認識していたからである。今でも日本の国際空港が、他の国に比べて検疫に敏感なのは、古代からの伝統なのだろう。

現在の福山市の鞆という位置は、陸海両方の、そのような緊張を要する場所だったのである。たとえば、足利尊氏が後醍醐天皇を攻めるとき、ここを拠点として海路と陸路に分かれて平安京を目指したことが知られているし、足利幕府の末期にはこの鞆の浦に幕府が置かれていた。また坂本龍馬が、いろは丸事件を起こしたのもここである。

神戸市兵庫区の、天王川谷の谷口に、祇園神社が鎮座している。この祇園神社の立地も、福山市のそれと似ている。

この祇園神社の社伝によると、清和天皇の貞観十一（八六九）年、京の町で大雨が降り続き、川が氾濫したため、疫病が流行し、多くの死者が出た。そこで、この疫病をおさめるため、京都の北白川に祇園神社を建てることになり、姫路の広峯神社から素盞嗚尊の分霊を頂き、京都に移すことになった。その時、御輿がこの地に一泊したので、社を建て、お祭りした、とある。

実は、この姫路の広峯神社の素盞嗚尊は、福山市の素盞嗚神社から来たと考えられている。であるなら、風土記でスサノヲと名乗った武塔の神は、福山市から徐々に姫路、神戸へと東に移動し、京都の祇園社、現在の八坂神社に鎮座したことになる。

播磨国佐用村に集中する怪異

さて、さらに山陽道沿いの伝承を探さねばならない。

畿内の西の境界に接する播磨国に、『西播怪談実記』と称する怪談録が残されている。『西播怪談実記』は、宝暦四年（一七五四）に播磨国佐用村（現在の兵庫県佐用町）に住む春名重右衛門忠成によって記されたもので、その内容は寛永から享保年間（一六二四〜一七三六）に著者自身が見聞した伝承からなる。[11]

著者の忠成は、佐用村で那波屋という店を営む商人だった。その本家は、もとは赤松氏の家臣で、後に宇喜多氏に仕え、関ヶ原で敗北したため佐用郡上津郷に蟄居した。その後、代々佐用郡新宿村の大庄屋を勤めるようになったという。[12]

図7は、『播磨の妖怪たち』[13]に掲載された分布図であるが、これをみると佐用に集中しているのが見て取れる。

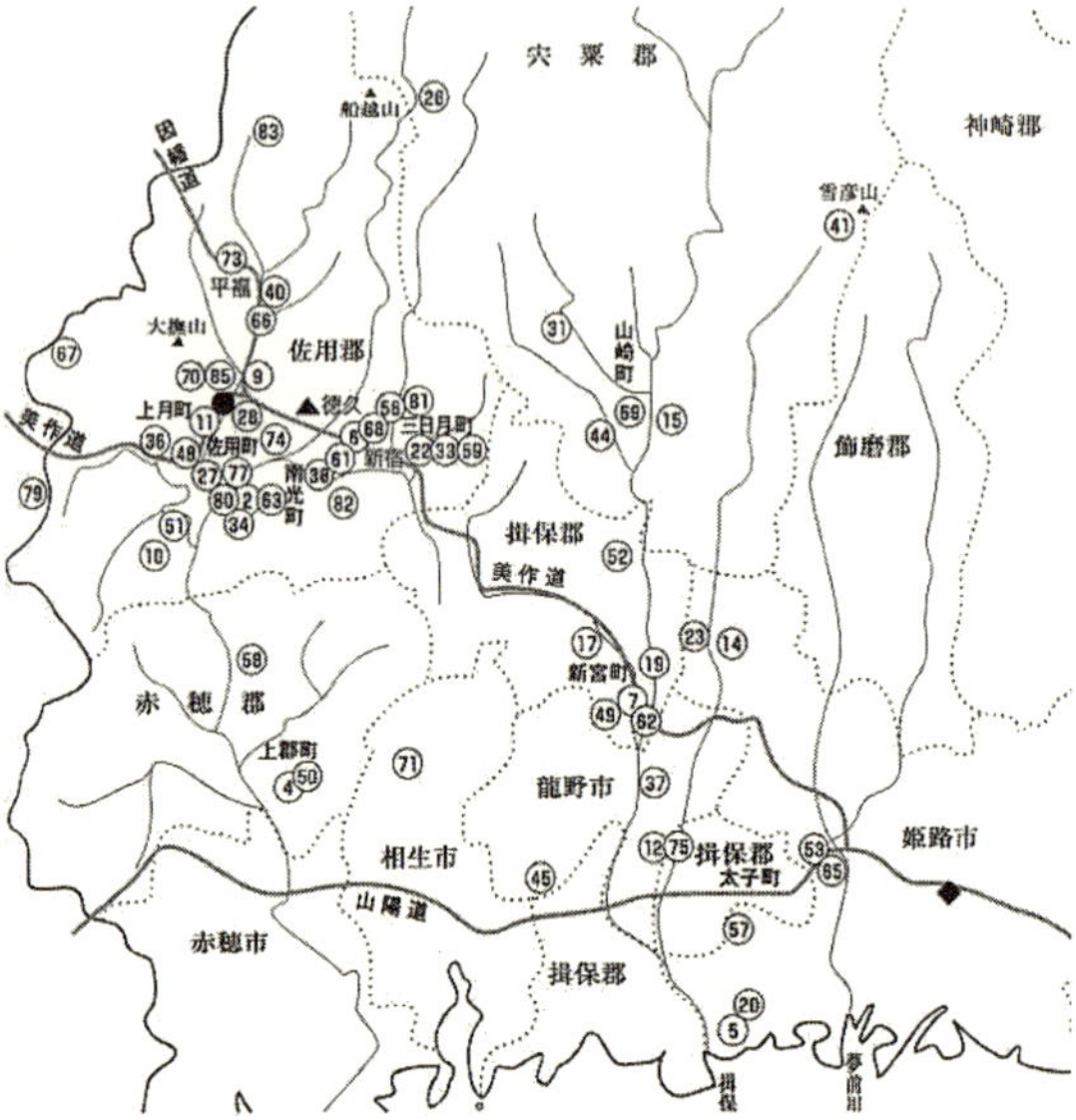

図7 『西播怪談実記』の怪異伝承の分布図（小栗栖健治・埴岡真弓編『播磨の妖怪たち―「西播怪談実記」の世界』神戸新聞総合出版センター、2001、226頁より）。

この実記は佐用に住む著者によって記されている。したがって佐用に集中するのは当然のように思えるが、しかしなぜ佐用に住む商人が、このような怪談実記を著したのか、ということになると、佐用という場所の性質を見る必要が出てくる。

佐用は、古代から美作道が通る交通の要衝で、江戸初期には佐用宿が置かれた。

美作道とは、近代以前に山陽道と美作国を結んだ街道で、古代・中世においては山陽道の支路として播磨国府と美作国府を、また、山陰と畿内を結ぶ重要な交通路だった。

というのは、京都と因幡を結ぶ正式なルートは、山陰道であったのだが、山陰道が険阻なため、利用しにくかったからである。そのためこの佐用を通過するルートが、古くから好まれた。

図8は、承徳三年（一〇九九）に平時範が、国守として因幡国府に下ったときのルートである。[14]

近世には、姫路城下と美作津山城下の往路ともなり、出雲松江藩・因幡鳥取藩などが参勤交代・伊勢参宮・美作一宮への参拝などの道として利用した[15]。

このように佐用は、美作道の通る交通の要衝であり、古代から人々の往来があった。さらに、美作道によって結ばれた林崎から、近世には高瀬舟も出ており、南の赤穂との河川を利用した物流もあった。

このような衢で、『西播怪談実記』は生まれたのだ。

図7を見てもわかるとおり、佐用は美作道と因幡道が合流し姫路へ向かう衢にある。先の論法から言えば、当然そこには怪異・妖怪の神話的伝承が集まることになる。

そして先の『因幡怪談集』でもあったように、因幡からの平安京へのルートが、ここ佐用を通ることになる（図8）。

これらは、一連の太宰府からの荒ぶる神々を留める場所となろう。そしてこのルートは、さらに南東へ向けて走り、山陽道と合流して姫路へと向かう。

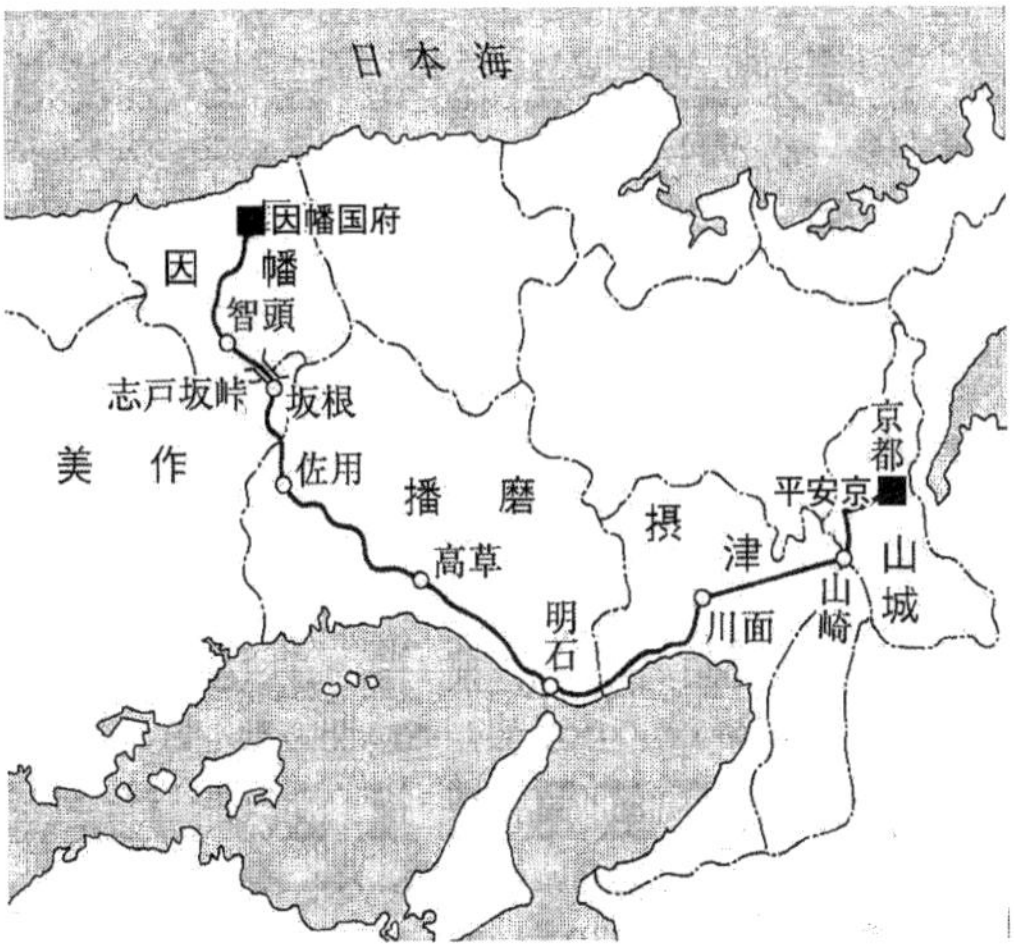

図8　因幡守平時範が平安京から因幡国府へと下向した道筋（内藤正中他編『鳥取県の歴史』山川出版社、1997、81頁に筆者加筆）。

『播磨国風土記』の荒ぶる神と姫路城

さて、その山陽道との合流点である。そこも当然ながら衢となるのだが、『播磨国風土記』に次のような興味深い神話的伝承が記されている。

佐比岡。佐比と名づけた理由は、出雲の大神が神尾山にいた。この神は出雲の国人がここを通り過ぎると、十人のうち五人を留め、五人のうち三人を留めて行き来の妨害をした。それで出雲の国人たちが佐比を作ってこの岡に祭ったが、それでも和やかに受け入れられることはなかった。そうなった理由は、男神が先に来られて、女神が後に来られたからである。この男神は鎮まることができなくなって去って行かれた。そういうわけで、女神は怨み怒っておられるのだ。それからしばらく後に、河内の国茨田の郡枚方の里の漢人がやってきてこの山のあたりに住んで、敬い祭った。それで辛うじて和やかに鎮めることができた。この神が鎮座しているのにちなんで、名づけて神尾山といった。また、佐比を作って祭った所を、佐比岡と名づけた。

この佐比岡は、山陽道と因幡道・美作道の合流点付近と考えられる、古代山陽道の駅家「大市」が比定されている、姫路市大字太市中のすぐ南にある、太子町佐用岡だとされている。(16)

この記事から、この道が出雲をはじめとする、山陰道からの人々が使う道だったことと、道を塞ぐ神が通る人々を取り殺していたこと、さらに道饗祭で登場する衢の神（男神と女神）が、ここにいたことがわかる。

つまり日本列島の西方から、荒ぶる神々が平安京を目指して侵攻してくるのだ、という神話的世界を、実際に具現したような場所であった、ということになろう。

さて、次に姫路城である。

近世の姫路城と播磨国府は、ほぼ同じ位置にあったと考えられている。古代において、その播磨国府で道饗祭や大祓が行われた可能性が、考古学的な遺物からも指摘されている[17]。

おそらく『続日本紀』の記事にもあったように、平安京へ通じる山陰道以外の街道沿いの各国の国府においても、同様の祭礼が行われたのだろう。

その古代都市の神話的特性が、近世の姫路城でも継承されたのであろうか。

姫路城の都市プランニングの中心軸のひとつ（築城ライン）が、姫路城天守閣から北の広嶺山を結んでいる点が指摘されている[18]。

つまり姫路城は、この広嶺山を一つの基準としてプランニングされたというのである。であるなら、広嶺山のなにがそうさせたのだろうか。

この広嶺山に、先に神戸市兵庫区の祇園神社の社伝にあった、広峯神社がある。実はこの広峯神社、あの牛頭天王の総本宮を名乗る非常に重要な神社なのだ。

であるなら、姫路城にとって牛頭天王社は、大変重要な意味を持つことになる。つまりこの築城ラインは、牛頭天王の姫路城守護を意味していたのである。

このように近世の姫路城にも、牛頭天王の記憶が見いだせるわけだ。そして最後に、姫路城下町を山陽道が通過する道沿いに、あるいはこの築城ライン上にも、『西播怪談実記』にあるいくつかの伝承が分布している点を、指摘しておこう。[19]

このように、播磨国の街道や近世都市姫路城においても、古代律令国家が生み出した怪異の循環思想の痕跡が見いだせるのである。

古代南海道に位置する土佐の怪異伝承

さて、次に南に目を向けてみよう。

先に『延喜式』で見たように、南の「根の国・底の国」は、土佐沖に設定されていた可能性がある（図2）。であるならこの土佐国は、その最前線に位置づけられることになる。そのような文脈で見るのであれば、土佐の怪異伝承は南海道が平安京へと向かう、街道沿いに集中することが想定される。

土佐の怪異伝承を、ここでは『絵本集艸』『土佐化物絵本』『新先生一代記』に見てみよう。[20]これら諸本は、おそらく同じ著者の作品で、時代は幕末から明治期だと推測されている。ここでもその分布図（図9）に注目してみると、次のような点が指摘できる。

実は、これら伝承の分布の特性については、すでに新改という場所に集中していることが指摘され、これら三つの資料の作者が、新改に住んでいたことがその要因であろう、と結論づけられている。[21]

確かにそうであろうが、もう一点指摘しておくべき要因がある。それは先の『西播怪談実記』で

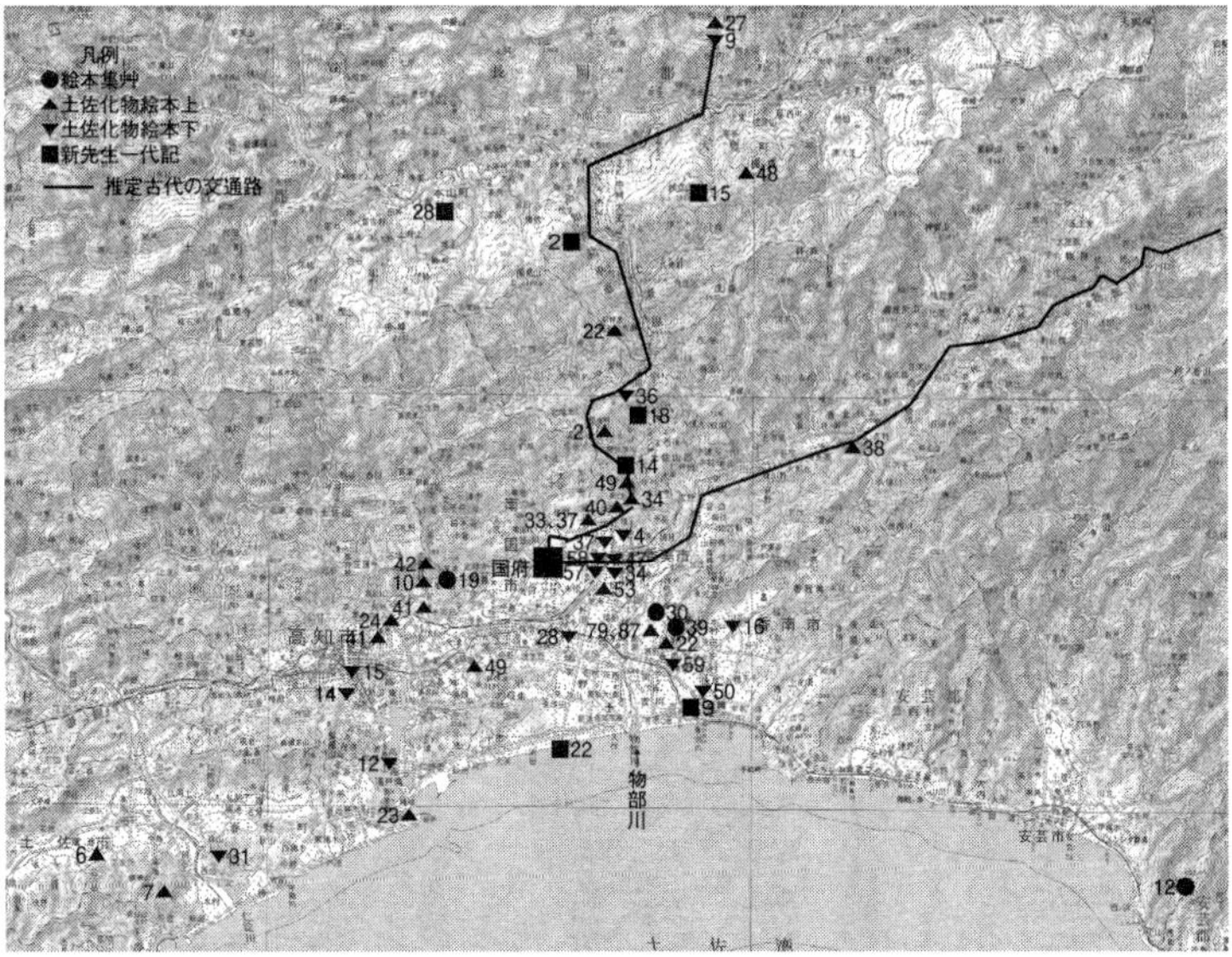

図9　『絵本集艸』『土佐化物絵本上下』『新先生一代記』の分布図と推定古代の交通路（佐々木作成）。

も述べたことだが、ではなぜ新改に住む著者が怪異・妖怪の伝承を数多く記したのか、という新改という場所の特性についての視点である。

ここでも古代的な神話的世界観から見てみよう。図9の国府の位置を見ていただきたい。

国府の東に、神話的伝承が集中しているのが見て取れるのがわかるだろう。ここが新改である。そして新改から北へと、伝承の場所が伸びているのも確認できる。

この谷が、古代の南海道であった可能性がある。[22]土佐沖の「根の国・底の国」から来る荒ぶる神々は、この南海道を伝って平安京を目指す、というのが今まで見てきた、古代の神話的世界認識である。

それら神々を各国の国守が、道饗祭や大祓で饗応しなければならない。おそらくそのような任務に就いている神官や僧侶、あるいは陰陽師や侍たちもいただろう。彼らはこの古代都市国府の近辺、つまり平安京のある東側に控えていたはずである。それが新改という地域だった可能性がある。

また大祓では、北の山から流れ出る水流が、汚れを大海原に流し出すと考えられていた。この場合、その河川が物部川だった可能性がある。なぜなら物部川の東にも海までの間に、伝承の分布が連なっているからだ。

そしてその物部川の上流には、きわめて古代的な陰陽道に近い、「いざなぎ流」の太夫という宗教者たちが住んでいたのも示唆的であろう(23)。

なぜなら、平安京の北の山にも、鬼の国があった貴船や、天狗の住む鞍馬、愛宕山にも、これら怪異・妖怪に対峙する、さまざまな宗教者たちがいたからである。

『土佐化物絵本　下』には、「弓祈祷の段」という病になった者の治療を行う、いざなぎ流の太夫と思われる話が残っている。おそらくこの祈祷師がいたのも、この新改であったろう。

そこでは、犬神という妖怪が男に憑いた話があり、そのなかには長曽我部元親が土佐の国守であったとき、犬神という妖怪は退治され絶えた、との伝承も入っている(24)。

やはり『続日本紀』の記事にあったように、疫神を国守が祓っていた記憶が、ここにも残されているのである。

このようにこの土佐においても、国府を中心に古代的な怪異の循環思想が、近世においても継承されていったものと考えられる。

新改という場所

『土佐化物絵本　上』の次のような事例が、この新改という場所の性格を物語っている。

新改のなかの久次村（現加美郡土佐山田久次）に阿波塚と言う所があります。長曽我部が岡豊に在城の時、阿波軍が突然攻めてきて、合戦となりました。結局は阿波軍が大敗し、岡豊から久次までに一人残らず討ち死にしました。三百あまりの死骸が出て、それを大きな穴を掘り、埋めたと言います。その後、大塚の辺りで夜深くになると、矢さけび（戦いの初めに両軍が遠矢を射あう時互いに高く発する声）や太刀音がすさまじく、陰火が所々に燃え、ものすごい事は言いようがありませんでした。後々、近所の者に行方不明になる人も出ましたので、男女の恐れる事は尋常ではありませんでした。亡霊は次第にひどくなり、白昼にも影のように煙のように現れ、わめき叫び闘う様子を見聞きしたものはたいそう恐れました。この事が長曽我部元親の耳に入りますと、「敵ながらも三百あまりの強兵が憤死し、争いの苦悩は不憫な事であるぞ。そのままに捨て置くのは、村民の多くを損なうだろう」と、国分寺において七日間大般若経をあげさせ、丁寧に弔いました。この長曽我部元親の情けの程は誠に有り難い事ですよ。それから、亡霊も静まり、近所のものも安堵したと言います。今でも雨の夜などには、声や火が出て太刀音なども聞こえることがあると言います。(25)

新改という場所は、ここにもあるように隣国の阿波からの軍勢を向かい撃つ場所だったようだ。つまり防御の拠点だったのであろう。それは土佐の岡豊城の、防衛ラインの一つだったのである。であるから戦場になったのだろう。

そのような場所性と過去の出来事が、近世あるいは近代にまで伝承として伝わっていたのである。

さらに興味深いのは、亡くなった兵のために、国分寺で大般若経をあげている点である。

国分寺とは、古代の国府に付随した宗教施設である。あの『続日本紀』の記事でも、疫病を防ぐために太宰府の大寺で般若経を読誦させている。おそらく古代律令国家は、このような怪異が生じたとき、各国の国府に隣接する国分寺で、このような祭礼を執り行ったのであろう。

そして、この新改の東南に八王子宮がある。

当社の御由緒によると、文明元年（一四六九）に、近江国坂本の日枝大社を勧請し、山田村八王子に楠目城主が創建したとある。現在の場所とは若干異なるが、位置的にはほぼ同じである。

この八王子社には、境内社として八坂神社が祀られている。祭神はスサノヲである。

実はこの八王子とは、あの八坂神社の『祇園牛頭天王御縁起』にある牛頭天王の、あるいは『備後国風土記』逸文の武塔の神の、南の海で生まれた八人の王子のこととされる。つまりここも、あの牛頭天王の記憶が、刻まれた場所だったのである。

ちなみに、近江国坂本の日枝神社とは、日吉社のことで、平安京を守護する比叡山延暦寺の守護社である。

　この日吉社を中心に展開された信仰に、山王信仰がある。鎌倉時代には、山王七社の一つとして八王子が成立していたと考えられている。

　あの名古屋城下町の南門に隣接し、あの少年が何度も異人を目撃した古渡山王社も、この系統の宮なのだ。

　このように新改という場所、そしてこれら伝承の分布を見ると、古代の交通路、国府、国分寺を中心とした怪異の循環思想が、近世土佐の城下町や伝承にも、継承されている点が指摘できるだろう。

古代北陸道の加賀大聖寺城下町の怪異

　最後に残されたのは北の根の国・底の国である。

　その際、北陸道が、佐渡沖からくる荒ぶる神々の、平安京へと目指すルート、と考えることができるだろう（図2）。

　まずここでは、現在の加賀市にかつてあった、大聖寺藩の怪異伝承に注目してみよう。

　この大聖寺城下町も、北陸道上にある近世都市である。この都市に残された怪談集を『聖城怪談録』(26)と言う。

　本怪談録は、寛政十一（一七九九）年の正月に、八代目藩主前田利考が、宿衛の武士たちを集めて、百物語をさせた際の記録である。

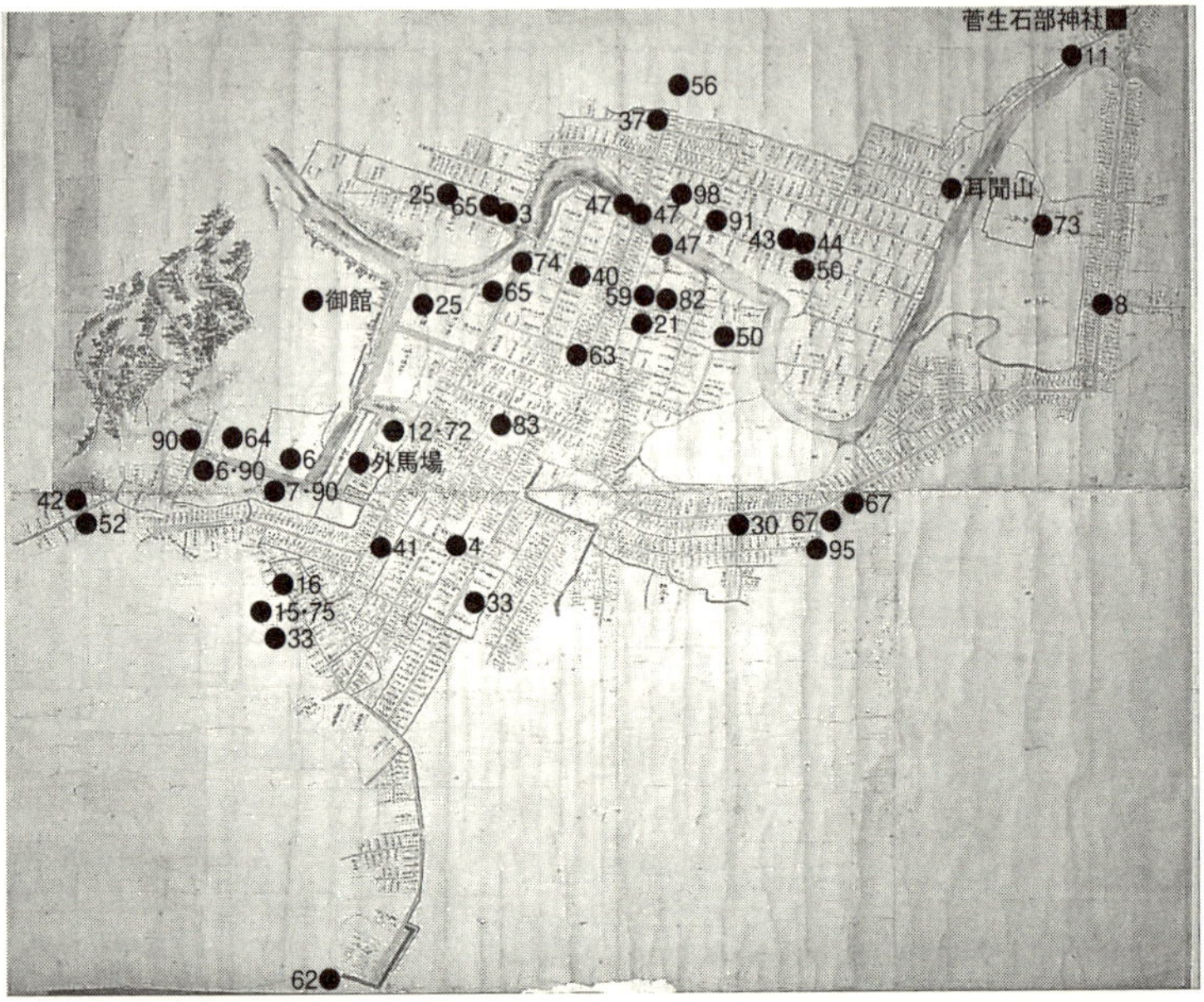

図10　大聖寺町絵図（文化〜弘化年間）に見る『聖城怪談録』の伝承分布（佐々木作成）。

百物語とは、月の暗い夜を選んで、暗くなり始めた頃から、人々が一部屋に集まり、百の火を灯し、一人一人が怪談を語るたびに、火を消していく。そのような複数の人たちが語り合う怪談会のことである。

そうすると話が進むに従って、座はだんだんと薄暗くなり、恐ろしげな雰囲気となっていく。丑三つ時（午前三時〜三時三十分）、あるいは百話語って部屋が真っ暗になったとき、妖怪が出現すると信じられていた。

実は戦国時代以来、百物語は武士の精神鍛錬のために行われた真面目な習俗、つまり武士の文化だったのだ。それが江戸時代になると庶民の間でも流行する。

本怪談集は、百物語とはいいなが

ら、全一〇一話からなり、場所的には城下町内の四十八話、城下町外の五十三話からなる。話の出所は、大聖寺藩士の直接間接の体験談、あるいは伝承、町人や下級武士から聞いた話もある。したがって話の時代は、本百物語に参加した、話者の体験談の場合は寛政年間、彼らの先祖からの伝承の場合は、それ以前の話となる。

ここでは大聖寺城下町の分布を見てみよう（図10）。

この大聖寺城下町は、古代においては、江沼郡家や古代の駅家が置かれていたと考えられ、その道筋は図10の左端にある42、52話（図の番号は話の出現順）のあたりから東進し、図の右上端の11話の、北に隣接する菅生石部神社の方へ、抜けていたのではないかと考えられる。(27)

この近世城下町の、どの部分を古代の街道が通過していたのかは不明であるが、多くの話が、およそ42話から11話までの間に、分布しているのがこの図から読み取れる。

もう一点指摘しておこう。それは『尾張霊異記』でも示した、城下町における、渡辺家の存在である。

21話がその伝承であるが、渡辺家の侍が疫病の神に刀で斬りつけた伝承となっている。まだ推測の域をでないが、近世城下町において、各城下町の渡辺家が、このような役割を演じていたのであれば、これも古代的な平安京を中心とした、都市の神話的特性を、近世城下町が継承していた、と言えるだろう。

その怪談の内容は、このようなものである。

先々代の渡邊六左衛門が流行病になって熱も高く伏せっていたときのことである。ある日ふと起上り、枕元にあった脇指を取り、するりと抜き、勝手の方へ人を追かける様子で走り出た。そして台所口にかけてあったのれんに斬りつけたと思ったら、そのまま倒れてしまった。家の者たちがあわてて、そのまま寝所へ連れて行き介抱した。なぜあのようなことをしたのかと尋ねると、答えようとするのだが、何を言っているのかわからなかった。それでも病気は次第に快方に向かい、やっと話が出来るようになった。そこで先日の不可解な振る舞いを尋ねたところ、次のように語った。高熱で夢うつつとなっていたところ、疫病の神が家にいるのを目撃した。それですぐさま脇指を抜き追かけて斬りつけた。すると、がしりと手ごたえがあったのを覚えているが、その後の記憶はない、と。家の者はあやしみ、彼の脇指を抜いて見ると、刀にすこし傷があった。これはまさに疫病の神を切った証拠に違いない、不思議なこともあるものだと皆で話合った。其脇指は現在、山本浅之進の家に伝わっている。今も持っているが、確かにその刀に傷跡があると言う。

このように渡辺家は、江戸時代になっても、疫病の神と戦っていたのであった。

しかもそれは、侍だけの特別な行為だったようだ。なぜならこの記録には、物の怪の出現に対して、町人や医者、僧侶、場合によっては下級武士たちさえも、恐れおののく様子が記されているからだ。(28)

そして最後に藩主は言う。侍とは何物にも動じてはならないのだと。

金沢城下町の記憶

そして近世城下町金沢にも、怪談集が残っている。

『咄随筆』は、享保十一（一七二六）年から翌十二年にかけて、加賀藩士・御馬廻組の中川長吉重信に仕えた森田小兵衛盛昌によって執筆された。

本書は元禄から宝永・正徳・享保頃までの話を、様々な人から聞き、語り手の名も明記したものが多い(29)。

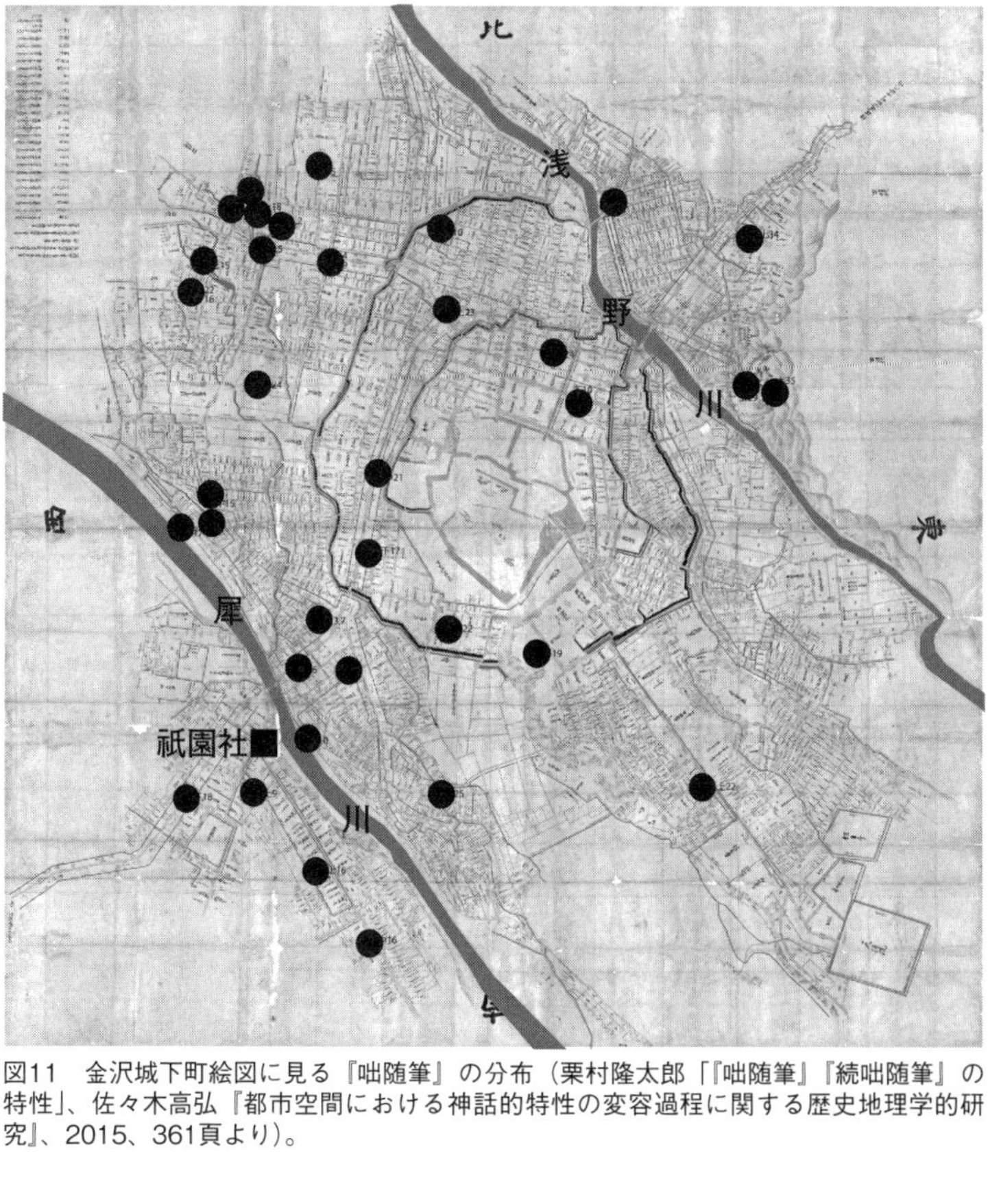

図11　金沢城下町絵図に見る『咄随筆』の分布（栗村隆太郎「『咄随筆』『続咄随筆』の特性」、佐々木高弘『都市空間における神話的特性の変容過程に関する歴史地理学的研究』、2015、361頁より）。

図11は金沢城下における分布図である。[30]
古代の交通路は、図の左下の祇園社の辺りから犀川を渡り北東方向へと、ほぼ金沢城の中央を貫き、浅野川を渡って走っていたと考えられる。[31]
ここで注目したいのは、祇園社の位置である。
ここでもこの社は、古代の交通路沿いにあり、しかも河川の近くにある。これは今まで見てきた、各地の牛頭天王社と同様の立地条件である。つまり古代の怪異の循環思想に適合するわけだ。
この祇園社も京都の祇園社同様に、八阪神社と名を変え、祭神もスサノヲとなっているが、かつては牛頭天王を祭っていた。
縁起によると、貞観十一（八六九）年、平安京で疫病が流行したとき、この祇園の神を迎えて祭ったのが由来だとする。その後、前田利家が入城した際、城下の鎮護厄除け、疫病除けの祈願を命じられたとある。藩政時代は毎年六月に京都の祇園祭と同様に、祇園会を行い、賑わったとある。
このようにこの北陸道でも、佐渡沖の根の国・底の国から道を伝ってやって来る疫神の痕跡が、この牛頭天王社の記憶を通して、残されていたのである。

注

（1）『新訂増補国史大系　延喜式（中篇）』吉川弘文館、一九七二、四四三頁。
（2）「祇園牛頭天王御縁起」『京都大学藏　むろまちものがたり』第四巻、臨川書店、二〇〇一、三六九〜三七六頁。

(3) 秋元吉郎校注『風土記』岩波書店、一九五八、四八八～四九〇頁。
(4) 「因幡怪談集」、堤邦彦・杉本好伸編『近世民間異聞怪談集成』国書刊行会、二〇〇三年、四九七頁。
(5) 佐々木高弘『都市空間における神話的特性の変容過程に関する歴史地理学的研究』（平成二三～二六年度科学研究費補助金　基盤研究（C）研究成果報告書）二〇一五、一九五頁。
(6) 中林保「因幡国」、藤岡謙二郎編『古代日本の交通路Ⅱ』大明堂、一九七八、二三～三三頁。
(7) 注3、四八八～四九〇頁。
(8) 『新訂増補国史大系第八巻　釋日本紀』吉川弘文館、一九三二、一〇五～一〇六頁。
(9) 『新訂増補国史大系　日本書紀　後編』吉川弘文館、一九八四、二二四頁。
(10) 豊田八千代『萬葉地理考』有明書房、一九八三、二四四頁。
(11) 「西播怪談実記」堤邦彦・杉本好伸編『近世民間異聞怪談集成』国書刊行会、二〇〇三年、三九七～四五九頁。解題は、一〇七三～一〇七四頁。
(12) 佐用町史編さん委員会編『佐用町史　上巻』佐用町、一九七五、六三二頁。
(13) 小栗栖健治・埴岡真弓編『播磨の妖怪たち―「西播怪談実記」の世界』神戸新聞総合出版センター、二〇〇一年。
(14) 鳥取県編・発『鳥取県史　第1巻　原始古代』一九七二、一六頁。
(15) 中林保『因幡・伯耆　城下町の系譜と江戸の旅』綜合印刷出版、二〇〇七。
(16) 注3、二九四～二九五頁。佐比岡の現代語訳は、中村啓信監修・訳注『風土記　上』角川書店、二〇一五、四四四～四四五頁。
(17) 鬼塚久美子「古代の宮都・国府における祭祀の場―境界性との関連について―」人文地理四七―一、

一九九五、一～二〇頁。
(18) 姫路市史編集専門委員会編『姫路市史　第三巻』姫路市、一九九一、五七頁。
(19) 小松尚史「『西播怪談実記』の一覧表と分布図」、注5、二〇一～二一〇頁。
(20) 『絵本集艸』『土佐化物絵本』『新先生一代記』については、高松恵「描かれた不思議なお話（1）～（22）」『土佐の民話』三六二～三八三号、土佐民話の会、二〇〇一～二〇〇三を参照した。これらすべての話の一覧表と分布図は、注5、二二二～二五一頁を参照。
(21) 高知県立歴史民俗資料館編・発行『あの世・妖怪・陰陽師―異界万華鏡・高知編』二〇〇三、五二頁。
(22) 羽山久男「土佐国」、藤岡謙二郎編『古代日本の交通路Ⅲ』大明堂、一九七八、一七九～一九〇頁。図の道よりも西にあったと想定する研究もある（鳥方洸一企画・編集『地図でみる西日本の古代―律令制下の陸海交通・条里・史跡』（日本大学文理学部叢書）平凡社、二〇〇九、一七四～一七五頁）。
(23) いざなぎ流については、小松和彦『いざなぎ流の研究』角川学芸出版、二〇一一。
(24) 高松恵「描かれた不思議なお話（17）」『土佐の民話』三七八号、土佐民話の会、二〇〇三、二～六頁。
(25) 高松恵「描かれた不思議なお話（8）」『土佐の民話』三七〇号、土佐民話の会、二〇〇二、四～五頁。
(26) 「聖城怪談録」、石川県図書館協会発行『大聖寺藩史談』一九七一、六〇～一〇六頁。
(27) 小林健太郎「加賀国」、注6、一八四～一九六頁。
(28) 佐々木高弘「城下町と妖怪」『かが風土記』加賀市、二〇一三、二七～九〇頁。

（29）鈴木雅子『『咄随筆』本文とその研究』風間書房、一九九五、一〜三頁。
（30）金沢城下町絵図に見る『咄随筆』『続咄随筆』の分布および伝承の一覧表については、栗村隆太郎「『咄随筆』『続咄随筆』の特性」、注5、三三四〜三六四頁を参照。
（31）注27、一八四〜一九六頁。図の上中央の37・56を北上したとする説もある（鳥方洸一企画・編集『地図でみる東日本の古代―律令制下の陸海交通・条里・史跡』（日本大学文理学部叢書）平凡社、二〇一二、二五一頁）。

8　ミステリアスな身体感覚

長年にわたって、知らず知らずに染みついたような身体感覚が、私たち日本人にはあるように思えてならない。それは私たち日本人特有の、所作のようなものなのかもしれない。そう思いたくなるような、ミステリアスな身体感覚が私たちにはある。

ウチとソト

わたしたち人類は、本来切れ目のない地球上の空間を、人工的に区画し、自らを中心とした秩序世界を創出しようとする癖がある。

ただしそれは、当初は自らの身体と接した空間のみであった。ところが人類の想像力はすばらしい。見たこともない遠くにある空間ですら、区分けし秩序づけるようになるからだ。しかも個人だけでなく、集団の身体として。

その一つがウチとソトの空間区分だろう。たとえば、ウチは自身が居住する区画の内部で、ソトはそれ以外の空間ということになる。それが秩序づけられると、ウチは安心できる空間であるが、ソトは不安な空間という価値付けが行われる。

長年日本の中心であった京都という集団で言えば、洛中と洛外だろうか。日本人で言えば、国内と国外ということになろうか。

平安時代の日本の最大のウチとソトの境界は、『延喜式』によると「東は陸奥、西は五島列島、南は土佐、北は佐渡」だと認識されていた。

最小は山城国、あるいは平安京、大内裏、内裏、清涼殿そして…、となろうか。このように幾重にもウチとソトは設定されることになる。そしてそれは、個人的なようで集団的なのだ。

さてそのソトは不安な世界であり、したがってそこには荒ぶる物たちがいると想定され、境界をしっかりと守っておかなければいずれ侵入してくる、と私たちの祖先は考えた。

その侵入者とは、鬼を代表とする、妖怪たちだったのである。

ウチなる空間には、幾重にも境界を設定してはいるのだが、どうしても出入り口が必要となる。そこから鬼が侵入する可能性が想定されるわけだ。

私たちの身体で言えば、皮膚や体毛が境界になるのだが、口や鼻から食べ物や酸素を取り入れなければ生きていけない。しかしそこに、荒ぶる物たちが侵入する隙が生じることになる。

平安京で言えば、すべての街道が集まる羅城門、そして大内裏の朱雀門、内裏の建礼門がそうなる。これまで述べてきたように、これら門に、数多くの鬼出没の伝承があるのが、その証拠である。

もうおわかりだろう。鬼たちが目指したのは、日本の象徴である天皇であった。象徴であるがゆえに、その身体はおのずから私たち自身のそれでもあった。そのような象徴的身体が、平安京の内裏にあったのである。

宴の松原での怪異

その内裏の近くで、頻繁に怪異が目撃される場所があった。宴の松原である。

図1の大内裏の図を見てほしい。内裏の西になぜかある空き地が、宴の松原である。この大内裏の図を見ると、様々な建物が見事に左右対称に配置されているのに、なぜここだけが空いているのだろう、と思わざるをえない。

左右対称という意味では、宴の松原は内裏と対称の位置にある。そのことからか、ここに第二の内裏を作る計画があったのではないか、とする憶測もある。

あるいは、伊勢神宮などの大きな神社のように、何年かの間隔で遷宮を考えていたのかもしれない。

そして興味深いのは、この宴の松原に、内裏と同じ

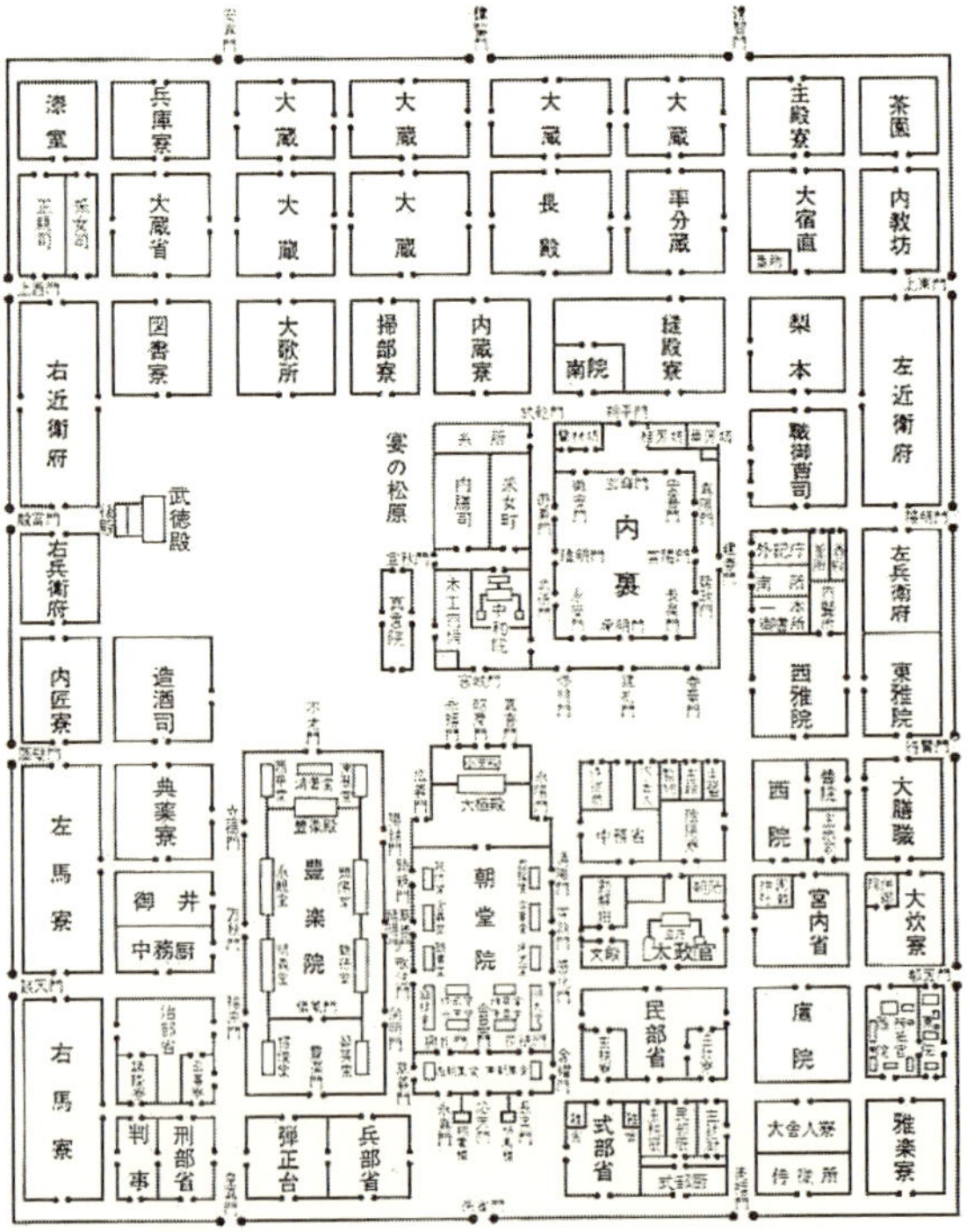

図1　大内裏の図に見る内裏・宴の松原・朱雀門（京都市編『京都の歴史　第一巻』京都市史編さん所、1970、271頁より）。

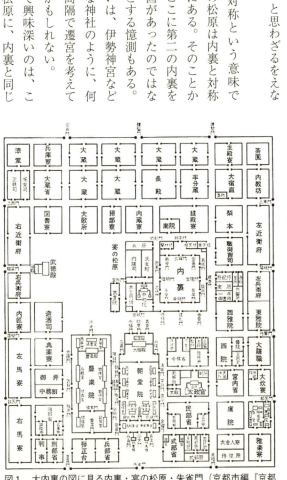

数ほどの怪異伝承が残されている点だ。

平安時代の藤原道長の栄華を語る『大鏡』に、つぎのような話が残されている。

それは花山天皇の頃（九八四～九八五年）の五月下旬の雨が降りしきる気味悪い晩のこと、寂しさを感じられた天皇が、清涼殿の殿上の間においでになって、殿上人たちとお遊びになられたときのことである。天皇は殿上人たちに、こんな気味悪そうな晩に、人気のないところに一人で行ける者などいるだろうか、とお尋ねになった。殿上人たちは、誰もそんなところに行くことはできません、と答えたところ、道長のみが、どこへでも行きましょうと答える。すると天皇は次のように言った。「それはじつにおもしろいことだ。それなら行け。道隆は豊楽院、道兼は仁寿殿の塗籠、道長は大極殿へ行け」と。丑の刻に道長は平然と清涼殿を出て大極殿へと向かう。ところが豊楽院へ向かう道隆は宴の松原から、なんともえたいの知れない、いろいろな声が聞こえてきたことから逃げ帰っている(1)。

『今昔物語集』「巻第二十七第八」にも、光孝天皇の時代（八八四～八八六年）の、つぎのような話が残っている。

今は昔、小松天皇（光孝天皇）の御代、武徳殿の松原を若い女が三人連れ立って内裏の方へ歩いていた。八月十七日の夜のことで、月が非常に明るい。すると、松の木の下から一人の男が出て来た。通り過ぎようとする女の一人を引き止め、松の木陰で手を取って何やら話しはじめた。あとの二人の女は、すぐに話が済んでもどってくるだろうと、立ち止まって待っていたが、なかなかやってこない。話し声も聞こえなくなったので、どうしたのだろうと怪しく思い、そばまで行って見ると、女も男もいなかった。いったい、どこに行ったのだろうと思いながら、よく見ると、女の手と足だけがばらばらに落ちていた。これを見た二人の女は仰天して逃げ出し、衛門府の詰所に走り込み、詰所にいた者に次第を告げると、詰所の者たちも驚いて、その場所に行って見た。すると、死骸らしいものはまったく見当たらず、ただ、手と足だけが残っていた。それを聞いて人々が集まって来て、大騒ぎになった。そして、「これは鬼が人に化けてこの女を食ってしまったのだ」と言い合った。されば、女はこのような人気のない場所で見知らぬ男に呼び止められた場合、気を許して行くようなことがあってはならぬものだ。よくよく気をつけるべきことだ、とこう語り伝えているということだ。(2)

武徳殿とは、大内裏の図（図1）を見ると、宴の松原という空いた空間の一番西にある。であるなら、この空いた空間には、広く松原があったことになる。

この『今昔物語集』には、その他にも播磨安高という近衛舎人が、宴の松原を歩いていて美女に化けた狐にだまされそうになった話（巻第二十七第三十八）(3)、あるいは豊楽院

図2　宴の松原跡地の碑（佐々木撮影）

の北の野（つまり宴の松原）で光る物を鏑矢で射ぬいたところ、その男は数日高熱を出して寝込んだ、などの怪異伝承が残されている（巻第二十七第三十三）[4]。

『太平記』「雲景未来記の事」

この大内裏は平安末期にはすたれ、内裏も安貞元年（一二二七）四月の焼失以後再建されなかった。そして宴の松原のあった一帯を、いつしか人々は内野と呼ぶようになる。

さてその内裏、大内裏がなくなった後の内野で、もっとミステリアスな事件が起こった。『太平記』「雲景未来記の事」につぎのようにある。

出羽国の羽黒山に雲景という山伏がいた。この山伏が諸国修行を終え、都に上り、今熊野神社に居住して名所旧跡を訪ね歩いていた。貞和五年（一三四九）六月二〇日の事だった。嵯峨野の天龍寺を訪れようと、かつて大内裏のあった辺りを歩いていると、六十歳位の山伏が「そなたはどこへ行くのだ」と声をかけてきた。天龍寺に行く旨答えると、もっとすばらしい霊地があると言って、愛宕山に連れて行かれた。まことに仏閣が立派で身の毛がよだつ程だった。このままここで修行をしたいと思っていると、例の山伏が「ここまで来た想い出に、聖なる秘所を見せてさしあげよう」と言って、今度は本堂の後にある座主の坊（月輪寺）へと雲景を誘う。そこへ行ってみると、多くの貴僧・高僧が座っている。なかには衣冠束帯に、笏を持っている人もいる。恐ろしくなって、板張りの縁でうずくまって中を見ると、さらに御座を二畳敷きに重ね、その上に大いなる金の鳶の翼を広げて着座している人がいる。その右には、背丈が八尺くらいの大男が、大きな弓と矢を持って控えている。左の一座には、龍などの模様を刺繍した、天皇の礼服を着て、金の笏を持った人が居並んでいる。例の山伏に「どのようなお座敷ですか」と恐る恐る聞くと、山伏は言った。「上座なる金の鳶こそ、崇徳院におわします。そばの大男は為朝です。左の座におわしますは淳仁天皇、井上皇后、後鳥羽院、後醍醐院、彼らは悪魔王の棟梁なのです。その次の僧侶たちは、玄昉、真済、寛朝、慈恵、頼豪、仁海、尊雲等の高僧たちです。彼らは同じく大魔王となって、今ここに集まり天下を乱す相談をしているところです」と言った。そして雲景は、その座にいた一人の老山伏に問いかける。それはこれからの日本のことであった。その答えは詳細で乱世を予言する内容であった。雲景は案内してくれた山伏に「あの老山伏はどなたですか?」と聞くと、「彼が世間で人々が噂している愛宕山の太郎坊です」と答えた。山伏はなおも天下の争乱について問おうとすると、突然猛火が燃えさかり、座にいた人たちは七転八倒している。怖くなった山伏は門外へと走り出た。すると夢から覚めたかのように、大内裏の旧跡の大庭の椋の木の下で、正気を失ったまま立っていた。もう夕方であった。宿坊に帰って冷静に考えてみた。疑いなく天狗の世界を訪問していたのだ、と確信した雲景は、これは放っておけない、と自身が罰せられる覚悟で詳しく文書に起こし、貞和五年閏六月三日と書き付けて、帝へ上奏したのだった。(5)

もちろん本当にあったことだとは思わない。が、この事件があったとされる場所が面白い。

なぜなら、この雲景が山伏に声をかけられたのも、そして夢から目覚めたのも、宴の松原だからである。この男は、もうすでに野となった大内裏跡地で、何かに憑かれ、そしてこのような夢を見てしまったのだろうか。

そしてもう一つ選ばれた場所がある。愛宕山である。

『都名所図会』によると、愛宕山の本殿は阿太子山権現で、祭神は伊弉冉尊、火産霊尊、本地は将軍地蔵を垂迹としている。(6) つまり愛宕山は火の神であると同時に、神仏習合によって天台・真言両派の修験道場ともなり、天狗の住み処としても知られていたのであった。

またその地理的位置が山城国と丹波国の境界にあることから、愛宕山には内裏や大内裏、つまり平安京をソトから守る境界の神（塞神）としての性格もあった。

つまり幾重にも設定された境界の一つでもあったわけだ。したがって羅城門や朱雀門の鬼の存在理由と同じく、ここに天狗の国が設定されていたのである。

実は、平安京の北にはその他にも天狗の国があった。それが鞍馬山である。また鞍馬山のすぐ近くの貴船には鬼の国が想定されていた。

上・中・下の垂直三区分

ここで、もう一つの身体感覚を考える必要がある。それは上・中・下という空間区分である。

個人の身体をして言うのであれば、上は頭の周辺、中は首から腰まで、下は腰から足周辺であろうか。そして秩序世界に突入する。上はプラス、下はマイナス、中はプラスマイナスゼロ。

上の概念を果てしなく延ばせば、神の座す天界（日本神話では高天原）、下を延ばせば死者の地下世界（同じく根の国・底の国）、そして中は私たちの地上世界（同じく葦原中国）となる。

そうすると中がウチとなり、上・下がソトの世界となる。そして上には神が、下には死者が位置づけられるのであった。そしてその地下世界、「根の国・底の国」から鬼たちがやってくると考えられていた。

さらに私たちの身体を取り囲む空間は、前・後・左・右、東・西・南・北に区分されることになる。そしてこれらにも価値が付与された。

つまり私たちの中心から遠く離れた前・後・左・右、あるいは東・西・南・北の四方の果てに、最終的なソトの地下世界「根の国・底の国」があると。したがって理論的に、それは先にあげた「陸奥、五島列島、土佐、佐渡」の向こう、ということになろう。

しかし京都盆地という世界では、上がるとは北へ行くこと、下がるとは南へ行くことを意味するように、上と北がタッグを組むことになった。それは平安京の北に内裏があることと無縁ではないだろう。そして北極星信仰とも。つまり神の座す天界は、北と認識されたのである。

となると平安京の北の山々は、神々の天界に模されることになる。愛宕神社、鞍馬寺、貴船神社などがそうであろう。

ところが日本人の価値観はそう単純ではない。神々は私たちを無条件に守ってくれるわけではなく、罪を犯したり汚れた私たちを罰することもあるのだ。上は天界といっても、やはり私たちにとってはとって不安なソトの世界なのだ。それが先の『太平記』にあった崇徳院が天狗と化し、天下を乱す

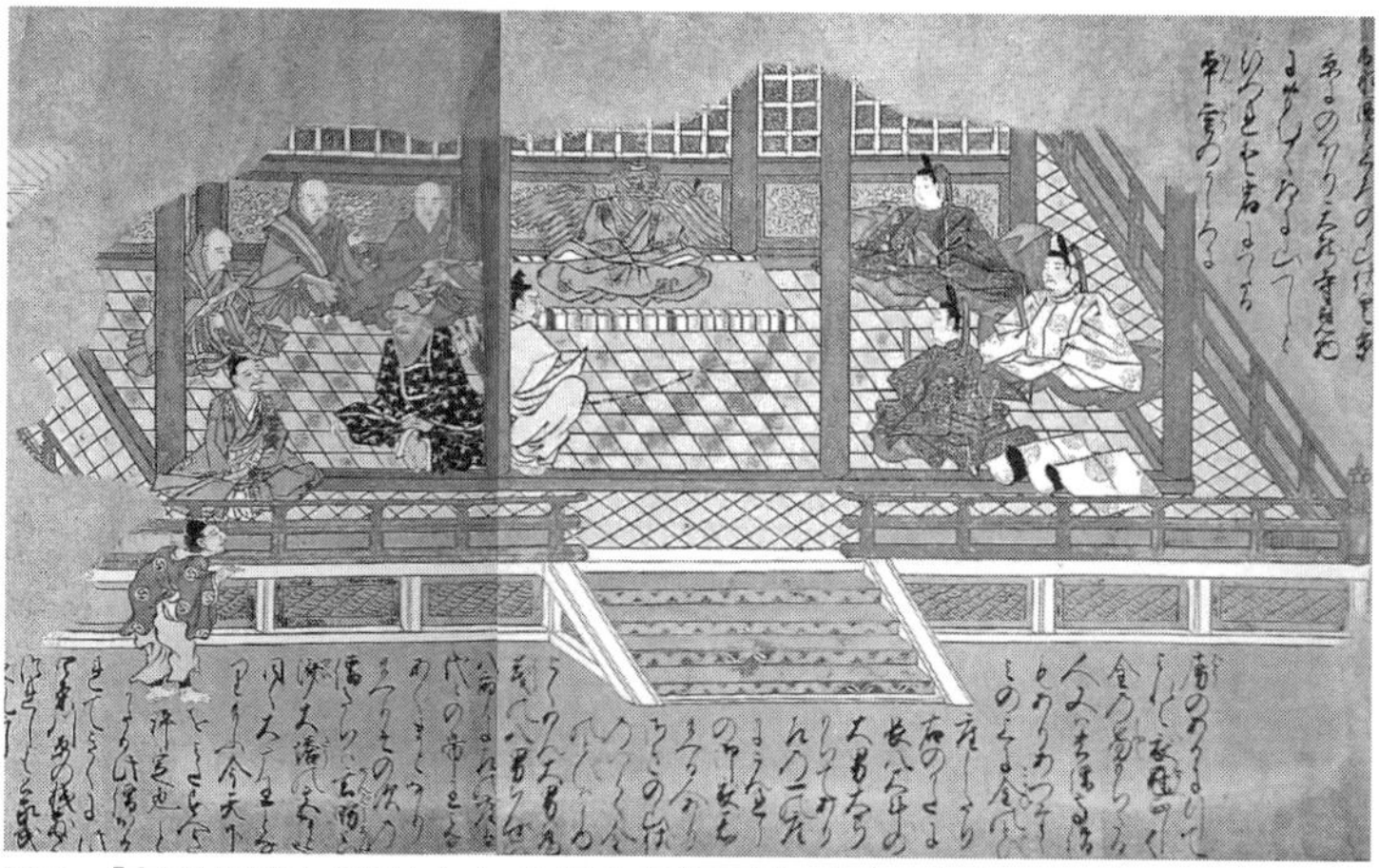

図3　『太平記絵巻』に描かれた「雲景未来記の事」。中央に座すのが天狗となった崇徳院（埼玉県立博物館編・発『特別展図録　太平記絵巻の世界』、1996、61頁より）。

会合の場面（図3）に反映された。

崇徳院は、なぜ愛宕山で天狗となり怒っているのか。保元の乱である。その乱の中心にあったのが崇徳院であった。

崇徳院は元永二年（一一一九）、鳥羽天皇の第一皇子として誕生し五歳で即位する。ところが実は白河法皇の子だとの噂が流れ、父には疎んぜられる。詳しくは省略するが、その後も権力争いの中で、ことごとく失敗し、気づくと保元の乱（一一五七年）の首謀者となり、ここでも一夜にして敗北し、讃岐へと流されてしまう。

ここからがすごい。なんと生きながら怨霊となることを誓うのだ。

『保元物語』を見てみよう。

讃岐の幽閉生活で、戦死者の供養や反省の証に、自筆で五部の大乗経を三年で書写し、仁和寺の覚性法親王（弟）に「来世で正しい悟りを得るために都に近い寺に置いて欲しい」と頼む。

ところが後白河法皇（弟）は許さなかった。それを聞いた崇徳院は怒った。

『保元物語』には次のようにある。

> 「われ深き罪に行われ、愁鬱浅からず。速やかにこの功徳をもって、かの科を救はんと思う莫大の行業を、しかしながら五部の大乗経を三悪道（地獄道、餓鬼道、畜生道）になげこみ、その力をもって、日本国の大悪魔となり、皇を取って民となし、民を皇となさん」とて、御舌のさきをくい切って、流れる血をもって、大乗経の奥に、御誓状を書きつけた。「願わくは、上梵天帝釈、下堅牢地神にいたるまで、この誓約に合力し給えや」と、海底に入れさせ給いける。[7]

その後は髪も剃らず、爪も切らず生きたまま天狗の姿になったとされる。

そして長寛二年（一一六四）八月二十六日に四六歳で崩御し、香川県の白峯に運び御遺体を焼くと煙は都を指してたなびいた。

その後、崇徳院の「皇を取って民となし、民を皇となさん」との誓い通り、天皇の政権が武士にとって代わられる。源平の世、そして北条の鎌倉、後醍醐と足利の南北朝、足利の室町、戦国時代を経て徳川の江戸、とほとんどが武士の政権であった。

ところがついに、その武士の政権が天皇に返還される時がやってきた。幕末の大政奉還である。

しかし天皇家は忘れていなかった。あの「日本国の大悪魔となり、皇を取って民となし、民を皇となさん」との崇徳院の呪いを。

すでに近代と呼んでいい時代であったが、明治天皇は一八六八年、先の崇徳院の怒りを鎮めるために、院の御霊を京都に呼び戻す決断をする。その社が、今の白峯神宮なのである。

白峯神宮と北野天満宮

さて、その白峯神宮の置かれた場所が、さらに興味深い。このことを理解するには、図4を見るのが一番早いだろう。

その場所は、大内裏を中心に、菅原道真を祀る北野天満宮と左右対称の位置にある。このことは何を意味するのだろう。それは、もうすでに大内裏も内裏もないにも関わらず、このかつての象徴的身体が、中心地として明治によみがえったことを意味するのだ。その重要性をもう少し説明してみよう。

つまりこうである。大内裏の西北にある大将軍社（現在は大将軍八社）は、由緒によると桓武天皇が平安遷都の際に、王城守護のためにここに配置したとされる。つまり純粋に大内裏を守るための施設なのである。

それに対してそのさらに北に位置する北野天満宮は、よく知られているとおり、政争に巻き込まれ流され、太宰府で延喜三年（九〇三）に亡くなった菅原道真を祀っている。彼が死後その怒りから、次々と天皇の周辺で怪異を引き起こしたことは、様々な史料にも記されている。

そして北野天満宮は、天徳三年（九五九）には、その姿をととのえたとされる。つまり北野天満

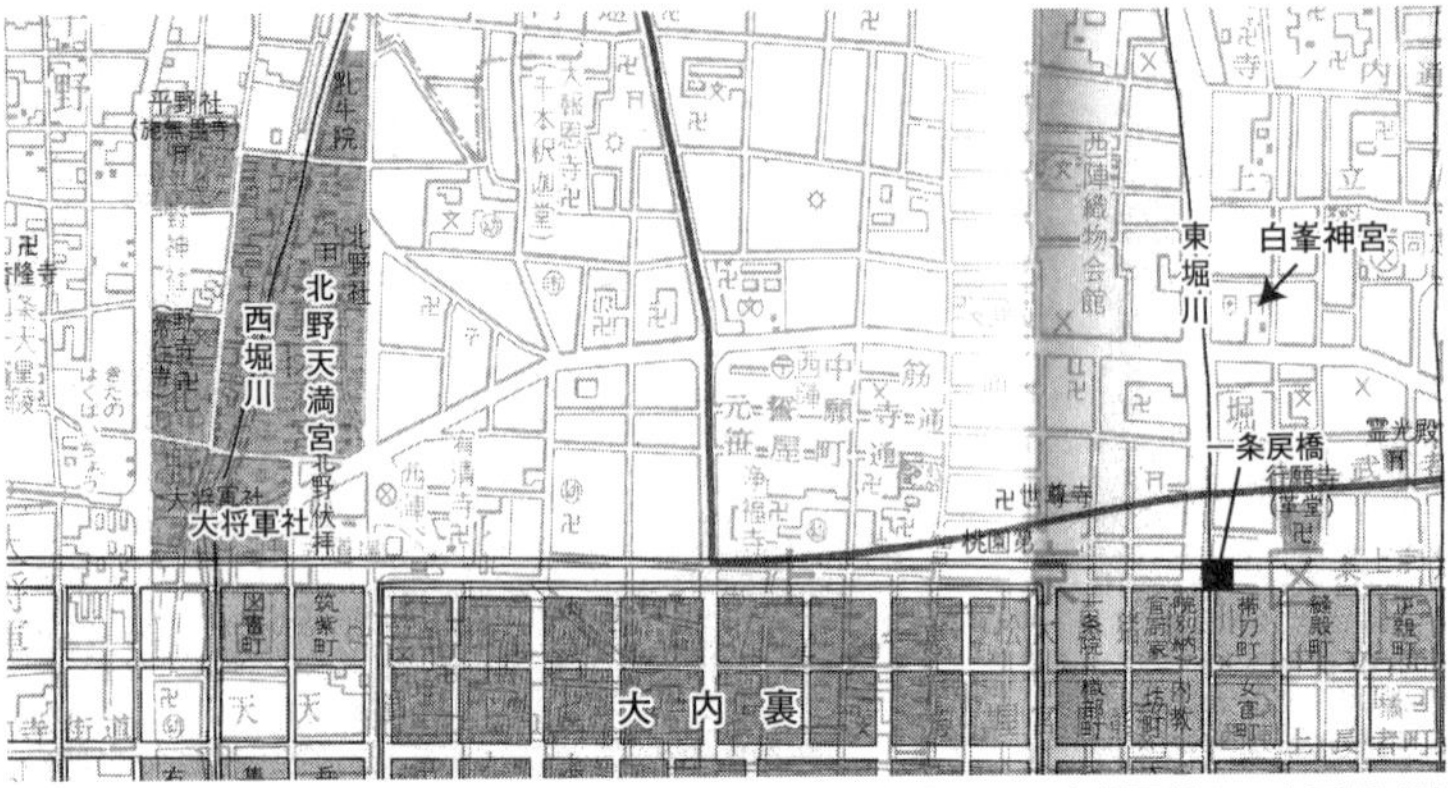

図４　大内裏の左右対称に位置する白峯神宮と北野天満宮そして大将軍社と一条戻橋（林家辰三郎編『京都の歴史１』京都市史編さん所、1970、付図に佐々木加筆）。

宮は、菅原道真の死後、約五十年経って、その怨霊を鎮めるために建てられた施設なのである。

つぎに大内裏の東北を見てみよう。大将軍社と対称に位置しているのは、一条戻橋である。一条戻橋には、やはり鬼たちにまつわる伝承があまたある。

その伝承は、安倍晴明や源頼光にまつわるもので、この両者の居宅もこの橋の近くにあったとされる。が、それはあくまでも伝承で確かな証拠はない。しかし天皇を守護する人たちがここにいた、との伝承は、この場所が鬼の侵入する場所であったことを示している。

彼らが活躍したのは、一〇～一一世紀の平安中期である。彼らも純粋に、大内裏を守護する人たちであった。

そしてこの白峯神宮である。もう説明は必要あるまい。崇徳院は一一六四年に亡くなっている。であるのに、この平安京の北に戻されたのが、一八六八年なのだ。なんとおよそ七百年後のことであった。

この白峯神宮と北野天満宮の位置は、単なる偶然だ、と言う人もいる。確かにそうかもしれない。だからこそ、何かミステリアスな力が働いている、としか思えないのだ。あの雲景にも作動したような力が。

なぜこれらの場所なのか、それはこれまで述べてきた、平安京のミステリアスな身体感覚でしか説明できまい。

もう少し、この図4を見てみよう。そこで気づくのは、これら両施設に添って流れている川がある点である。これは平安京では東堀川、西堀川と呼ばれる、都市プランニングの際に計画的に掘削された堀川である。

これら水は、どこから流れてくるのか。東堀川は、貴船、鞍馬から流れてくる。西堀川は愛宕山、あるいは長坂というところから流れてくる。長坂はあの、一条大路をパレードした、百鬼夜行が住み処とした場所である（6章図4を参照）。

つまり北の聖なる山から流れてくる川の水が、平安京へと入ってくる場所なのだ。そこに怒れる神々が混入する可能性がある。これらはウチとソトの身体感覚で指摘した通りである。

さらにそこに北と上のタッグが加わり、大内裏の身体感覚が作動し始める。その身体感覚は、中心を今の御所へ移動した後も機能した。

それが『太平記』の「雲景未来記の事」の出来事であった。そこではすでに、讃岐に流されたはずの崇徳院が愛宕山に帰還していた。もちろん菅原道真はすでに帰っている。そしてなんと近代に至って、このミステリアスな身体感覚が作動したのであった。

それは政権が武家から天皇家へ返されるというタイミングで。おそらく乱世になって、再び祟りという恐怖の身体感覚が、突如動き出したに違いない。

私は、この平安京のミステリアスな身体感覚を、単なる怪異や恐怖に基づく、マイナスのものとは考えていない。

なぜなら、冷静に見てみると、この平安京の身体感覚は、周辺の山や川、天候などのあらゆる自然世界をよく見極め、その上に人間の創り出した、天界や地下世界などの空想世界をも織り交ぜ、人の身体と精神、そして周囲の自然とが一体となった世界を創出しているからである。

そしてこの平安京の身体感覚こそが、人と人、身体と精神、人類と自然、民族と民族とが切れ切れになってしまった今の世界に、必要とされる一体感のように思えてならないからである。

それはラカン流に言えば、他者のディスクールでもあり、本書の言うところの、平安京のディスクールとすることもできよう。あるいはスリフトの言う私たちの意識を超えた「何らかの流れ」だとも。そして自然と文化を一体化する、一元論をも含意していると。

風土と語り

このような、私たちのミステリアスな身体感覚は、ひとり平安京だけのものではない。

村落社会にも、この身体の記憶は残されている。

一例をあげよう。しかしその前に少し語りたい。

ここまで述べてきたように、誰かひとりの語りは、その個人の身体にだけに終始するものではない。むしろその一身体から解放されるべきなのである。そのような見解は、構造主義でも、ポスト構造主義でも、あるいは精神分析でも認めてきたところであろう。わが地理学も、そもそもそういう立場の学問である、と私は思っている。

つまり、あの名古屋城下町の少年の語りには、壮大な背景がある、そう私は言いたいのである。その根拠は、ある個人の語りを、フォークロアとして見る視点と、その語りを地理学的に見ようとする、本書の眼差しから明らかになるであろう。そのことは、もう少しあとで語ることとして、まずは具体的な伝承と地域から始めよう。

ある個人が、夢で見たり、現実で体験したとする奇妙な出来事の語りも、地理学的に見れば、それはここまで述べてきたように、地域の様々な事象、つまり自然・人文の二元論を越えた関係性の中で成立したことになる。

江戸時代における、徳島県吉野川流域の藍作は有名であるが、それはまさに、そこに住む人間の自然環境への適応戦略だった。

あばれ川として知られる吉野川の生み出す洪水は、主に台風の季節にやってくる。このタイミングは、稲作を生業とした場合、収穫前に当たるため、生育した稲穂は壊滅状態となる。

とはいえ、そのような大河川は、流域に肥沃な土壌をもたらす。がゆえに地域の支配者としては、この条件は生かしたい。だから築堤も避けたい。

これら問題を解決するには、台風前に刈り入れが行われ、特に肥沃な土壌を必要とし、他地域では生育しにくい、特徴的な作物があればいい。それが藍だった。

この地域の藍作の選択は、当時の日本の農村社会としては、ある種特殊な社会形態を生みだした。この地の藍は、肥沃な土壌に恵まれているとはいえ、さらなる肥料を要求する。したがって藍作への参入には、お金がかかった。

その上、収穫した藍の葉の価格は、変動が激しい。結果、農業経営は投機的となりがちで、没落する農家を多く生み出した。

このように吉野川流域の藍作地帯は、早くからいわば貨幣経済的色合いの濃い、「阿波型経営」と呼ばれる特殊な農村社会を形成する。

図5　徳島県石井町の藍畑と藍屋敷（佐々木撮影）

このような社会では、資本を持たない一般農家の藍作への参入は難しく、肥料の前借りを裕福な大藍師にせざるを得なかった。そこで阿波藩は藍作農家に対する肥料購入代の貸付など、小農保護政策を打ち出し、藍作を奨励した。

結果、吉野川流域のほとんどが藍作地帯になる。

しかしながら、藩の政策が徐々に大藍師に傾倒し始めると、大藍師による零細藍作人の支配という潜在的社会構造が、藍作地帯の基本的社会関係となって表面化していった。

このような藍作文化は、地域の景観にも写し出された。流域は藍作一辺倒の農村景観となり、肥沃な低地には藍と零細藍作農家が、洪水を回避できる高台には、大藍師の巨大な藍蔵が聳えた（図5）。そして大藍師による、没落農民の土地の集地化がはじまる。

首切れ馬という妖怪が、このような風土のなかで育まれた。この地域で首切れ馬と呼ばれる妖怪は、首が切れて無くなったのに走る馬の妖怪で、この藍作景観の中を夜中に疾走する。

人々はこの妖怪に出会うことを恐れ、夜の外出時には護符を身につけ、暗闇から馬が走るときに鳴らす鈴の音が聞えてくると、道端に伏せ絶対に見ないようにした。

伝承の大半は、人々が夜中に歩いていて、たまたまこの妖怪の走る音を聞いたという遭遇譚で、そのほとんどが場所を明確に伝えている。

古地図によって復原された景観と伝承

伝承された場所の事例を数多く集めて、古地図におとしていくと、興味深い事実が浮かび上がってくる。

一つは、大藍師の藍蔵が建っている場所、もう一つは、洪水の被害に関わる場所であること。さらに、大字や小字の境界を、この妖怪が走る点。しかもそれは、ある特定の方位を示していること、などである。

そしてこれらの特徴点は、どの事例においても複合的に重なり合う。ただしこれらの特徴は、現在の語り手が意識して言うのではない。語り手が意識しているのは、むしろ地蔵や祠、寺や墓地である。これらはいかにも妖怪が出そうな場所、ということとなのだろう。

先の藍蔵や洪水、大字や小字の境界といった諸特徴は、古地図に照らし合わせて初めて知ることができる（図6）。

なぜなら現在の語り手は、もはや藍作をする家ではないし、強大な堤防があり洪水も経験していない。また、かつてあった大字や小字の存在自体を、知らないからである。

なかには、馬の首が切れた理由を語る伝承もある。

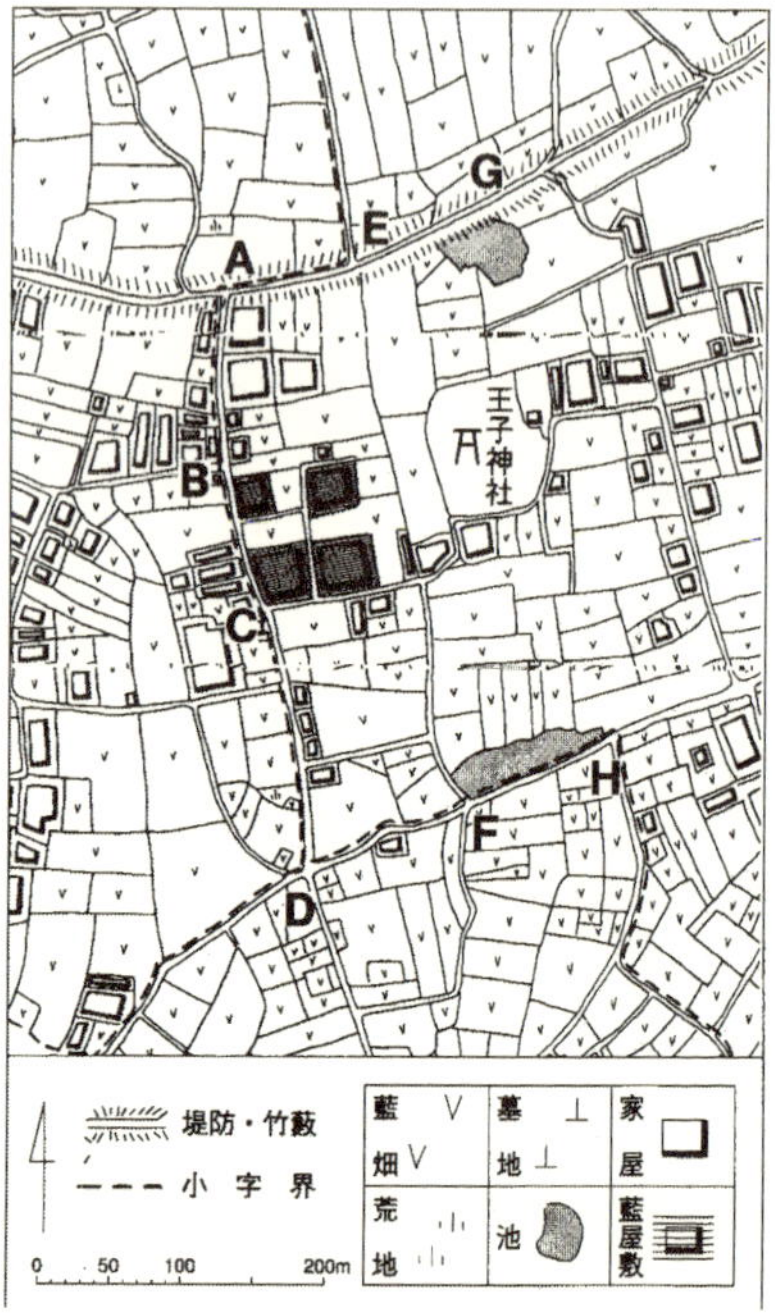

図6　首切れ馬が走ると伝承される場所には、藍商・洪水・条里地割のある景観がある（佐々木高弘『怪異の風景学』古今書院、2009、202頁より）。

板野町では、どうも大藍師の家の相続争いが原因で、兄弟が最後の財産、馬までを取り合い、譲り合えず、首と胴とに切断する。そしてその晩から、首切れ馬が藍畑を疾駆する。

その範囲は広かった。そのため、かなりの地域の藍作人たちを恐怖におとしいれる。この広い地域を取り巻く恐怖とは、一体何を隠喩しているのだろう。

風土とは、自然や人文など様々な要素が渾然一体に結合した、地域独特の様態を言う。様々な要素が密接に連関し、みごとな環をなし繋がりあっている。しかし何らかの要因で、そのみごとな環も切れることがある。

十八世紀後半は、そのような出来事が各地で起こったようだが、ここでもあった。

零細藍作人たちの、藩の藍政策に対する不満が爆発し一揆が起こる。その時の藍作人たちの憤懣は、一揆の廻文で今も知ることが出きる。そこには藍にかけられた税の高さ、そのうえ凶作が重なり妻子、牛馬まで養えない、とある。その一方で、大藍師は財産相続に際し、馬の首を切断している。

おそらくこの切断という象徴的行為は、色々な意味を含んでいる。総合すれば、あのみごとな風土の環の切断を意味する。それを大藍師の側が行った。

首切れ馬の広範囲にわたる藍畑地域の疾走は、明らかにこの風土の欠損を高らかに触れ回っている。この妖怪は、先の一揆の廻文が届けられた地域を、ほぼ同じ時期に、なぞるように逆走しているからだ。

一揆の廻文は、石井町から板野町へ廻った。首切れ馬は、板野町から石井町へと走るのだ。

実際この時期、大藍師への借金で、藍作人たちは多くの土地や財産を失っていく。ある大藍師の残した史料によると、この時期の総収入の七〇パーセント以上が質・貸で占められていたという。彼らはもはや大藍師ではなく、大質・貸屋だったのだ。

つまりこの流域で切断されたのは、藍作人たちでもあったのだ。彼らは、この大変な時代に対応しようとした。それは、この環の欠損部分を埋めようとする作業である。それが首切れ馬を語ることだったのだ。

記憶する様々なアクターたち

妖怪は実在しない。であるなら、語られた実在の場所は、誰が選び出したのか。

それは、この妖怪の伝承者である藍作人たちである。彼らが選択した場所は先に述べた。大藍師の藍蔵、洪水に関係する場所、そして字界である。

これら伝承は、ただ首切れ馬の走る場所を語るだけの話が多い。多くの場合、物語は欠如している。つまり彼らの伝えるべきメッセージは、場所にあったのだ。

ある伝承では、かつて阿波藩の財政を左右したとされる大藍師の屋号のついた道を、首切れ馬が走る。その道沿いには大藍師の藍蔵が建っていたことが、古地図から明らかになる（図6）。そして小字の境であることも。

ただこの場所は、洪水を経験していない。なぜなら大藍師が住む高台だからだ。その代わり、周辺は洪水を経験している。洪水の跡は古地図の地割を見れば分かる。地割が乱れていれば、そこは洪水を経験した場所なのだ。

先に少し触れたが、同じ字界でも首切れ馬は、ある方位のみを選んで走る。もちろん選択したのは伝承者である。正確にいえば伝承者の先祖たちが、である。

先にも述べたように、今の伝承者たちは、字界すら意識していないのだから、方位はなおさらである。これも古地図に、妖怪の走る場所をおとして、初めて分かったことである。

その走る方位が、あるものと、ことごとく一致することを知って私は驚いた。その方位とは、古代の条里地割施行時に、計画的に設定されたものであった。

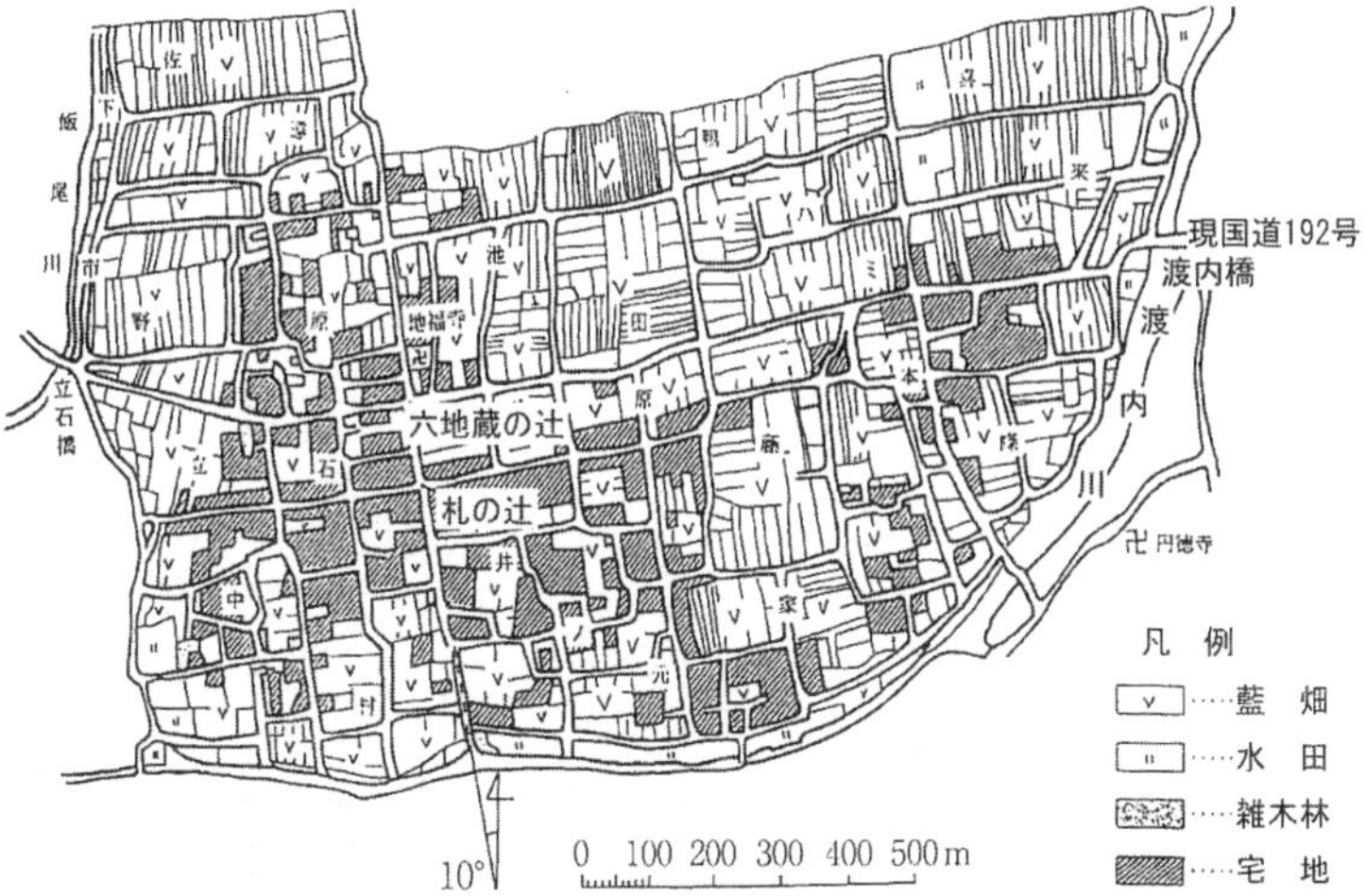

図7　明治初期旧石井村の景観復原図。条里地割が正南北から西に10度傾斜しているのが分かる。この地域では六地蔵の辻や札の辻、あるいは村の西境を首切れ馬が走ったと伝承している。特に村の西境に家を建てると良くないことが起こると言われている（佐々木高弘『民話の地理学』古今書院、2003、131頁より）。

この地域の条里地割は、正南北から一〇度西に傾斜する（図7）。

特に吉野川北岸は、この条里地割が整然と残っている。が、南岸は度々の洪水で、そのほとんどが崩壊している。残っている箇所は、所々に断片があるのみだ。

首切れ馬はそこを走る。であるならこの妖怪は、古代からの土地情報を私たちに伝えていたことになる。私が驚いた理由はここにあったのだ。

この妖怪は、この地に住む人たちに、何を伝えようとしたのだろう。これらの場所の特徴を総合して考えてみると、おそらく次のようなことが言える。

一つは大藍師の問題である。先に大藍師が、この地の風土を損う原因を作ったと言った。まずはそれを指し示している。

次に洪水に関連した場所である。吉野川

図８　辻右衛門大権現の祠とマメツゲ（佐々木撮影）。辻右衛門は、この場所に住んでいたオカヨが首切れ馬に襲われるところを助けた武士で、その感謝の印として祀られている。後ろに見えているのがマメツゲである。そしてここは字界でもある。ここでもこの道沿いに家を建てると不幸になると言われている。

流域の特に南岸は激しかった。洪水が起こる度に、土地区画は崩壊する。洪水後の土地区画修復は、人々の財産に関わる。人々はこのことに苦労した。

彼らは土地争いを回避するために、土地に深く根を張るマメツゲを境界に植えた（図８）。洪水後に土砂を取り除けば、この根が出てくる。そこがかつての境界なのだ。

また、そのような場所は字界とも重なる。首切れ馬の走る場所は、字界でマメツゲが植わっていることが多い。そして藍蔵が建っているのだ。しかもその藍蔵が境界を侵犯していることがある。景観は風土を集約している。景観を研究する地理学者は、その背後に隠れている人々と文化、そして環境との奥深い関係を探ろうとする。この妖怪の走る場所のメッセージは、このことを伝えている。

その場所は、古代にまで遡るような土地の境界で、洪水の多発する吉野川の流域では、人々は古くからそれを維持する方法に苦慮したろう。その結果、維持できた場所は、同じ方位を指している。そして、そこに首切れ馬が走るのだ。

きっとこの妖怪が、この維持に一役買ったに違いない。そして大藍師が、藍作人の土地を集地化しはじめたとき、やはりこの妖怪が走った。数多くの伝承に、首切れ馬が走る場所に家を建てると不幸になる、との語りがつけ加えられるのは、このことを示唆している。

このように、村落社会の怪異伝承でも、現在の伝承者からしてみれば、江戸時代の記憶から古代の記憶まで、無意識的に語っていたことになる。

しかもこの伝承の特徴は、他の伝承と違って、同地域で多数の出現場所が語られる点にある。その理由は、この妖怪の出没地が、伝承者の居住地に接する形で語られることにあるだろう。つまり伝承者の数だけ出没地もある、ということになるわけだ。

このことが、この妖怪の出没地を、数多くしているのである。つまり、まさに伝承者の最も身近な身体感覚、居住地が機能していることになる。

それは先にも述べた、最も小さいウチとソトの部類に入るだろう。そしてそこにも、古代の条里地割が隠されていたのである。(8)

フーコーの、権力と知識の関係性をめぐる研究を、アクター・ネットワーク理論を通じて、ポスト構造主義地理学に応用しようと試みるマードックは、言説（ディスクール）は異種混淆の関係性からなる空間の、様々なモノの場所配置のネットワークのなかに、深く埋め込まれている、(9)と主張しているが、まさにこの妖怪のディスクールも、それを語る人々、洪水、藍、権力や経済力を示す建築物、宗教施設、それらを結ぶ交通路、境界などの、様々な異なる種類のアクターたちのネットワークのなかに、深く埋め込まれている、と言えるだろう。

注

（1）保坂弘司訳『大鏡』講談社、一九八一、四三四～四四〇頁。
（2）馬淵和夫他校注・訳『今昔物語集　四』小学館、一九七六、四〇～四二頁。
（3）同、一三二～一三四頁。
（4）同、一一六～一一八頁。
（5）山下宏明校注『太平記　四』（新潮日本古典集成二七）新潮社、一九八五、二三〇～二四三頁。
（6）『新修京都叢書　第六　都名所図会』臨川書店、一九六七、三六八頁。
（7）永積安明・島田勇雄校注『保元物語　平治物語』（日本古典文学大系31）岩波書店、一九七一、一八一頁。
（8）詳しくは佐々木高弘『民話の地理学』古今書院、二〇〇三、七一～一四〇頁を参照。
（9）Jonathan Murdoch, *Post-structuralist geography: a guide to relational space*（ジョナサン・マードック『ポスト構造主義地理学―関係性の空間へのガイド』邦訳未刊）, Sage, 2006, p.40.

9　クールジャパンの風景

人間の体がそとの物体によって触発されるどんなしかたでも、その観念は、人間の体の自然の性とともに、そとの物体の自然の性を伴うはずである。

スピノザ『エチカ』（一六七七年）

世界に受け入れられた『おくりびと』

ヒトという種は、その一生という漠とした時の流れの、これと思うところに杭を打ち、本来は自然に属する生の営みに、文化を持ち込んだ。

そのことによって、私たちの人生はいく刻《とき》かに分節化され、その結果生じたそれぞれのユニットは、所属する社会集団の時間・空間・組織に、それぞれ密接に関連づけられ、社会的意味を持つこととなる。

そして多くの場合、意味の異なるユニット間の節目を通過する際に、私たちはその社会的意味を意識化するために、特別な行為を行う。いわゆる通過儀礼である。

これももう一つの、ミステリアスな身体感覚、と言っていいだろう。

前章の感覚が、空間に関するものであったのに対して、この感覚は、時間に関するものと言っていいだろう。

多くの社会では、誕生から始まって、成人、結婚、死に至るまで、様々な通過儀礼を執り行う。映画『おくりびと』が描いたのは、その最後の儀礼に属する、納棺を職とする主人公が、その仕事を通して見た、現代日本社会の、「生と死」についてであった。

本映画の監督である、滝田洋二郎が言うところの、この「極めて日本的な映画」が、世界各国で受け入れられ、米国アカデミー賞外国語映画賞や、モントリオール世界映画祭グランプリなど、世界各地の映画賞を数多く受賞した。

一体この映画の何が、世界の人々の心をつかんだのであろう。

すべての生命に訪れる死、それ自体は自然現象で、私たちもいずれ必ず体験することになるが、その死に対して、どのように儀礼を行うのかは、社会によって異なる。

図1　DVD『おくりびと』の表紙（セディックインターナショナル／小学館、2008年）。

当該社会の構成員の死を、どのように認定するのか、死体をどのように処理するのか、生きている側の家族や社会はどのように儀礼に参与するのか、墓は、死後の儀礼は、死後の世界は、など、細々とした点は時代や文化によって様々な様相を呈する。

したがって死者儀礼には、当該社会の時代や文化の特性が表出することになる。

二〇〇八年九月の、日本国内での劇場公

開を前に、すでにモントリオール世界映画祭グランプリを獲得した『おくりびと』(図1)は、瞬く間に世界のあらゆる場所で受け入れられた。

米国アカデミー賞外国語映画賞をはじめ、中国やハワイ、オーストラリアなど、多様な文化圏で賞を獲得し、世界六〇ヶ国以上で上映されている。[1]

監督の滝田洋二郎は、モントリオール世界映画祭グランプリ受賞に際し、「極めて日本的な映画であるにも関わらず、まったく死生観の違う海外の方たちに認めていただき、受け入れていただけたことを心からうれしく思っています[2]」とコメントした。

クールジャパンへの世界の眼差し

本作品は納棺師の映画である。

納棺師とは、湯棺から納棺までを行う仕事を言う。その仕事とは、この映画が、企画されるきっかけとなった『納棺夫日記』に、「死体をアルコールで拭き、仏衣と称する白衣を着せ、髪や顔を整え、手を組んで数珠を持たせ、納棺するまでの一連の作業[3]」とある。かつてはこの作業を、どの社会でも死者の近親者が行っていたが、近年は病院や葬儀屋が行うことが多い。

『おくりびと』という、この映画のタイトルにあるように、つまりは死者を、この世からあの世へと「送り出す」、その手伝いをする仕事が、この映画の中心テーマなのである。

なぜこのような映画が、日本国内はもとより、世界でも受け入れられたのだろう。死というテーマは、確かに監督自身が言うように、「海外の方にも相通じる普遍的なテーマ[4]」である。しかし、生や死というテーマは、あまりにも普遍的で、それを描く映画は数多いだろうし、それだけでは、これほど世界の映画賞は取れまい。

それでは、普遍性とは逆に、監督が「極めて日本的な映画」と評した部分が、世界に広く受容された要因なのだろうか。それは一体、どの部分を指すのだろう。

ここで言う納棺師、という近親者の代行を勤める仕事自体は、近代産業化したどの先進諸国にもあるだろうし、歴史的に見れば日本においても、比較的新しい仕事であろう。つまりこの仕事は、日本古来の独特の職業ではない。

であるなら、「死生観の違い」、つまり日本的な死生観が、世界の脚光を浴びたのだろうか。はたして、その日本的な死生観が、現代、つまり広く近代西洋的世界観が浸透している、今日の日本社会を描く、この映画に写し出されていた、と言えるのだろうか。

実は近年、日本の大衆文化が、世界の注目を浴びている。いわゆるクールジャパンと呼ばれる現象である。それは、日本のマンガやアニメ、Ｊホラー、ゲームやコスプレなど、オタク文化と総称されるような、日本の大衆文化のことである。

これら大衆文化に対する、海外の人気があまりにも多大であるため、ともすれば、少し前までは、これら文化に批判的であった日本人でさえ、その重要性を改めて認めつつある。確かにこれら大衆文化は、今や私たちの誇るべき日本文化の一翼を担っている、と言ってもよい状況になりつつある。しかし、そもそもなぜこれら日本の大衆文化が、世界の人たちに受け入れられているのだろう。

私は、『おくりびと』の、世界での受容が、先にあげた、近年世界で生じている一連の日本文化の受容と、どこかでつながっているような気がしている。つまり、この『おくりびと』が世界で受容された要因は、納棺師という仕事にあるのでもなく、現代日本人の死生観にあるのでもない。

それは、現代の私たち日本人すら気づいていない、しかしながら、オタク文化とされるような、現代日本の様々な文化様態の、ある時は表層に現れ、多くはもっと奥底にあって支えている何か、にある。

むしろ単独の映画の表層のテーマや内容にではなく、これら一連の動向に通底する日本文化の深層にこそ、世界にあって、日本の大衆文化を求める受容者たちの、共感や関心があるように思えてならない。本書の扱う他者のディスクール、意識を超えた「何らかの流れ」なのだろうか。

『攻殻機動隊』への世界の関心

その世界の受容者たちは、日本の大衆文化に何を求めようとしているのだろう。そのヒントが4章「サイボーグの風景」で紹介した、『攻殻機動隊』に関する論文に隠されているように思える。記憶をたどってみよう。

この一連の作品を分析した、先の論文は、このサイボーグである女性の主人公の、実存的恐怖を取り上げた。それは有機体としての人間よりも、より無機的な機械に近いサイボーグが抱く、彼女自身の生命とは、生命の進化とは、あるいは、彼女のアイデンティティや身体、記憶はいったい誰のものなのか、に関する疑問であった。

そしてその分析の目は、犯罪者側の「人形使い」にも向けられた。

この「人形使い」と呼ばれる犯罪者は、実は公安自身が生み出したプログラムだが、サイバー空間の中で、いつの間にか魂（ゴースト）を持ち、生命体として振る舞い始める。

「AI（人工知能）ではない…私は情報の海のなかで生まれた生命体だ[5]」、「私はあらゆるネットを巡り「自分の存在」を知った[6]」とプログラムに言わせしめた、士郎正宗は、「…このシステムの総体が人形使いなのだ。一般に個人という概念はその人の脳ではなく体全体を対象としている。ゴーストとはここでは総体的肉体システムの状態（相と言えるかも）であって脳という容器に入っているエネルギーの塊ではない。（エネルギーでできた場かもしれないが）人形使いの言う「自分」とは一定の複雑さに達した情報集積体がシフトして生命と呼ばれる相をなしたと設定している[7]」と解説する。

この論文の著者は、これらの点に注目し、デカルト的な二元論、慣習的な二元論的対立、一般的で限定的な、世界を二つの極に分離して考える、西洋的な思考法（心と身体、理性と感情、人間と自然、有機体と無機物…など）を超越したところにある、スピノザ的な拡張された生命のテーマがあると見た。

つまり、有機体には生命があるが、無機物には無い、といった限定的な二分法を超えた生命観を、『攻殻機動隊』に見いだそうとしたのだった。

そしてその、生命観の根底にある思想の原点を、日本に古くからある、神道の教えにあるとし、あらゆるものに魂が宿る、と考えた神道の教えこそが、この『攻殻機動隊』の生命観を支えているのだと。

思考する脳、精神、魂、そしてそれらにつらなる躍動する身体。一方で、それら生命が旅立ち、抜け殻となって、人々が別物と考えるべき静止した死体としての身体。前者が清浄で、後者が穢れ、換言すれば、生が善で、死が悪、とする考えが、私たち現代日本人の死生観の大勢を占有している。この慣習化した生と死の境界線上に、一人の納棺師（小説では納棺夫）が、偶然にも自己の身体と精神を晒し、苦悩しつつ獲得した世界観らしきものが、小説[8]『納棺夫日記』、映画『おくりびと』の両者を支えている。

『納棺夫日記』の風景

主人公は職探しの過程で、はからずも偶然、納棺の仕事に就くことになるが、家族や親族、友人たちは、その仕事に眉をひそめる。小説では叔父に「一族の恥」と言われ絶交され、小説、映画とも妻には「穢らわしい」と拒絶され、友人たちも遠ざかっていく。

それでも主人公は、死体に接する仕事を続けるなかで、現代日本人の死生観について、自問自答する。そして死者に接するうちに、むしろ死の側に美を、そして死を恐れる生者の側に醜悪さを見いだすようになる。

このような生と死の価値の逆転を経て、主人公はついに、生と死の融合を、自身、他者、あるいは昆虫や動物、自然現象にさえも発見する。

このような両極の間という立場が、二元論的世界観を、一元論に転換させるのであれば、『攻殻機動隊』の、有機体と無機物の間に位置づけられるサイボーグの主人公が、自問自答する生命観にも通じるのかもしれない。

『納棺夫日記』では、一見、仏教的世界観が強調されているが、そこには、動物や植物、石や岩のような自然物にも、人間と共通の生命があると考える、素朴な神道的世界観が反映されているように思える。[9]

亡くなった母を前に幼子が、「おかあちゃん、まだねむっているの?」との一言に、遺族たちが泣き崩れ、納棺作業の中断をやむなくされながらも、ようやく仕事を終えて外へ出た時のことである。納棺夫である著者は、次にような体験をする。

…何か光るものが目の前を通った。見ると、竹と竹の間を、か細い糸トンボが一匹、弱々しく飛んでいる。しばらくすると、一際濃い緑色の今年の竹に止まった。近づいてみると、青白く透き通ったトンボの体内いっぱいに卵がびっしり詰まっている。さっき納棺していた時、周りが泣いているのに涙が出なかったのに、卵が光るトンボを見ているうちに涙が出てきた。数週間で死んでしまう小さなトンボが、何億年も前から一列に卵を連ねて、いのちを続けている。そう思うと、ぼろぼろと涙が出て止まらなかった。[10]

また、ある腐乱した孤独死の老人に群がる蛆を掃除しているとき、その蛆が必至に逃げる様を見て、「蛆も生命なのだ。そう思うと蛆たちが光って見えた」[11]と。

あるいは小説の舞台である北陸に冬を告げる「みぞれ」という言葉が、英語に無いことから、「要するに英語圏では、みぞれのような雨でもなければ雪でもないといったあいまいな事象は用語として定着しなかったのであろう。刻々と変化してゆく現象を言葉としてとらえることは、英語圏の人の苦手とするところである。そのことは生死をとらえるときにも同じことが言える。西洋の思想では、生か死であって〈生死〉というとらえ方はない[12]」と。

このような世界観は、映画『おくりびと』にも的確に表現されている。

『おくりびと』の風景

小説の舞台と違って、映画の舞台は東北であるが、その「みぞれ」の意味するところを受けてか、映画の冒頭のシーンは、雪の舞い散る道を、主人公の運転する車が走るところから始まる。

そしてそこから主人公の回想へと移り、交響楽団でチェロを演奏している主人公、楽団が解散して失業し、田舎に戻り、納棺師の仕事に就く経緯、そして最初の死体との対面が、死後一週間は経つ孤独死した老人で、それにむらがる無数の蛆であったこと。

映画では、このような主人公の、自身の境遇に対して、「いったい、自分は何を試されているのだろう」と自らに問いかけ、「母の死を看取らなかったからだろうか…」と自答しつつ、さらに古い幼少の頃の記憶を辿りはじめる。

母と小さい頃の主人公をすてた、父との思い出。父に勧められて、チェロを練習しはじめた頃の事。そしてそのチェロの演奏シーンは、東北の大自然を背景に、白鳥が舞う風景へとバトンタッチされる。

あるいは川を遡上する鮭と、産卵後に役目を終えた鮭の死骸が同居する風景も、生と死、人間と自然との融合という、まさにこの映画の原案となった、『納棺夫日記』の世界観を忠実に受け継いでいる。

ある仕事でたった五分遅れただけで、「死んだ人間で喰ってるんだろう」と叱られつつも、死んだ人間を生きた人間のように作りかえていく作業を通して、遺族に最後には感謝される。このような体験を通じて、徐々に納棺師の仕事に、主人公は誇りさえも感じていく。

またこの映画には、食事の場面が多く描かれている。私たちが食する魚や肉も「ご遺体」と表現しつつ、「死ぬ気にならなきゃ、喰うしかない」と。ここにも生と死の密接な連関性が、巧妙に描かれている。

このような体験を経つつ、主人公は逡巡もしながら、雪の舞い散る道を運転する、冒頭のシーンに映画は戻る。この間、おおよそ一時間二〇分。つまり、この映画の大半が、主人公の過去の記憶の回想というスタイルをとっているのである。

『攻殻機動隊』で描かれた、「情報の海で発生した生命体」と主張した「人形使い」と呼ばれたプログラムが、「生命体であるはずがない」と反論する私たち人間に、次のような辛辣な生命観を投げかける。

繰り返しになるが、もう一度示しておこう。

「それを言うなら、あなたたちのＤＮＡもまた自己保存のためのプログラムに過ぎない。生命とは情報の流れのなかに生まれた結節点のようなものだ。種として生命は遺伝子という記憶システムを用い、人はただ記憶によって個人たりうる。たとえ記憶が幻の同義語であったとしても人は記憶によって生きるものだ。コンピューターの普及が記憶の外部化を可能にしたとき、あなたたちはその意味をもっと真剣に考えるべきだった」[13]。

つまり私たち人間も、長い間かかってDNAを伝達するために、人類史という大きな流れのなかの、その時その時に出現しては消え、消えては出現する、ある結節点にしか過ぎないのであって、「私」というものは、この顔でもなく、性格でもなく、身体でもなく、結局は、これまで生きて経験してきた記憶ではないのか。

で、その記憶が私たちの身体を離れて、外部化されるのであれば、外部化された記憶自体が、生命体と言ってもよいことになる。

この『攻殻機動隊』を取り上げた論文は、さらに同シリーズの映画『イノセンス』(二〇〇四年)の「生命の本質が遺伝子を介して伝播する情報だとするなら、社会も文化もまた、膨大な記憶システムに他ならないし、都市が巨大な外部記憶装置」だとするサイボーグの言説を取り上げ、都市や建築物、あるいは景観をも生命体だと見なす可能性を指摘する。

記憶・身体そして景観

映画『攻殻機動隊』では、次のような主人公のサイボーグ、草薙素子の実存的恐怖に関わる言説を提示する。これも再度、見ておこう。

「人間が人間であるための部品が決して少なくないように、自分が自分であるためには驚くほど多くのものが必要なの。他人を隔てるための顔、それと意識しない声、目覚めの時に見つめる手、幼かった頃の記憶、未来の予感。それだけじゃないわ。私の電脳がアクセスできる膨大な情報やネットの広がり。それらはすべて私の一部であり、私という意識そのものを生みだし、そして同時に私をある限界に制約しつづける」。

そしてその直後に、サイボーグの首にあるネットとの接続端子のアップが写し出され、そして次に巨大な都市景観、その都市に張りめぐらされた交通網、そこを行き来する人、車、バス、路面電車、ビルに張り出された数々の広告やポスター、張りめぐらされた水路、そこに捨てられた産業廃棄物が次々と描写される。

これら連続するシーンから、この『攻殻機動隊』を分析した論文は、記憶、身体そして景観へと、拡張していく生命を、そこに看取る。

であるなら、『おくりびと』でも描かれた、似たような映像の連続から、同様の拡張する生命観をとらえることが出来るだろう。

主人公がチェロを演奏するシーンから、東北の大自然がオーバーラップし、納棺の場面に移る。ある老女の納棺では、孫たちが祖母の記憶を、小学生の納棺では、野球のユニホーム姿から、元気だった頃の想い出が。そして東北の水田に降り立ち餌をついばむ白鳥の生を眺める主人公。さらに納棺と遺族の死者への想い出が…。

このように『おくりびと』でも、主人公の記憶、死者の身体、遺族の記憶、そして白鳥の生命、それらが東北の雪を冠した山々の景観と統合していく映像が、連続しながら繰り返される。

先の『攻殻機動隊』を扱った論文の指摘に従うのであれば、主人公の記憶（＝自己のアイデンティティ・生命）が、納棺する他者の身体と重なり、さらに死者の遺族の記憶へとつながり、動物や自然の生命へと拡張し、主人公がチェロを、大自然を背景に演奏するシーンを描くことで、西洋の慣習的二元論を超越した映像となる。

この日本的、神道的世界観が『攻殻機動隊』にも『おくりびと』にも通底していることが、世界での受容を促したのではないか。

東北の雪を冠した山を背景に、主人公がチェロを演奏しているシーンは、米国でのこの映画の宣伝用ポスターとして採用された（図2）。日本のポスター（図1）が、納棺師の仕事そのものを映し出しているのとは対照的である。

図2　米国アカデミー賞受賞時のポスター（『おくりびと―オフィシャル・メモリアルブック』ゴマブックス、2009、93頁より）。

日本のポスターが、映画のタイトルの直接的なメッセージの表示だとすれば、米国のポスターは、まさにこの慣習的二元論の克服、というメッセージの受容を、表明したものであろう。

ここにこの映画が、なぜ海外で受容されたのかの解答がある。このような記憶と景観が融合する映像表現は、意外と日本的なのかもしれない。

そして映画は、主人公が幼い頃に生き別れた父の死の知らせを受け、一度は拒絶したものの、父の死体を引き取りに行く、最後のシーンへと続く。

主人公は父の顔を記憶していないが、納棺の作業で父の顔を整えていくうちに、記憶がありありと蘇ってくる。あ、「おやじだ…」と。あれだけ拒絶したあの「死者の身体」も、「記憶の再生」を通じて、主人公の「生命の一部」となった瞬間であった。

『つみきのいえ』の景観

『おくりびと』と同時に、米国アカデミー賞を受賞した日本の作品があった。短編アニメーション部門で、賞を獲得した『つみきのいえ』(二〇〇八年)である。この作品も、フランス・アヌシー国際アニメーション・フェスティバルでグランプリを受賞するなど、海外での評価が高かった、日本の大衆文化の一表象、と言っていい。

この短編アニメーションが描いた世界は、水没する私たちの世界である。温暖化の果てなのか、ある街が水没する。その街のほとんどの人たちは、街を出ていったのだろう。が、一人の老人が、街を捨てずにいる。彼は、水面の上昇に合わせて、あたかも積み木のように、部屋をどんどん上へ上へと積み上げ、浸水を防ぐ。その結果、家は塔のようにそびえ立っている。

ある日、その老人がパイプを取り落としてしまう。パイプは塔のてっぺんにある部屋から、二つほど下の部屋まで降下する。お気に入りのパイプを落としたその老人は、潜水具を装着し、降下する。

パイプを落とした部屋に到達したとき、妻の想い出が、さらに下の部屋へ降下したとき、息子や娘の想い出が。そうやって老人は今まで積み上げてきた水面下の部屋を、次々と降下していき、最下層まで到達する。そして最下層に降り立ったときには、子ども時代から結婚した頃の想い出が、ありありと蘇ってくる。

図3　DVD『つみきのいえ』の表紙（株式会社ロボット、2008年）。

建築空間が、かつて住んでいた家族の過去の生活を記憶し、そして老人に提示して見せたのだった。であるなら、水没した家も生きている、と言えるのかもしれない。

この水没した街には、このような塔と化した家が林立している。であるなら、街そのものも生命体、ということになる。気がつけば、この映画にも有機体と無機物の垣根を超えた、私たちの生命観が描かれていいたのだ。

私たちは現在、地球温暖化という問題を国際的に抱えている。この地球温暖化は広く環境問題ととらえることが可能である。

人間と自然はそもそも一体である、と唱えるディープ・エコロジストたちは、先に紹介したスピノザの哲学を原点としながら、人間と自然とを分離する西洋的二元論を克服することなしに、環境問題は解決不可能だとする。

欧米におけるこのような環境問題への解決案とも、この映画の世界観は通底している。この点が、この映画の世界で受容された要因の一つなのであれば、『攻殻機動隊』や『おくりびと』にも、同様の世界観を見いだすことが出来る、と言っていいだろう。

二元論から一元論へ

『攻殻機動隊』では有機体と無機物、『おくりびと』では生と死の垣根の克服、あるいは、両者の一体化を目指すことによって、あらたな生命観を得ようとしていた。

無機物にも生命が宿る、死後も魂が残存する、との考えは確かに日本に古来からある神道的な世界観に合致するのだろう。日本では、縄文時代前・中期までは墓地を集落の中心に置き、死者と共に生活していたし、死を穢れとしてとらえる仏教が日本に伝来した後も、一部の地域では両墓制など、屋敷の内部に墓地を、つまりは死体を置いていたことが知られている[14]。

また東南アジアに残るプロト・マレーと言われる、中国文化や仏教文化、あるいはイスラム文化の影響を受けなかった文化集団にも、死者を洗骨したり、床下に置いたりして、死者と生者が密接に暮らすイフガオ[15]やトラジャ[16]の生活が知られている。

このように私たち人類は、文明を誕生させる以前は、自然と一体であったと同時に、死とも一体であったのかもしれない。

ディープ・エコロジストは、スピノザとともに先住民たちの思想にも傾倒している。なぜなら、アメリカの先住民たちは「森の人たちの移動は季節に従っていたので、彼らは風に関する、また太陽と星に関するたくさんの伝説をもっていた。そのような神話に普遍的であるように、動物たちはしゃべり、物語を語ることができた。というのは、自然世界全体が人間と動物たちの一つの統合された共同体だったからであった[17]」。

それら自然と人間の一体感が崩壊した原因は、多々あるだろう。

先の『攻殻機動隊』を分析した論文は、その要因を、広く西洋にある慣習的二分法であるとし、それが絶対的存在の神を生みだし、人間を自然の管理人としたキリスト教文化へと引き継がれていくと考える。

やはり様々なエコロジストたちも、「何千年も前から西洋文化は次第に支配の観念にとりつかれてきた。自然に対する人間の支配、女性的なものに対する男性的なものの支配、貧困な人々に対する富と権力のある人々の支配、非西洋文化に対する西洋文化の支配の観念[18]」の存在を指摘し、これら間違った、かつ危険な幻想をエコロジーの視点から見破らなければならないとする。

さらにデカルト的二元論が追い打ちをかける。デカルト的自我が私たちを共同体から引き離したとする議論もある[19]。

その思想の拡張が、私たちを生まれ育った場所から切り離し、家族や地域社会からも切り離した。あるいは近代的産業社会における貨幣経済の更なる浸透が、人と人、モノ、社会、場所との密接なつながりを切断してまわった、と言うことも出来るだろう。

そして現代はネット社会である。

人々はネットのなかで、見知らぬ膨大な数の人たちとつながることが出来るが、多くの場合、そのつながりは身体的接触を回避して行われる。

顔を見ることなく、肉声も聞くこともなく、身体的特徴から記号を読むこともなく、したがって場所を共有することもない。このように身体を介さずに、人々の理念や観念どうしが接触しあう状況では、心と身体の分離はより拡大するだろう。

自己の感覚、魂と身体の違和感、あるいは不一致は、様々なところで病理現象を生みだしている。まさに実存的恐怖と呼ぶに相応しい。

このネットというヴァーチャルな社会に、子どもの頃から浸り続けた、オタクと呼ばれる人たちが紡ぎ出す日本の大衆文化には、このような社会が未来で生み出すに違いない現象が描き出されている。その因習的な近代科学的価値観を超越した世界に、不思議と日本に古来からある、神道的世界観が表出したのだろうか。

そのことを、私たち日本人ではなく、西洋社会がまっさきに気づいたことが興味深い。

そう考えるとコスプレなども、マンガの主人公という客体と、読者という主体が統合する、つまり一元論への欲求だったのかもしれない。世界が日本の大衆文化に求めたものは、このような心と身体、自己と他者、人間と自然の壮大なる再統合についての、プチ実践だったのだろうか。

表象される景観とその時代

映画『攻殻機動隊』で押井守が描いたこの近未来の都市景観は、香港がモデルとされ、そのことから彼自身が、これら都市景観の描写を、チャイニーズ・ゴシックと呼んでいる。

近未来の都市景観を描く映画については、すでに地理学の論文があるが、それらの映画で描かれる未来の都市景観は、映画が作成された時代と密接に関係している。[20]

未来都市景観を描いた映画として『ブレードランナー』(一九八二年)が知られているが、監督のリドリー・スコットは、その景観のモデルを、京浜工業地帯に求めた(図4)。

これら未来の都市景観が、時代と密接に関係があるらしい。

現在、これら工業地帯にある工場に、人々の眼がとまっている。「工場萌え」(図5)はここ数年のブームであるが、煙突が煙を吐き、パイプがむき出しになった工場の景観に、な

図4　映画『ブレードランナー』に描かれた未来のロサンジェルス(DVD『ブレードランナー』ワーナー・ホーム・ビデオより)。

んともいえない感情を抱く人たちがいる。[21]

このブームの根底には、近年の廃墟ブームと軸を同じくする、時代的審美観があるように思える。なぜなら近年の廃墟ブームには、廃工場がすでに入っているからだ。

私は『怪異の風景学』で、すでに現代の廃墟ブームの中味の多くが、このような近代化の過程で建造された、建物群であることを指摘した。[22]

このような人工的な建造物に、人々の眼差しが向けられる時代がある。やはりそのような私たちの眼差しも、時代との密接な関係がある。

十八世紀後半〜十九世紀前半にかけての、古典派の崩壊とピクチャレスク、ロマン派への絵画、文学、音楽等の動きは、政治や経済、社会組織や科学思想とも動きを一にしていた。

イギリスにおけるゴシック・リバイバル（図6）も、この時期のものである。[23]

日本でも同じ時期に、鳥山石燕の『画図百鬼夜行』（一七七六〜一七八四）シリーズが刊行され、この妖怪画ブームも当時の博物学的思考の登場と連動していた。[24]

図6　ゴシック教会の風景（ケネス・クラーク『ゴシック・リバイバル』白水社、2005、195頁より）。

図5　横浜根岸の工場風景（石井哲・大山顕『工場萌え』東京書籍、2007、30頁より）。

この妖怪画の背景の多くも、見ようによっては廃墟であった[25]。

まだまだ連動する動きがある。先に紹介した十七世紀のオランダの哲学者スピノザは、無神論者としてほとんど無視されていたが、十九世紀初頭のドイツ・ロマン派によって再評価され、再び世に登場する。

この十八世紀後半から十九世紀前半の動きが、妙に現代の廃墟ブームの時代性に通じる。それは二元論的世界観から一元論的世界観への揺らぎを示しているのだろうか。

映画『ALWAYS：三丁目の夕日』（二〇〇五年）は、昭和三〇年代の東京都港区の、とある商店街を舞台としている。原作は西岸良平の『夕焼けの詩―三丁目の夕日』（一九七五年〜）で、両者ともおおむねその内容をはじめ、物語の底流にある哲学的テーマも共有している。

この作品の場合、原作がマンガで映画は実写である。したがって背景のセットを創って撮影しているが、ここでも町の景観は単なる背景ではなく、主人公としての役割を演じていると言っていいだろう[26]。

『三丁目の夕日』の都市景観

実は、この港区も明治以降の近代化で、一部地域は工場地帯となり、京浜工業地帯の一翼を担った。特に芝浦工業地帯を中心に、この舞台となった商店街も、おそらくは小規模工場があったと思われる[27]。

原作では、この物語の主人公は昭和三〇年に、この地に引っ越ししてきて、自動車の修理工場を営んでいる。その場所の比定は難しいが、都電が走っていて、小規模の工場があり、映画によると東京タワーが見える地域、そして狸に騙される話があるところからして、麻布商店街周辺ではないか、と私は推測している。

図7は麻布の一本松坂から狸坂に通じる街並みで、中央に見えるのが東京タワーである。狸坂の呼称の由来は、この坂に人を化かす狸が出没したからだとされる。[28] 映画においても原作においても、狸に化かされる話（「お月見の夜」『夕焼けの詩』三三巻）が描かれている。

この映画が描く景観を舞台に、繰り広げられる物語の中心にあるのは、現在私たちの町の景観が喪失した、濃厚な近隣の人間関係である。

図７　麻布の一本松坂・狸坂の通りから見える東京タワー（佐々木撮影）。

商店街ではいつも子供たちが遊び、町の住民たちは声を掛け合う。タバコ屋は常に町に向かって目を向け、どの家も戸は開け放たれている。

テレビがある家に町の人々が集まり、駄菓子屋には学校帰りの子供たちが群がる。そして隣の家にも怒鳴り込んだり、他人の子どもを預かって育てたりする人たちが、主人公なのである。

現在の昭和ブームと言われるものは、このような人と人、人とモノ、人と場所が密接につながった、整然とはしていないが、何か調和のとれた、現代の私たちが懐かしさや癒しを感じる場所、いわゆる「場所のセンス」にあるのではないか。そしてその感覚は、実は廃墟ブームにも通じているようである。

鉄道の廃墟を撮り続ける、写真家の丸田祥三は、写真集『鉄道廃墟』のなかで、廃墟への自身の眼差しを、次のように言う。

「ふっと、駅裏に足が向いた。電車区のはずれの廃車は、すこし斜め方に向いていて、曲がりくねった廃線跡の駐車場に、鼻の先を向けているように見られた。傍らを、特急電車が疾駆していった。(なんだかコッチの、なくなった線の方を、たどってゆきたいなぁ)と思った。なぜかはよく覚えていない。街や駅や人は、繋がっているようで全部断片になっている。だから、切断された廃線の方を行けば、逆になにかと繋がって、なにかに、出会えるのかもしれない。そんなことを考えていたような気がする。いらい、私はずっと、廃墟を、旅し続けている。出会えたことなどないのだが[29]」と。

私たちは一体何を、工場や鉄道の廃墟に見ようとしているのだろう。

このような近代化の過程で建てられ遺棄された廃墟について、建築史家の橋爪紳也は、私たちはこれら廃墟を通じて、「現在と断絶しつつ連続している現代」を考えるのだとし、一見、過去を見据えているような「廃墟ブーム」は、未来にあって必要とされる感性を磨く可能性のあることを指摘する。[30]

クールジャパンの風景

因習的二元論から脱して一元論へと向かう先に、人々は何を求めているのだろう。

それは、古くは廃墟趣味であり、ゴシック・リバイバル、あるいは妖怪画の革命、ドイツ・ロマン派に見るように、既成の価値観の動揺からくる未来を予見するような、時代の節目を象徴する風景の記号だったのかも知れない。

それが証拠に、近未来を描くアニメーションに登場する未来都市景観、現代の少女が迷い込んだ異界の景観（『千と千尋の神隠し』）、そして昭和三〇年代の商店街の景観、これらは過去、現代、未来を描きながら、人と人、人とモノ、人と場所の連続性を、一元化を物語ろうとしている。

そこで生成された景観の意味は、確かに現実離れしているかもしれないが、現代という時代と密接に結びついている。

海外の人たちから見れば、それらの大本は、日本の伝統的な世界観を継承しているであろう、神道にある、と考え、似たような思考がキリスト教社会にもあったのだ、と言いたいのだろう。

そのような視点から見れば、興味深い時代の動きも確かに見えてくる。

現在、世界において注目されている日本文化を顧みたとき、Ｊホラーや日本アニメ、マンガをはじめとするコスプレなどの、オタク文化をあげることが出来る。Ｊホラーや日本アニメで描かれる怪異世界は、確かに神道的世界観と思えるものも多い。

日本の代表的な妖怪である「つくも神」は、道具が魂を持つ妖怪で、有機体と無機物の二元論を超えた、一元論の世界観に根ざすものである。それが十八世紀後半にもてはやされ、廃墟が描かれ、ほぼ同時に欧米でも怪異小説や廃墟、そしてスピノザが再評価されたのは、このような映画に描かれた景観を、記号として解読する視点にとって、大変興味深い事実である。

先にも述べたように、日本の映画『おくりびと』、同じくアニメーション映画の『つみきのいえ』が、米国アカデミー賞をそれぞれの部門で獲得したことも、決して無縁ではなかろう。『おくりびと』では、死体を処理する納棺夫の仕事と人生を通して、生と死、心と身体、浄と不浄の二元論を克服しようとする哲学が、背後に見え隠れした。

『つみきのいえ』では、温暖化によって水没する町の景観が描かれた（図8）。その町には、一人の老人しか住んでいない。その老人は他の人たちと違って、家を捨てるのではなく、海面上昇に合わせて、まるで彼自身の記憶を積み上げるかように、積み木の部屋を上へ上へと建ててましてゆく。

図８　映画『つみきのいえ』に描かれた海に沈む町の風景（DVD『つみきのいえ』株式会社ロボット、2008年より）。

その老人がふとしたことから水面にもぐり、過去に積み立ててきた積み木のいえを遡る。そのとき建造物が見せたのは、亡くなった老人の妻の記憶、幸せだった家族の記憶、そして青春の記憶であった。

そしてこの町の景観（図8）も、どこかゴシック風なのだ（図6だけでなく、図5や図4、あるいは2章の図1とも比較して欲しい）。

これら映画が、世界で受け入れられている。先の『攻殻機動隊』を分析する論文が唱えた、生命を持つ無機物という一元論が、確かに世界で求められているのかもしれない。

映画『ALWAYS：三丁目の夕日』の原作『夕焼けの詩』も、先に述べたような人と人、人とモノ、人と場所のつながりを色濃く描くものだが、実は怪異をも、数多く物語る。

そこでは、先にも述べた狸に化かされる話から、戦友の幽霊が訪ねて来る話（これは映画『ALWAYS・続三丁目の夕日』（二〇〇七年）で取り上げられている）、犬や猫、ヤモリなどまでも、魂や精神を有する、主人公として登場する。

また、ある文化住宅が、かつて住んでいた人々の記憶を、窓ガラスに写し出す物語（「春の雪」『夕焼けの詩』二三巻）、あるいは自殺者の自己と昆虫が、一体化する物語（「啓蟄」『夕焼けの詩』三一巻）などは、まさに彼らの言う、神道的一元論の世界を描いている。

私は、このような「怪異の見える風景」（3章で紹介）こそが、時代の価値観が揺れ動くときに、人々が共に見る、記号学でいう、あるいはラカンの他者のディスクールにも通じる、「隠喩の風景」として見ているが[31]、これら映画群は、そのことを明示してくれているように思える。

なぜなら私は、この「怪異の見える風景」を第三の風景と見て、実在の風景と空想の風景の、中間に位置するものと想定したが、『攻殻機動隊』の主人公であるサイボーグは、まさに有機体と無機物の中間に位置する、第三の存在であるからだ。

スピノザのように、その思考を拡張して思いめぐらしたとき、場所も景観も「情報の海で生まれた生命体」と言わざるを得ないのである。

映画『おくりびと』の原作『納棺夫日記』の著者は、スピノザにも関心を寄せているが、宮沢賢治には、一方ならぬ共感を抱いているように思える。[32]

そのことは、映画にも反映されているように私は感じた（主人公がチェロ奏者であるのが「セロ弾きのゴーシュ」を思い起こさざるを得ない）が、同時に『攻殻機動隊』のサイボーグたちの自己認識にも通じるように思える。

そのような視点から見れば、次にあげる宮沢賢治の心象スケッチ「春と修羅」は、確かにこのような伝統的な日本の世界観を醸し出している。

そして、この世界観を、現代日本の映画が継承しているのだということも。

そしてこのような一元的な世界観を、世界が受容しようとしているのかもしれない。あの廃墟趣味に通じる景観描写とともに。

　わたくしといふ現象は、仮定された有機交流電燈の、ひとつの青い照明です。（あらゆる透明な幽霊の複合体）風景やみんなといっしょに、せわしくせわしく明滅しながら、いかにもたしかにともりつづける、因果交流電燈の、ひとつの青い照明です。（ひかりはたもち、その電燈は失はれ）これらは二十二箇月の、過去とかんずる方角から、紙と鉱質インクをつらね、（すべてわたくしと明滅し、みんなが同時に感ずるもの）ここまでたもちつづけられた、かげとひかりのひとくさりづつ、そのとほりの心象スケッチです。[33]

注

（1）これらデータは二〇〇九年四月一〇日現在のものである（『おくりびと：オフィシャル・メモリアルブック』ゴマブックス株式会社、二〇〇九、九二〜九三頁）。
（2）同、八八頁。
（3）青木新門『納棺夫日記　増補改訂版』文藝春秋、一九九六、十一頁。
（4）注1、八八頁。
（5）士郎正宗『攻殻機動隊：THE GHOST IN THE SHELL』講談社、一九九一、二四七頁。
（6）同、二六七頁。
（7）同。
（8）ちなみに『納棺夫日記』の著者自身は、この作品を「日記と題していながら、日記でもなければ、自叙伝とも小説とも言えず、宗教書でもなければ、哲学書でもない。あえて言えば、ノンフィクションかなと思ったりしてみたが、そうとも言えない」（注3、二一一頁）と判断しかねているが、ここでは映画に対して記述された原作という意味で小説とした。もっとも著者は、映画の原作としての位置づけも拒絶しているが。
（9）三橋健編『神道』大法輪閣、一九九五、四頁。
（10）注3、八八〜八九頁。
（11）同、五六頁。
（12）同、三八〜三九頁。
（13）映画『攻殻機動隊：Ghost in the Shell』（一九九五年、押井守監督・絵コンテ、伊藤和典脚本）。

(14) 岡村道雄『縄文の生活史　改訂版』(日本の歴史第〇一巻) 講談社、二〇〇二、二九一～三〇三頁。
(15) 合田濤『イフガオ―ルソン島山地民の呪詛と変容』弘文堂、一九九七。
(16) 山下晋司『儀礼の政治学―インドネシア・トラジャの動態的民族誌』弘文堂、一九八八。
(17) コティー・バーランド『アメリカ・インディアン神話』青土社、一九九〇、九二頁。
(18) ビル・デヴァル／ジョージ・セッションズ「ディープ・エコロジー」、小原秀雄監修『環境思想の多様な展開』(環境思想の系譜3)、東海大学出版会、一九九五、一三四頁。
(19) 中村雄二郎『場所―トポス』弘文堂、一九八九。
(20) Gold, J.R., "From 'Metropolis' to 'The City': Film Visons ot the Future City, 1919–1939", Burgess, J. and Gold, J.R., "Place, The Media and Popular Culture. In Burgess, J. and Gold, J.R., (ed) *Geography, the Media and Popular Culture*, Croom Helm, 1985, pp.123–143.(J・バージェス、J・R・ゴールド『メディア空間文化論』古今書院、一九九二、一五一～一七六頁)。
(21) 石井哲(写真)・大山顕(文)『工場萌え』東京書籍、二〇〇七。
(22) 佐々木高弘「異界のイメージと廃墟―十八世紀のピクチャレスクから現代映画までの表象風景」『怪異・妖怪文化資料を素材とした計量民俗学の構築と分析手法の開発に関する研究』国際日本文化研究センター、二〇〇七、四一～五三頁。
(23) ケネス・クラーク『ゴシック・リヴァイヴァル』白水社、二〇〇五。
(24) 香川雅信『江戸の妖怪革命』河出書房新社、二〇〇五。
(25) 佐々木高弘『怪異の風景学―妖怪文化の民俗地理』古今書院、二〇〇九、一五六～一七〇頁。
(26) 辺土名悟編『Always三丁目の夕日・夕日町オフィシャルガイド』メディア・ファクトリー、二〇〇五。

(27) 東京都港区役所編・発『港区史　下』一九六〇、三六三〜四三一頁。

(28) 東京都港区役所編・発『港区史　上』一五六〇、二一九頁。

(29) 丸田祥三『鉄道廃墟—棄景1971』筑摩書房、二〇〇四、七〜八頁。

(30) 橋爪紳也（文）・大沼ジョージ（写真）「廃墟と生きる—同時代の遺跡」『季刊民族学』二八—一、二〇〇四、四四〜五六頁。

(31) 注25。

(32) 注3。

(33) 宮沢賢治『賢治草双』パロル舎、二〇〇四、二〜三頁。

10　生命としての景観

そう、われわれは、神々と人々と星々と電子と原発と市場から同時になるハイブリッドな世界の中で生きているのであり、それを「手に負えない散乱」か「秩序だった総体」のいずれかに転換することがわれわれの義務なのである。[1]

ブルーノ・ラトゥール

近代大阪の狂気の景観

昭和八年九月に発行された雑誌、『上方』三十三号の「上方怪談号」に、「天神橋上の化けお多福」と題する次のような言説が、実話として掲載されている。[2] そう、まずはそれに耳を傾けてみよう。

明治十八年六月、大阪一帯に大洪水の有りし一ヶ月前の事なるが、その頃大阪八軒屋の濱より京都伏見へ通ふ汽船あり。この船が伏見より下り来て、天満橋迄来し折り、事故に因り沈没し八十人の溺死者を出せし椿事有り。其の後は天神橋に夜更けてから人の影が大勢見ゆるとか、又は大勢の人の泣き聲が聞えるとか、種々の風説が取沙汰せられ、附近の人々は恐がってゐたのであった。その内今度は、お多福が、天神橋の中央に出現し、手には杓子を持ちて、糸の如き細い聲にて、「ほーねんぢゃ豊年じゃ」と云ひつつ手拍子足拍子を取りつつ踊るとの噂が、何処からともなく流布され、是が非常なる評判となれり。何しろ相手がお多福の事とて、人々は恐がらず、是を見んものと連夜夜更けてより天神橋へと押かけたり。軈て夜半ともなれば橋の中央に、忽然と白衣のお多福が出現して来るので有った。見物の人は、恐々ながら側へ近寄る内にいつの間にか、すーと消えて無くなって仕舞ふ。さあ之からと云ふものは、連夜大勢の人が見物に来る者故天神橋上には両側に夜更け迄多くの屋臺店が出で、飴湯、善哉、などを商ひ、見物の人々もこれに入りて夜更けを待ちたる為、大いに繁昌したり。其の内に大阪中の評判となりし故警察当局にても捨て置けず、厳重に相調べたる處、飴湯屋、善哉屋の連中が、十五六才の乞食を一晩五十銭にて雇込み、見物の客を當込んで、御多福の面を着せて踊らして居たものなり。その出現に當っては、橋の中央邊の川へ泳ぎ来り、右の乞食は橋桁を傳って上へ登り、又歸り途は元の橋桁を傳ふてすべり降り、川を泳いで向ふ岸へ歸って行くと云ふ仕組みであった。これを知った一同口あんぐり、とは妖怪をめぐる一編のナンセンス物語であった。これは筆者が父より聞きし實話なり。

この怪談、『大阪史蹟辞典』によると、「警察が張り込むと、本当にお多福は出てきて、追いかけるとザンブと川に飛び込む、とうとう舟を出し橋脚に刑事を置き追跡、捕らえてみるとぜんざい屋に一晩五十銭で雇われたアルバイトと判明、署に留置して大目玉となったが、不思議にもその晩もお多福は出た。実話」とある(3)。

つまりお多福の正体は、いまだに判明していない、ということになる。怪異のディスクールといっていいだろう。

ところで、ここまで何度も繰り返し見てきたように、なにゆえこのような虚構がまことしやかに、実在の場所とともに言説化されたのだろう。ここまでの本書の論旨に寄り添って発話するのであれば、次のような問いが自ずから浮上するだろう。

このディスクールの舞台となった景観、さて、何を私たちに語ろうとしているのだろう。

景観が私たちに語ること

もう一度、この明治十八年の怪異譚「天神橋上の化けお多福」を、この事件のあった年の地図(図1)とともに、順を追って見てみよう。

まず、その舞台となった汽船は、京都の伏見港を出港して、大阪の八軒屋を目指していた。図1に、駅逓出張局とある場所が、八軒屋のあった辺りである。明治二十三年の「改正新版大阪明細全図」には、同箇所に八軒家と明記されている。(4)

伏見とは京都の南にある港で、いわば京の南出入り口といった性格の場所である。そこを出た汽船が、八軒屋手前の天満橋の辺りで沈没してしまう。

この汽船は、明治五年(一八七二)から登場した近代の産物である。

江戸時代は、伏見から八軒屋の間を、三十石船が航行していた。この事件のあった明治十八年には、もうすでに三十石船の姿はない。そしてこの近代の汽船事故は、八十名もの死者を出した。

図1　「実測大阪市街全図」（明治18年）に見る天満橋・天神橋・天満社・坐摩社旅所・駅逓出張局（『大阪古地図集成（大阪建設史夜話附図）』1980、大阪都市協会）。

洪水が起こる一ヶ月前との言説も、この事故がその後の洪水の予兆を暗示しているかのようにもとれ、気になるところである。なぜなら、洪水は荒ぶる神（妖怪）の怒りの表象（お祓い）であるからだ。

そして目的地であった八軒屋とは、天満橋から天神橋の間に宿屋が八軒あったことから、そう名付けられた、江戸時代からの京都と大阪を結ぶターミナル駅であった。江戸時代の八軒屋の景観は『摂津名所図会』に描かれている（5章の図4）。ここまでが、この怪談の前段に起こった出来事と景観、その他諸々との関係である。

さてここからがこの怪談の中心部分となる、夜更けに大勢の人影が見える、あるいは大勢の人の泣き声が聞こえる、といった近代大阪人の怪異体験談である。

ところがその場所は、沈没事故のあった天満橋でもなく、その目的地の八軒屋でもない、その先にある天神橋なのである（図1）。

なぜ天神橋が選ばれたのだろう。

天神橋の名の由来は、その橋の北にある大阪天満宮にある。つまりこの大阪天満宮の主祭神、菅原道真（天満大自在天神）の天神からきているのだ。ちなみに、この大阪天満宮で行われる祭も、天神祭と呼ばれている。

天神橋が、この怪異の生じた場所として選ばれた理由は、この無念の死を遂げた大勢の人々と、同じく平安時代に無念の死を遂げ、大怨霊とも御霊ともなった菅原道真とを、類似関係にあるととらえた、近代大阪人の隠喩的な風景解釈だったのかもしれない。

まさに「怪異の見える風景」（3章を参照）ということになろうし、隠喩に位置づけられるラカンの、他者のディスクールとも言えよう。

天神橋の怪異の目撃はこれだけではない。その後、なんとお多福が天神橋の中央に出現し、手に杓子を持って、「ほーねんじゃ豊年じゃ」と、手拍子足拍子を取って踊る、との噂がたつのである。

お多福とは、あの下ぶくれの丸顔で、おでこが広く鼻が低い、頬の高い女性の仮面を指す。であるなら、この仮面を被った女性（?）が天神橋の上を夜更けに、踊りながら出現したことになる。

ところが、先の無念の死を遂げた怨霊とは違い、あまり怖そうではない。人々がそう判断した証拠に、多くの人がこのお多福の見物に出かけている。死者たちの怨霊でないのなら、このお多福の出現目的とは、一体なんだったのだろう。

一年のはじめに、稲の豊作を祈る田遊びという民俗芸能にも、このお多福が登場することから、この踊るお多福の唱える「豊年じゃ」は、この芸能と関係がありそうだ。

出雲神楽では、天鈿女命を演じる役者が、このお多福の面をつけて踊る。この天鈿女命は、記紀神話においては、スサノヲの乱暴の末乱れた世界秩序を鎮める役割がある。そのことから天岩屋戸神話は、鎮魂祭の儀礼の起源だと考えられている。

であるならこのお多福は、まさにこの事故の死者の御霊を、鎮魂するために出現したことになる。

そう考えるのであるなら、この噂を聞いた人たちが、この天神橋のお多福を見ようと、連夜押しかけたわけも理解できるのだ。不幸な死者たちの鎮魂のためでもあり、祟りが起こらないようにするためでもあったのだ。

がしかしこのお多福は、実際に人々の前に現れては消えるのであった。

ハイブリッドな大阪らしさ

さてこの怪異譚、「商人の町」大阪らしい落ちがついている。

商売人たちが、この連夜の数多くの人出を当て込んで、飴湯や善哉などの屋台を出し大繁盛した、と語られるからである。つまりこの怪異譚に、商人の経済活動が結びついたのである。いかにも大阪らしい。

しかもその怪異の正体は、商人たちが雇ったアルバイトであったのだから、さらに商魂たくましい大阪らしさが滲み出ている。

そしてつぎに近代国家権力の登場である。

警察が乗り出し調査したところ、飴湯屋と善哉屋が乞食を雇い、お多福の面を被らせ踊らせていたことが露見したのである。

雑誌『上方』は、「妖怪をめぐる一編のナンセンス物語」と片付けている。ところが『大阪史蹟辞典』が紹介した話では、お多福を演じたアルバイトは逮捕後、「署に留置して大目玉となったが、不思議にもその晩もお多福は出た。実話」と謎を残したかたちで結んでいる。

この怪異の目撃談、あの名古屋城下町の少年の場合と同様に、様々な異なる要素をまじえながら語られていることが分かる。

京都の伏見と大阪の八軒屋を結ぶ河川交通、その八軒屋を取り囲む天満橋と天神橋の景観、汽船という近代が生み出した機械、がゆえに多数の死者を出した近代的な大規模輸送事故、八軒屋という古くからの交通の要所、菅原道真を祭神とする天神につながる天神橋という宗教的要素、さらに民俗芸能的側面を持つお多福の面、記紀神話から出雲神楽、商人の経済活動、近代国家の権力を示す警察の取り調べ、あるいは常識的な行動を逸脱した庶民の監禁拘束。さらに、洪水が多発する河川、という自然的要素まで含めると、実に異種で多様でハイブリッドな要素が、この舞台となった景観に、埋め込まれていることになる。

まさに様々なアクター（人もモノも景観をも含む）が、様々な場所を結ぶ交通ネットワークの中で、宗教的（神話的）世界観や国家権力、商業活動、近代の産物、民俗芸能などハイブリッドな諸要素をも散乱させながら、このディスクールを大阪の人たちに語らせていたのである。

これがまさにあの、情報伝達のネットワークを有する、巨大な外部記憶装置としての都市景観と

図2　現在の八軒屋浜跡からみた天満橋と天神橋間の景観（佐々木撮影）

言えはしまいか。この都市景観は、このネットワークに組み込まれることによって、「生命としての景観」となりえたのである。

名古屋城下町の景観同様に、今なおこれらハイブリッドな都市景観が、私たちの眼前に繰り広げられている（図2）。

なのに私たちは、このことを明確に意識することは、ほとんどない。

ではどのようにして、これら諸物のネットワークが、私たちの言説に立ち現れることになったのだろう。

それはあのニーチェが、「主要な大半の活動は無意識的になされている。意識はふつう（私なら私という）ひとつの全体が高次の全体に従属しようとするときにしか現れてこない。なによりもまずそれは、そうした高次の全体に対する意識、私の外部にある実在に対する意識なのだ。意識は、私たち自身がそれに左右されてしまうような存在に対して生まれるのであり、そこに私たちが自身を組み入れてゆく手段なのである[5]」と言ったように、この「天神橋上の化けお多福」というディスクールは、私たちが何らかの高次の全体に従属しようとしたとき、あるいは私たち自身が左右されてしまうような存在に接したとき、自身をそこへと組み入れてゆく手段として、成立したのではないか。

その時、これら都市景観のメッセージを、私たちが意識領域に組み入れようとしたのであれば、このディスクールは、その語られた時代のより大きな、私たちを左右するような存在を認識していたに違いない。

生命としての八軒屋の景観

明治十八年の出来事である。

おそらくは、私たちの先輩たちが、この近代という何か大きな転換を、私たちに迫る非常に大きな全体存在、あるいは時代の大きな「流れ」、だと膚で感じていたのではないか。

あの「サイボーグ文化」を唱えたスリフトの、「非表象理論」を応用して言うならば、これら諸物のハイブリッドなネットワークが構築される「何らかの流れ」、それは主観でもなく、あるモノに触れながら、皮膚の感覚を通じて作られていくような「何らかの流れ」、それら関係性の奥底に流れ続けている、あらゆる種類のモノ、様々な生命体、景観の影響力をも包含している「何らかの流れ」、ということになろう。

これら表象しがたい「何らかの流れ」をとらえるには、私たちの主観が理解する前に機能する、人類の個を越えた側面の研究が必要だ、とスリフトは言う。このネットワークにおける、この超個人的なディスクールや行為を理解するには、事象と物質性を再び、それ自身の感受性にしたがって思考することを意味し、人類の心に共有されている、意図されざる知性によって構築された世界を思考する必要がある、とも主張する。(6)

ここで再び、あのサイボーグの台詞を思い出してみよう。

「生命の本質が遺伝子を介して伝播する情報だとするなら、社会も文化もまた膨大な記憶システムに他ならないし、都市が巨大な外部記憶装置ってわけだ」。

この八軒屋周辺の景観は、このような「手に負えない散乱した」、あるいは「秩序だった総体」としての記憶を保持し、私たちに伝達しようとした、ある種のネットワーク上の生命体だったのではないか。

しかし忘れてはならない。このネットワーク上の景観が、発したと思われるメッセージの私たちの受容は、外部から無理強いされたのではなく、自主的に、積極的に、そして創造的、生産的に、私たちの内側から発動したものだったことを。

5章でも述べたように、図2に見る現在の景観、平安時代には渡辺の津と言い、京都から舟で来た皇族や貴族たちがここで上陸し、そしてこの場所から熊野詣が始まった。

この熊野詣は、紀州の熊野三社まで、熊野権現の御子神とされる九十九王子を訪ねて祈りながら進んでいく。その第一王子をこの渡辺の津をとって渡辺王子と呼び、この地に設置された。

またその渡辺王子に隣接して皇居を守る神、坐摩神を祭る坐摩神社も置かれた。つまりこの場所

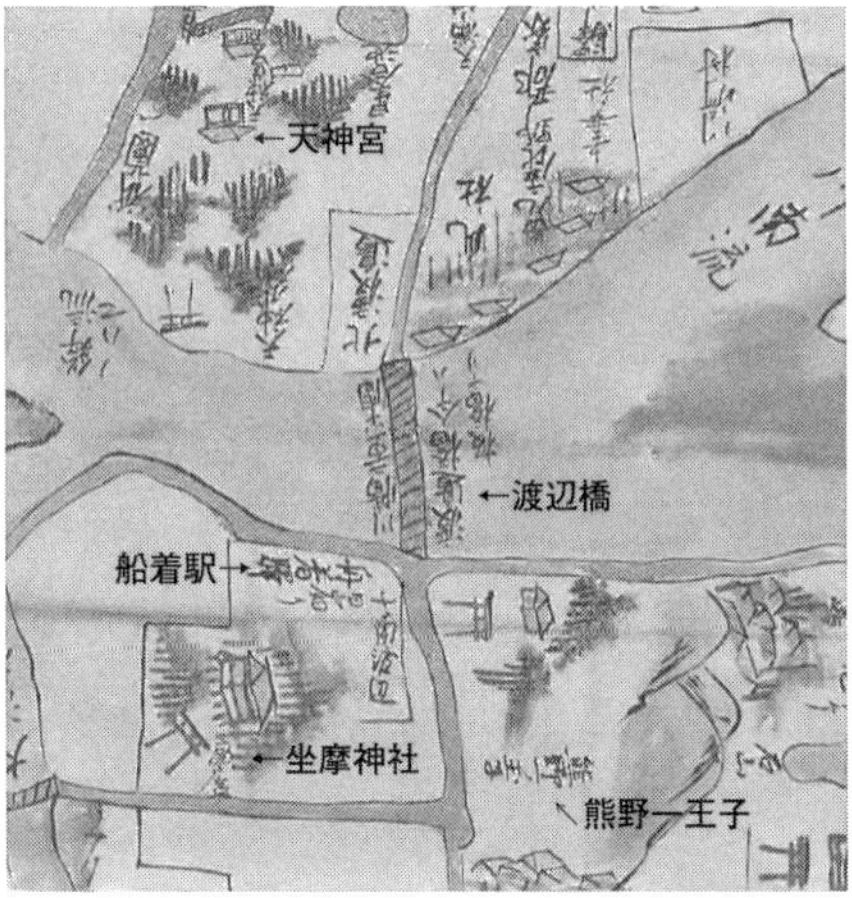

図3　「難波往古図」（年代不詳だが15世紀以前とも言われる古代から中世を描いた大阪図）に描かれた渡辺橋、坐摩神社、熊野一王子（渡辺王子）、船着駅、天神宮など（『大阪古地図集成（大阪建設史夜話附図）』1980、大阪都市協会）。

は、平安京の人たちにとっても、重要な港であったわけだ。

図3には、これらの諸物の位置関係が描かれている。本図は「河州雲茎寺什物・難波之図」の写本「難波往古図」で、図1とほぼ同じ範囲を示している。

同系統の図の中に、応永二十四年（一四一七）写本と明記したものがあることから、原図はそれよりも古いとされる(7)。

伝承に基づいた想像図、とも評価される古地図であるが、古代から中世にかけての、大阪の重要な情報が描かれていることには違いない。

さて、図3にも描かれている渡辺橋（現在の渡辺橋とは違う）、船着駅の南に隣接していた坐摩神社であるが、この神社の神官を代々務めたのが、あの渡辺綱を祖とする渡辺党の家筋である。ちなみに本神社は、豊臣秀吉によって移転させられ、現在は中央区久太郎町四丁目渡辺に鎮座している。

このように平安時代から近代に至るまで、この八軒屋という地は京と大阪を結び、怪異・妖怪を鎮撫し天皇家を守護することで名を馳せた、渡辺綱を祖とする渡辺党が陣取る、重要な場所だったのである。

その八軒屋周辺で、明治になって、先のような怪異が語られたのであった。

ネットワークの生成過程

このようにみると、古代からの交通ネットワークが、これら様々な異なるアクターを結びつける、一つの基礎的な要となっていることがわかる。

ではその交通ネットワークは、いつどのようにして生成したのであろう。

その最も古い記録は、『日本書紀』大化二年（六四六）の大化改新の詔その二で、そこには次のように記されている。

「京師（都城）を創設し、畿内・国司・郡司・関塞（防衛施設）・斥候・防人（西海防備の兵）・駅馬・伝馬を置き、鈴契（駅馬・伝馬を利用する際用いる）を造り、山河（地方行政区画）を定める」[8]と。

つまり都とその周辺を取り囲む畿内、各国の司、各郡の司、防衛施設などをネットワーク化し、そのネットワーク上に駅や馬を置き、地方行政区画を整備せよ、との命令である。

その後、大宝律令（七〇一年）でも整備され、『延喜式』等様々な史料に、その詳細が明らかにされている[9]。

このように、日本の交通ネットワークを最初に整備した主体は、古代律令国家であった。つまりネットワークの生成には、権力が大きく関わっていたのである。

古代日本の律令制度とは、天皇を中心としたものであったことはよく知られている。その中心とは天皇の居所である都城（京師）であり、それは日本列島の特定の場所を指し示している。大化二年の時点では難波宮（現在の大阪城辺り）、大宝律令が出された七〇一年においては藤原京（現在の奈良県橿原市）、一〇世紀の『延喜式』においては平安京（現在の京都市）となる。これら中心地の移動に伴って、当然この交通ネットワークも微妙に変化した[10]。

権力の主体が、なぜネットワークを整備したのか。

それは、まず中央の知識（律令と記紀などの物語）を、全国に伝達するためである。また地方の情報（風土記や抵抗勢力の情報）を、中央に集める目的もあったろう。そうすることが全国支配を目論む主体にとって重要な要件であった。

つまり権力主体にとって、中央の知識を地方へ拡散させ、同時に地方の情報を中心地に集中させることが必要だったのだ。その思惑を実現させるのに、交通ネットワークの整備が欠かせなかった。

そして、その地方にばらまかれた律令（法と秩序）と物語（権力者の由来、宗教的世界観）は、実際にそれらが具体性を持って運用されるようになるには、地方の人々の社会的実践（行為）と物質（国府・郡家・駅・宗教施設など）の空間的配置がなされなければならない。

これらが織りなされると、一つの知と権力の世界が、ある一定の広がりを持った具体的な空間に創造されることになる。それが『延喜式』の世界観と言ってもいいだろう。

そうなると、それら法や秩序、物語、実践や物質によって取り込まれ、取り囲まれた個人たちが、それらに規制され標準化されはじめる。と同時に、その基準から逸脱した個人や集団は、排除されることになる。

こうして時間をかけて権力は、これら物質と人間行為の、特殊なアッサンブラージュ（集合体、あるいは組み合わせ）を通じて循環しはじめる。そして、この権力が生み出したあらゆる要素が、このアッサンブラージュのなかで局所効果（local effect）を生みはじめる。[11]

このような循環と繰り返しを経て、徐々に場所が調えられ、空間が組織化されていく。つまり古代から現在、未来にまでこの循環は続き、その空間の組織化は更新されていくのである。

ハイブリッドな世界モデル

これらを、6章「平安京のディスクール」で描いた、「平安京の神話的世界観と怪異のモデル図」（6章の図4）に則して、抽象化し描き直すのであれば、図4のようになる。

図の中央にあるのが都城（難波宮や藤原京、平安京など）で、そこは政治経済の中心地となる。街道はその都城のある国（摂津や大和、山城など）の境界を通過し、日本国土の境界と認識される場所にまで行き渡る。

中心に位置する権力主体の持つ神話的世界観が、そこに付き従う。

天界には、天皇に見立てられた北極星があり、そこには天神が住む高天原が想定される。

地上界の山には、国神が控え私たちを監視する。中心地の汚れは天界からの、あるいは地上界の山から流れる川に沿って、国土の境界部まで流され、地下世界である根の国・底の国へと送り込まれる。

　ところがこのネットワークは、一方通行ではない。双方向に情報は伝達され循環する。そして様々な物質的配置を通過しながら中心地へと帰還する。

　あるいは天界や地上界の山から、神の怒りが人間に災厄（この怪談では洪水）を及ぼすこともある。

　このように宗教的世界観だけでなく、人々の心理、意識、無意識、山や川や天候、季節などの自然、人工的な建造物などの物質世界をも巻き込みながら、私たちのディスクールは成立する。

　アクター・ネットワーク理論を生み出した、ブルーノ・ラトゥー

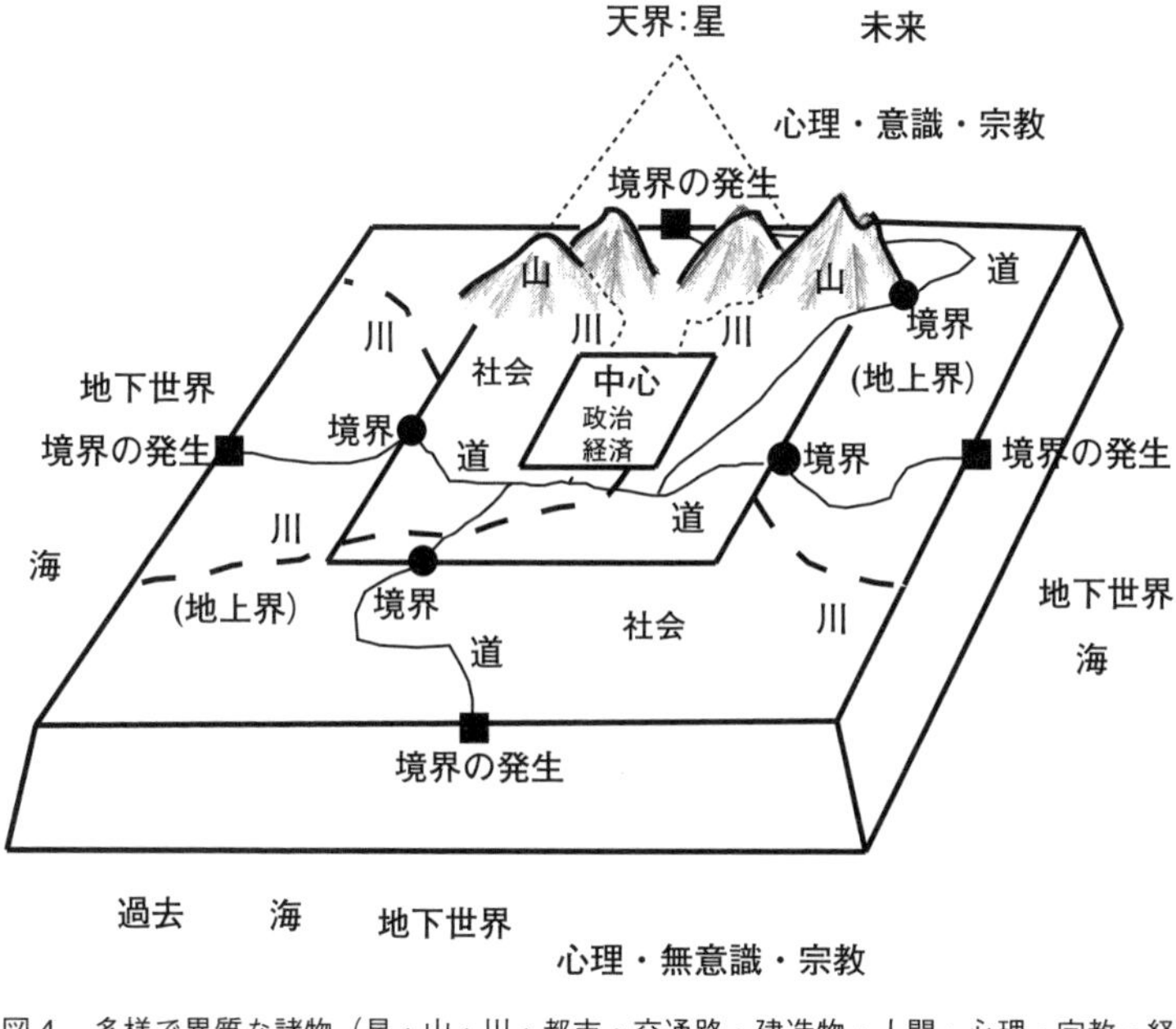

図４　多様で異質な諸物（星・山・川・都市・交通路・建造物・人間・心理・宗教・経済・社会など）からなるネットワーク世界（佐々木作図）。

ルが言う「神々と人々と星々と電子と原発と市場から同時になるハイブリッドな世界」を、日本列島を仮想して描いてみたのが、この図なのである。

であるなら、先に紹介した近代大阪は天神橋の怪異体験も、江戸時代の名古屋城下町近郊に住む少年の怪異体験も、このような様々な要素が流れ込み蓄積された、外部記憶装置としてのネットワークの、ある結節点に生じた局所効果とでも言える、ラカンの言葉を借りるなら「他者のディスクール」であったのではないか。

これら怪異には、まだまだ興味深い共通点が見いだせる。

名古屋城下町でも、少年の夢の価値を判断したのは、あの渡辺綱を祖とする渡辺家の家臣だった。

この大阪の八軒屋は、先にも述べたように渡辺津と言い、源綱が渡辺綱と名乗ることになるきっかけとなった地でもある。

少年が最初に狐の夢を見た古渡山王社の前を、古代の交通路が通過していた点[12]も、権力のネットワーク形成の観点から見れば重要となろう。

そしてこの少年が目撃した、異人と表現された神々のうち、白髭大明神と称するのは、猿田彦命であった点。天神橋に出現したお多福が、天鈿女命であるなら、天孫降臨の際、この二柱の神は天の八街で遭遇している、いわば衢の神ということになる。

そして、古渡山王社もこの八軒屋も交通の要所であり、都市空間の出口入り口にも相当する。

ちなみに大阪天満宮には、猿田彦命も祭祀されている。

大阪の都市景観が語る古代の記憶

『延喜式』の世界観は、これらネットワークのなかに巧妙にすり込まれ、人々が意識しないまま現代にまで生き残っている。

先に紹介した大阪天満宮は、現在、菅原道真を主祭神としているが、最初は違った。現在は大阪天満宮の摂社となっているが、かつてここは大将軍社であった（図5）。

あの大化改新の詔を発した孝徳天皇が、難波宮の鎮護のため勧請したと伝える。都城が造営されると、四隅（西北・西南・東北・東南）で、疫神や悪気を祓う道饗祭が行われることになっているが、その祭が行われたのが、この地であるとされている。

図５　大阪天満宮の摂社となった大将軍社、道饗祭を行う際に祭られる八衢比古・八衢比売・久奈戸神が祭られている（佐々木撮影）。

その後、この場所に大将軍社が建てられ、祭神は八衢比古、八衢比売、久奈戸神などとなった。これら三柱の神は、まさに『延喜式』の「道饗祭」の祝詞に登場する神々である。

８章「ミステリアスな身体感覚」でふれた、平安京の西北にあった大将軍社を思い出して欲しい。そしてその北に位置する北野天満宮を。平安京においても、このセットは、ほぼ同じ場所にすり込まれているのだ。

伝承によると、この大将軍社の地に天暦三年（九四九）、社前に一夜にして七本の松が生え、夜な夜な泣くので、この地に大阪天満宮が創られたとされる。この七本の松は、北斗七星の化身であると言う。そして菅原道真が祀られる。道真が太宰府に流される時に、この地に立ち寄ったとされるからである。

ところが、平安京においても大将軍社と、そのすぐ北の北野天満宮の間に、七本松（現在の七本松通）があった。

そしてまた奇妙な事に、『拾遺都名所図会』（一七八七年）によると、この七本松にあの源頼光と渡辺綱が退治した、土蜘蛛の塚があったという(13)。そしてそれらの脇を流れるのが紙屋川であり、平安京の西堀川となる。その西堀川は、その後南で淀川に合流する。大嘗会の前のお祓いは、この川で行われた。

ちなみに東堀川には、一条戻橋が架かっており、源頼光の家はそのすぐ南東にあった。そして渡辺綱はこの戻橋で、あの酒呑童子の家来、茨木童子に遭遇し髻をつかまれ宙を浮き、童子の腕を切り落とし、北野天満宮の回廊に落下した。

すべての場所が、この古代のネットワークにつながっている。

この一条戻橋の頼光宅のさらに南には、安倍晴明宅もあったとされる(14)。

この両者の南北の空間配置は、大阪にもひっそりと隠されている。先に熊野詣での第一王子が渡辺王子だと言ったが、その南には阿部王子がおかれている。現在唯一残るこの阿部王子には、安倍晴明生誕地の記念碑とともに、安倍晴明神社が鎮座している。

現代に残るアッサンブラージュ景観

本書で取りあげてきたような、「生命としての景観」は、人々の言説や行為実践、それらを取り巻く物質的諸存在、それらいずれもが、何かしらの力関係のなかで、ともに結びつきながら生成した、複雑なアッサンブラージュの産物なのであろう。

私たちが、年中行事の中で行為したり接したり、あるいは観光で訪れたり、あるいは演じたりもする祭も、その「生命としての景観」と呼ぶにふさわしい、アッサンブラージュの一つなのではないか。

そしてその背景には、様々な言説も配置されている。そう、本章の言説の舞台となった場所にも、その祭礼の景観がある。

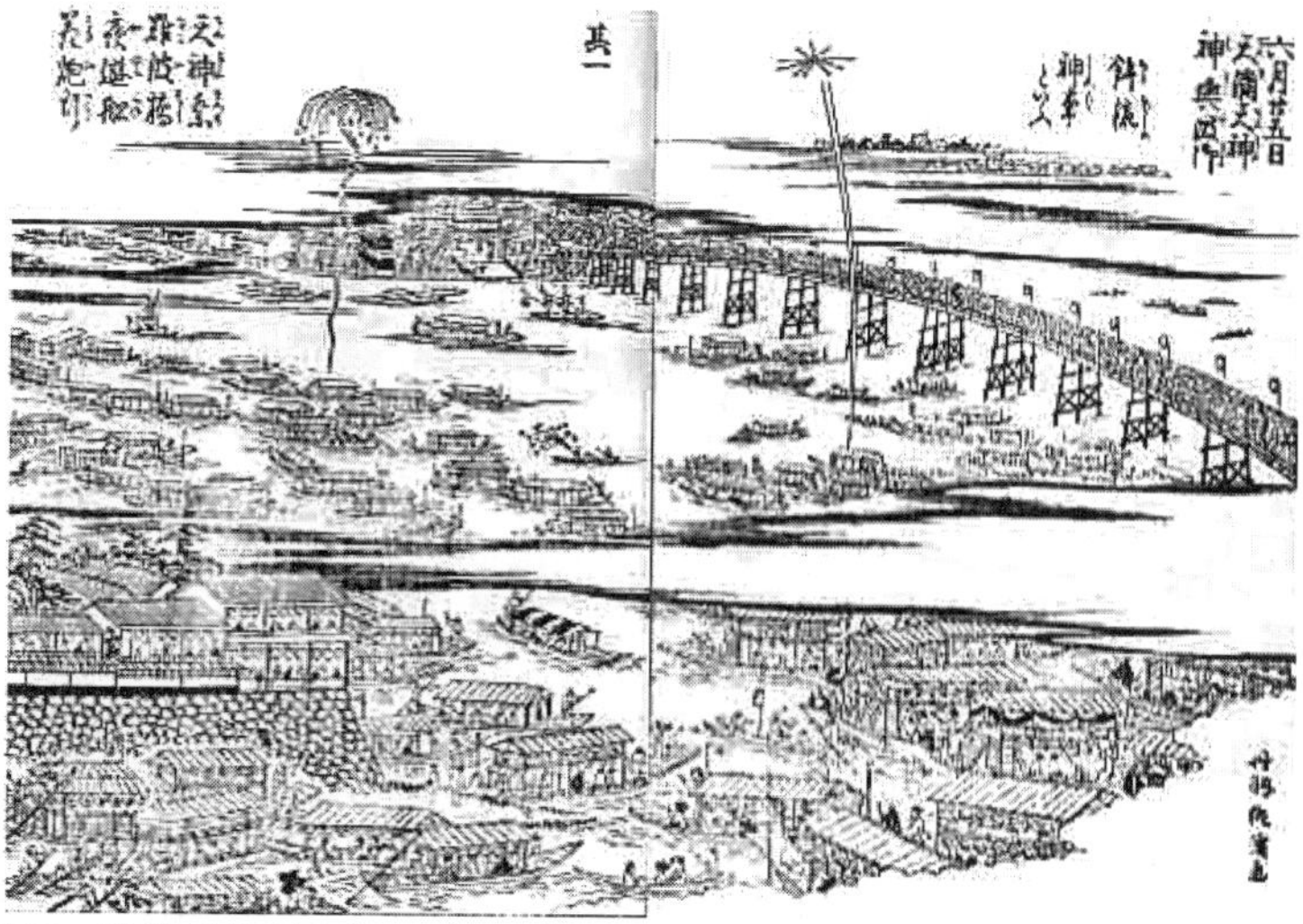

図6　『摂津名所図会』（1798年）に描かれた天神祭（秋里籬島『摂津名所図会』第一巻、臨川書店、1996、432～433頁）。

日本の三大祭の一つに数え上げられている、天神祭である。

現在は、七月二十四日・二十五日に行われているこの祭、古くは六月一日に鉾流し神事があり、その鉾が漂着した地に渡御する、六月二十五日の祭礼が中心であった（図6）。

なぜこの時期か、というと現在でも行われている、六月三十日の夏越大祓との関係が深い。

夏越大祓とは、夏に流行る疫病に罹らないための、古くからの祭礼で、あの『延喜式』にもその際の祝詞が記されている。現在の天神祭は、一ヶ月遅れとなっているが、夏越大祓の際の「茅ノ輪くぐり」も行われている（図7）。

今でも、各地の神社で行われる六月晦日と大晦日の大祓、その祝詞を見ると、ケガレを祓うのに、水の流れがとても重要であることがわかる。

そもそもこの大祓、皇居、都、そしてその周辺国、畿内を汚した罪やケガレを祓うことにあった。

祝詞には、これら罪やケガレは、山から勢いよく落下してくる、流れの早い川の瀬にいるセオリツヒメが、川から大海原に流し出し、最後は根の国・底の国にいるハヤサスラヒメが消し去ってし

図7　大阪天満宮の天神祭の茅ノ輪（佐々木撮影）

まう、とある。[15]

『延喜式』の場合、そのネットワークの中心は平安京にある。したがってその平安京を、この祝詞の舞台として見た時、都を取り囲む北山・西山・東山の三方から流れ来る川が、宮や都の罪やケガレを伏見に流し、さらに淀川を下り、難波の大海原へと流し出すことになる。

まさに本章で扱う言説空間の舞台である。先の怪異伝承にあった、洪水の一ヶ月前とのディスクールは、この事故の汚れを流し出すことを、ほのめかしていたのかもしれない。[16]

その難波の海の、ちょうど出口にあったのが、この渡辺の津であった。つまり渡辺の津という地は、道饗祭同様にケガレ、つまり妖怪を大海原へと流し出す場所だったのである。

そしてその祭祀に立ち会ったのが、渡辺党の人たちであったのだ。

かつてこの渡辺の津にあった坐摩神社は、社伝によると、仁徳天皇が難波に宮を造営したときに祀ったとあり、古い大阪を中心としたネットワーク時代の、土地の守護神であったが、平安時代になっても、その重要性が継続したのは、このように平安京ネットワーク上の要所に位置したからであろう。したがって平安京から隔たったこの地にありながら、皇居の守り神でありつづけたのである。

当時これら疫病を人々にもたらすのは、荒ぶる神々、疫神だとか鬼と考えられていた。そのため彼らを避ける祭を行った。それが先の道饗祭や大祓になるわけだが、その大規模化した祭礼が、現在も続く京都の祇園祭なのである。

祇園社が祀る牛頭天王は、古代律令国家がそのネットワークを駆使して、地方から集めた情報、

『備後国風土記』逸文によると、武塔の神でありスサノヲであった。そこには、この茅ノ輪を付ければ疫病に罹らない、と私たちに助言する。これがこの「茅ノ輪くぐり」の起源とされる。

武塔の神の正体であるスサノヲは、大祓の祝詞にあるケガレの最終地、根の国・底の国の管理者である。

平安京のケガレは淀川を下り、この天神橋の辺りに到着する。そしてその祇園祭は、現在では七月一日から始まり三十一日に終わるが、その最終日に、八坂神社境内摂社、疫神社前での夏越祭で締めくくられる。

ようするに京都の祇園祭も、もともとは大阪の天神祭同様に、六月一日から三十日までの、夏越大祓に関わる祭であったのだ。

ネットワークから見た祇園祭と天神祭

私は、この古代の空間的ネットワーク上の位置関係から、祇園祭と天神祭は、もとは一連の祭であったのではないかと考えている。それは先にも述べた、平安京の汚れを難波の海に流す、大祓の世界観が土台にあると思われるからである。

祇園祭は、もとは祇園御霊会と言った。御霊会とは、無念にも命を落とした皇族や貴族など権力者たちの、怨霊を鎮めるために庶民の側から生じた祭で、後に国家祭祀ともなっていった祭礼である。

かつてこの御霊会において、その御霊をのせた御輿を、平安京から難波の海に流していた記録が残っている。

御霊会の記録上の最初の記事は、つぎのような内容となっている。

貞観五年（八六三）五月二十日、神泉苑で、御霊六座（崇道天皇・伊予親王・藤原夫人・観察使・橘逸勢・文室宮田麻呂）の前に、祭壇を設け花や果物を並べ、高僧の慧達を招いて「金光明教」や「般若心経」を講説する、というものであった。

そして雅楽寮の伶人に音楽を奏させ、帝近侍の児童や良家の稚子が舞人となって、大唐・高麗を舞い、さらに雑伎・散楽が芸能を競った。相撲も行われている。神泉苑の西方の門を開き、人々が出入りしたり見物したりすることも許している。

この御霊六座は、事件に巻き込まれて横死した先の六人で、その怨恨が鬼となり、疫病を頻繁に起こし、死者を多く出していると言う。京畿より諸国まで、夏天秋節ごとに、この御霊会を行っているのだと。(17)

この最初期の御霊会が、祇園祭の元となったと考えられる。

この記事には、政争における敗者が、怨霊となって疫病を起こしていると解釈されている点、そしてその疫病を鎮めるために、畿内から諸国まで、御霊会を行っている点が、ここでは注目すべきであろう。

それは、古代律令国家が生み出した、交通路ネットワークを使った、権力と世界観、そして言説の全国への散布と、抵抗勢力とでも言うべき、よからぬモノの、都への帰還を暗示しているからである。

正暦五年（九九四）六月二十七日の『日本紀略』の記事では、やはり疫病のために御霊会を行っており、その際、木工寮・修理職が造った御輿二基を、北野の船岡山上に安置し、僧侶が「仁王教」を講説し、その後に御輿を難波の海に送り出した、とある。

ここでも人々は音楽を奏し、数多くの人々が弊帛をもって祭っている。そしてこの御霊会は、もともと朝廷の儀式ではなく、民間より起こった行事である、とも記されている(18)。

ここで注目すべきは、多くの都人がこの祭礼行為を実践している点、そして御輿が平安京の北にある船岡山から、難波の海に流されている点である。しかもこの祭礼は、権力者による押しつけではなく、人々の自発的行為である、と記されている点にある。

権力が生成した世界観の循環ネットワークは、もはや権力の手を離れ、庶民の自発的行為すら生みはじめ、祇園祭と天神祭をも繋ぐ勢いを見せている。

怪異・妖怪が漂着する難波の海

思えば本章は、明治の怪異伝承から始まった。

その舞台の一つは、京都の伏見から、大阪の八軒屋までの水上交通路であった。この『日本紀略』の記事を見ると、この水路は単に人や物資を運ぶだけでなく、御霊のような目に見えない、私たちの心の暗部をも運んだようだ。そしてそれは『延喜式』の祝詞にあるように、都の汚れを流す経路でもあり、戻すルートでもあったのだ。

実はこの八軒屋の近辺には、この明治の怪異伝承だけでなく、平安時代の怪異伝承をも伝える記

図8　大阪市都島区の鵺塚（佐々木撮影）

念碑が残っている。それは6章でも触れた、源頼政の鵺退治の説話に関連するものである。

『平家物語』には、この怪鳥を退治後、空舟に乗せて流したとあり、これが流れ着いた場所が、現在の都島区にある鵺塚（図8）だとされている。もとは母恩寺の境内にあったとされるが、いずれにしてもこの舞台のネットワーク上に位置している（図12）。

この鵺塚は兵庫県の芦屋市にもあり、その場合は、さらに八軒屋を越え、難波の海をも抜け出て、流され漂着したことになる。これもこの、汚れを流すルート上にあると言っていい。

実はこの阪神間の海岸沿いには、この京の都から難波の海へと流された、様々なモノたちの伝承が記憶されている。

例えば兵庫県の尼崎市には、崇徳院という名の場所が残されている。

あの日本最大の怨霊とされる崇徳院が、平安京から讃岐国に配流になる際に、立ち寄ったとされる記憶から名付けられた地名であろう。

その北に隣接する浜田町には、この崇徳院を祭神とする松原神社があり、現在でもダンゴノボーという、崇徳院をこの地で接待したときのお膳を再現した祭礼が行われている。[19]

記憶は、人の行為とモノ、場所を伴って生きているのだ。

さらに西南に隣接する、琴浦町の琴浦神社の祭神は、源融である。

この源融とは、渡辺綱の祖にあたる人物で、この近辺に渡辺党が住んでいた、痕跡ではないかと思われる。おそらくは、この崇徳院の汚れを祓う役割で、ここに配置されたのであろう。

海のルートだけでなく、陸上ルートにも伝承がある。

旧西国街道（山陽道）が、武庫川を渡る手前に、常吉という所があるが、ここには渡辺綱が住んでいたとする家の伝承がある。[20]

ここも、渡辺党の人たちが居する場所だったのであれば、怪異を逆流させる交通路、そしてその汚れを流す水流との接点があったのだろう。

図９　大阪港紋章。中央に描かれた２本マストの舟は古代日本船。その両側に鵺が描かれている（公益社団法人大阪港振興協会提供）。

このように見ると、平安京で何か災厄を起こす元となったと考えられる汚れを、水流あるいは陸上交通を使って難波の海へとながそうとする、あるいはその帰還を阻止しようとする、律令国家の権力ネットワークが、浮かび上がってくるのだ。

実際、崇徳院は讃岐国へ流されているし、崇道天皇（早良親王）は淡路島へ流されている。そして両者とも崇道神社、白峯神宮として、京都に帰還している。

あの菅原道真も、太宰府に流される途中に、現在の大阪天満宮周辺に立ち寄ったとされる。そして帰還している。

この明治の怪異伝承は、この古代国家の形成した、多種多様なモノたちが双方向に交通した、ネットワークを反映していると言っていいだろう。そしてこれら伝承は、まさにこのネットワーク上の局所効果とも言える、「生命としての景観」が、人々をして語らしめた言説だったのではあるまいか。

このネットワーク上に存在する限り、どのようなモノであろうが、景観であろうが、生命を持ち続ける資格がある。

先の鵺が、古代の言説でありながら、現在も大阪港の紋章（図9）となって生きているのが、その何よりもの証拠の一つであろう。

伏見稲荷の狂気の景観

最後にクールジャパン、とでも言える一景観をあげておこう。それはこの怪談の舞台の出発点とも言える、伏見にある稲荷大社の景観である。

この伏見稲荷大社、ここ数年の「外国人に人気の

図10　伏見稲荷大社の千本鳥居。稲荷山の山内に奉納された鳥居の数は大小数万に、個人が石に神名を刻んだ「お塚」は一万基を越えるとされる、生命としての景観が境内全体に広がる。しかも外国人に人気の観光スポットNo.1に選ばれている（佐々木撮影）。

観光スポットナンバーワン」に選ばれつづけ、現在大変な賑わいを見せている。本大社の、いわゆる千本鳥居が、外国人には一種異様で神秘的な、クールジャパンな景観として映じているのだろう（図10）。

今やその数は、千本ではなく数万にも及ぶと言う。また個人が信仰する「お塚」と呼ばれる聖石も、一万基を越えるとされ、神社の背後にある神奈備山である稲荷山に散在する（図11）。

その景観は、まさに狂気そのものである。そして世界の人々の目を引きつけている。やはり生きている景観には、人を動かす不思議な力がみなぎっている。

伏見稲荷大社は、全国にある稲荷神社の総本山であるが、その起源もまた、古代律令国家が全国から集めた、『山城国風土記』逸文にある。

それによると、イナリと称する由縁は、次のようになる。

秦氏の遠い祖先である伊呂具の秦公が、稲や粟などの穀物を積んでゆたかに富んでいたため、餅を使って的として矢を射たところ、その餅は白い鳥に化し、飛び立って山の峰に居り、稲が生えた。そこで社を稲荷社とした。ところが子孫の代になって、先の過ちを悔いて、社の木を引き抜き

図11　稲荷山の「お塚」群（佐々木撮影）

家に植えてこれを祈り祭った。今その木を植えて生き付けば福が授かり、枯れれば福はないという。[21]

この福が授かる木が、現在の「験の杉」の起源だとされる。平安時代から熊野詣に行く際に必ずこの伏見稲荷に立ち寄り、この「験の杉」を身につけ、帰りにも必ず立ち寄って帰したという。

『平治物語』に、次のような話が残っている。それはあの平清盛が熊野詣の途上、都で謀反が起こり引き返す場面である。

「さて熊野参詣をする者は、京都伏見深草の稲荷神社へも参詣する風習だったので…」と稲荷神社へ、「験の杉」を返しに立ち寄る。[22] 都で謀反が起こっている、火急の時であるにもかかわらず…。

先にも、八軒屋のところで述べたように、伏見の港は、平安京から大阪へ向う、水上交通の要所であった。熊野参詣に向かう、平安京の貴族たちは、この平安京の南にある、伏見稲荷へまずは立ち寄り、熊野への道中の安全を願い、この「験の杉」を身につけ、旅立ったのである。

そして伏見の港から、船で渡辺津（八軒屋）まで行き、そこから陸路熊野を目指した。そして帰京の際は、必ずこの杉を返すのであった。

つまりここでも、災厄から身を守る、そのような役割が、都の南に鎮座する、稲荷社に求められたのである。

再び名古屋城下町の少年の奇談

さて、あの名古屋城下町の少年の、奇談に戻ろう。

少年が最初に夢で見た、白い腹の狐が登場したのは、古渡山王社とあるが、これは古渡稲荷社のことでもある。

この稲荷社が、名古屋城下町の南門に、近接していることはすでに述べた。伏見稲荷は、平安京の南出入口にあった。

この狐が、次第に人間の姿となり、少年の現実に出現するようになる。そして白髭大明神である、と名乗ったことは1章でのべたが、この明神の正体が、猿田彦命であることを調べ上げたのは、この少年の父であった。

実は伏見稲荷大社の祭神は、『延喜式』によると、宇迦之御魂大神、佐田彦大神、大宮能売大神の三社とある。この佐田彦大神が、猿田彦命と考えられるのである。

もう一点、記録に興味深い箇所がある。

それは十一月八日の夜、少年の夢に、白衣を着た異人が出現したときの事である。

同八日夜、虎之助夢に、宮を赤塗呉宜候得共、鈴は何故画かんと有ける。又夢ながら問申様、是迄何国に御出有し事やと尋まいらせければ、京都伏見の永井八郎と申者の所に居たりしが、家絶し故に近頃清寿院へ来りしと有。(23)

少年が夢の中で、この神に今まで何所にお住まいでしたかと尋ねると、京都伏見にいたという。そして家が断絶したので、最近になって清寿院[24]に来たのだという。

この都市の南にある、熊野詣（旅）の守護神としての稲荷神、そして祭神である猿田彦命、これらは本当に無垢な少年が、個人として夢、あるいは創作で語ったことなのだろうか。そうでないなら誰の、そして何所からやってきた言説なのだろうか。

フロイトやラカンといった、精神分析家から言わせれば、それは他の場所の、あるいは他者のディスクールということになる。

本書ではそれを、「生命としての景観」と呼んできた。そしてそれはどこから来たのか、と問われれば、もともとは、古代律令国家が生成した、平安京を中心としたネットワークからきたのだと。そしてそれが成長生育して、今も生きている、と。

最後に上方落語を少々

「饅頭こわい」という落語は、よく知られているが、実は怪談が中心に語られていることを、意外と知らない人が多い。そしてその舞台が、どこなのかも…。

だいぶに古いこっちゃ。その時分わいの伯父貴というのが、南農人橋、お祓い筋をちょっと入ったところに住んでたんや。…外へ出たのがもうかれこれ一時、雲が低うにたれこめて、陰気な晩じゃったな。スタスタ、スタスタ、スタスタと道をとって、農人橋を今渡ろうとして、ヒョイと見ると、橋の真ン中に、若い女が一人、ズボーッと立ってるやないか…本町の曲りから、あのへんへかけて昼日中でもあんまり気色のええとこやなかった(25)。

この怪談の最初の舞台が、「お祓い筋」とある。

文久三年（一八六三）の「改正増補国宝大阪全図」（図12）で確認すると、八軒屋から南に通じている筋であることが分かる。そしてここが、あの渡辺党が平安京からの汚れを大祓した場所なのだ。そしてこの道を、熊野道とも言った。

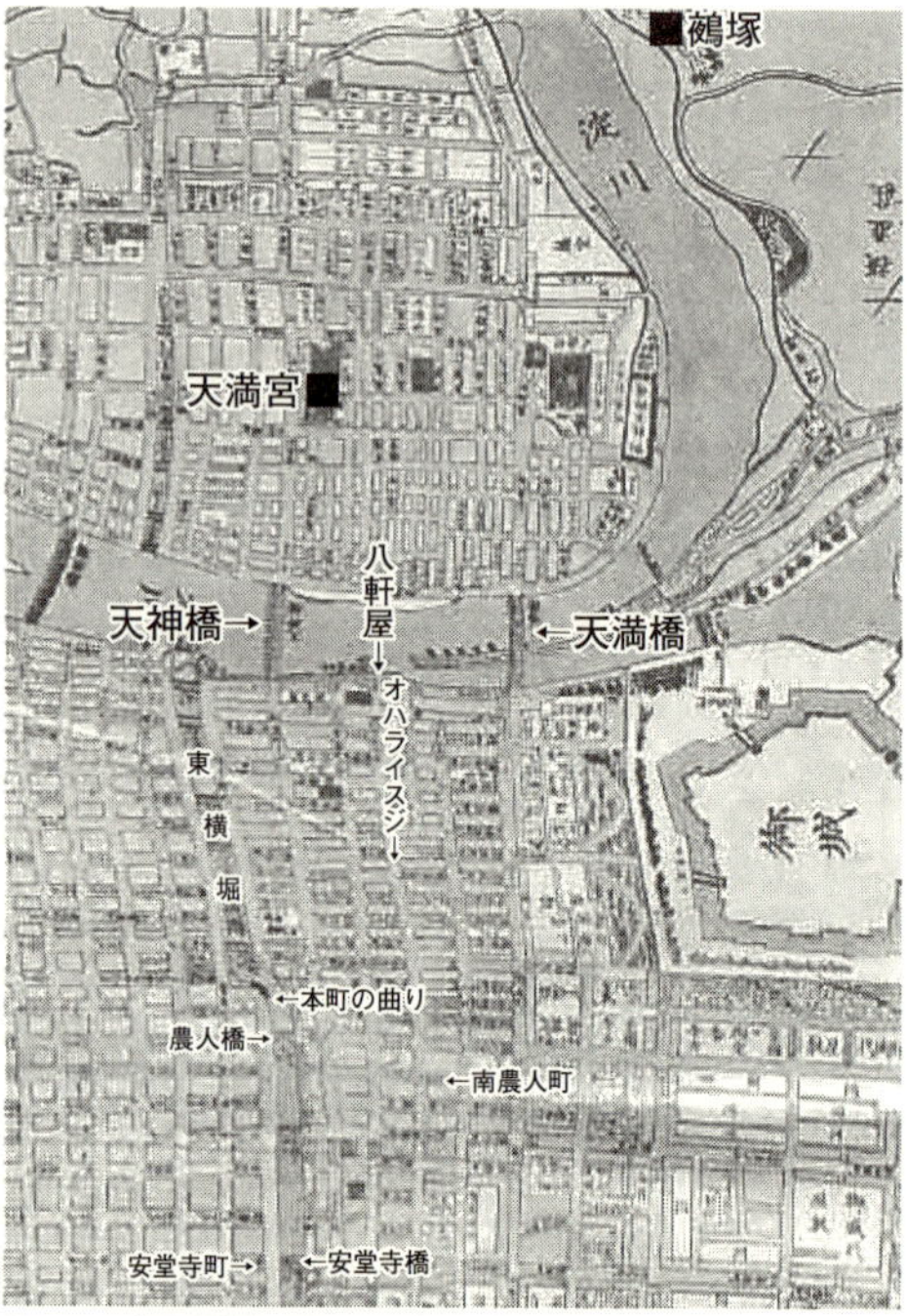

図12　改正増補国宝大阪全図（1863年）に見るオハライスジ・南農人町・本町の曲りなど「饅頭こわい」の舞台（『大阪古地図集成（大阪建設史夜話附図）』1980、大阪都市協会）。

上方落語には、怪談が少ないと言われているが、笑い話と思われる話のなかにも、怪異を語る部分は少なくない(26)。

「饅頭こわい」は、誰もが知る落語の一つで、笑い話が中心と思われがちであるが、特に上方落語では前半部分で、怪異が語られる。

一つは狐に化かされる話で、江戸落語では、この部分は「九郎蔵狐」として、独立して別に演じられる。上方落語では、さらに幽霊に追いかけられる話も語られる。

江戸落語の場合、怪談話は人情話として上演された。それは江戸に権力の中心があった、という地域性が関与している。笑い話は基本的に、権力をコケにする。だから江戸では演じにくかった。ところが大阪城には、殿様がいない。もちろん幕府の城代はいた。しかし基本的に侍はそういなかった。そのため、笑い話にも怪異が語られた。いやむしろ、怪談をも笑い飛ばした。そういう地域性だったのだ。それは最初の怪談でも見た通りである。

そもそも、ここで扱っている「饅頭こわい」という話には、仲間が集まって順番に好きなモノを言い合い、次に怖いモノを言い合うという文脈のなかで、最後に饅頭がこわい、と言う者が出てくるという筋がある。

その怖いモノを言い合う中で、まず狐に化かされる話や怪談が語られ、そして最後は誰もが知るオチ、「今度はお茶がこわい」で終わるわけである。

戦国時代の御伽衆、野間藤六が語ったとされる、「野間藤六女を誑し餅くふ事」というのは、「饅頭こわい」の餅ヴァージョンなのだろう。ただこの話は、中国明代の『笑府』にもあり、藤六はそれを知っていて、アレンジしたのかもしれない。

このように上方落語には、笑い話のなかにも、怪異譚が挿入される地域性があった。

怪談が少ないというイメージは、話のタイトルに、怪異の内容が現れないことから来ているのだろう。確かに「饅頭こわい」を、怪談というジャンルに分類する者はいないだろう。しかし確かに、怪異はそのなかに語られているのである。

話に戻ろう。この後この男は、農人橋から東横堀川に飛び込もうとする女性を、何とか助けようとするが、逆に言うことを聞かない女性に腹立ち、突き飛ばし怪我をさせてしまう。男は立ち去るのだが、その直後、女性は川に飛び込む。男は後悔しながら夜道を歩く、その後から、先の女性の幽霊が追いかけてくる。

その道も具体的に語られる。

先の農人橋を、東岸から西岸に渡って、男は南へ折れ、東横堀の岸を歩く（図12）。するると、後をつけるジタジタという足音が聞こえる。何かに隠れようと、安堂寺町の道端にあった、お堂の賽銭箱の後に身を入れ、男はその女の姿を垣間見る。

こう、のぞいてみると、前へ行く一つの影。フラフラ、フラフラ、フラ…。安堂寺町の角、往来安全と書いた石灯籠。そのあかりのところまで来て、見失のうたなあという顔で、キョロ、キョロ、ヒョイと振り向いたのが、燈籠のあかりをうけてまともに見えた。最前の女や。見ええ。欄干で当たった時の傷とみえて、これからこれが、むごたらしゅう割れて血みどろ、見当の違うた眼でヒョと賽銭箱に眼をつけると、ヒョロヒョロ、ヒョロヒョロと戻ってくるなり、賽銭箱の角へ、こう手をかけて、身体をヌーッ…さっき、助けてやろうとおっしゃったお方やなあ。(27)

このようにこの語りから、男は幽霊に、農人橋から追いかけられて、安堂寺町で追いつかれたことが分かる。この後この男は、度胸がすわって、逆にこの幽霊を捕らえ、橋の上から投げ落とそうとする。橋の名は語られないが、ここまで来ると、安堂寺橋であることは明らかであろう。図12は、この落語に語られた場所を、文久三（一八六三）年の古地図で確認したものである。ちなみに大阪では、南北の道を○○筋、東西の道を○○町と言う。これは京都とは逆さま…つまり地域性である。

さて、噺の結末はと言うと、男が逆に堀川に落ち、実は夢であったとする笑い話になる。

ネットワーク上の「らしさ」の表象

このように上方落語の場合、怪談でも必ず最後は笑わせる。この点も上方落語には、怪談が少ないと言われる所以であろう。大阪「らしさ」、と言っていいだろう。それは天神橋のお多福の場合でも同じだった。

確かに最初は、権力がネットワークを造ったのだろう。しかしそれは、いずれは庶民の手に落ちる。上方落語や最初の怪談は、庶民のディスクールである。

それでもこのような特異な言説を、かつてあった権力のネットワークに復原してみると、多様で異質な物質的要素の一連のセットが浮かび上がってくる。それはこの八軒屋であり、天満橋と天神橋であり、渡辺の津、渡辺党、大阪天満宮、坐摩神社、渡辺王子、オハライスジなどの地名から、地形、施設から言説など、まさに多様で異質なもののアッサンブラージュそのものである。

しかしその「手に負えない散乱」状態が、これら幾重にも織り込まれた暗示的な関係を、「生命としての景観」として、目に見える形で示す、重要な手段だったことに気づかされるのである。

さて、これで先の明治の天神橋のお多福の話が、ご理解いただけただろうか。実話とされたり、ナンセンス妖怪話とされているようだが、その場所には確固たる根拠があったのだ。

それは上方の二大都市を結ぶ、表裏一体の関係を指し示していた。とはいっても、この話、京都と違って、その落ちが大阪らしい。お多福を捕まえたら、ぜんざい屋のアルバイトだったという。大阪は商人の町である。公家や侍と違って、なによりも経済を優先し、このような怪異妖怪を笑いに変えてしまう、独特の文化を持っている。

もう一つ上方落語を紹介しよう。

「質屋蔵」という噺である。滝沢馬琴の、『昔話質屋庫』を元にした落語である。

船場にある質屋の三番蔵に、妖怪が出るという噂がたつ。質屋の主人が、夜中に蔵をのぞくと、人から預かった帯と羽織が、角力をとっているではないか（まさに無機物が魂を得た状態、付喪神である）。おそるおそる見ていると、横に置いてあった木箱のふたが開き、掛け軸が蔵の壁をスルスルと上がり、勝手にかかった。

主　人「あれあれ。あれは角の藤原さんとこから預かってる天神さんの絵像やないか」。
見ている主の前へ絵像の中の道真公。それへさしてズーッ…（ドロドロ、楽の合方）

菅原道真　「…東風吹かば、匂いおこせよ梅の花、主なしとて春な忘れそ」。
主　人　「ウヘー」
菅原道真　「そちは当家の主なるか。質置き主に利上げをせよと伝えよ。どうやらまた、流されそうなわい(28)」。

この落ち、蛇足だが説明しておこう。

角の藤原…とはあの道真をおとしめた藤原時平のこと…。掛け軸が主人に言う「流されそうじゃ…」とは、左遷と質流れの洒落。

権力ネットワークの上にいながら、大阪はその「らしさ」を主張する。私たちはどんな場面でも、どんなネットワーク上にいようとも、それぞれの自主性を保持し続けるのだ。それがネットワーク上にいる、「生命としての景観」、その他すべての主張であろう。もうこの流れは、現代社会の、このサイバー空間の中であっても、永遠に止まることはあるまい。

注

（1）ブルーノ・ラトゥール『科学論の実在―パンドラの希望』産業図書、二〇〇七、二二三頁。
（2）『上方』（復刻版）三の下、新和出版、一九六九、九一五〜九一六頁。
（3）三善貞司編『大阪史蹟辞典』清文堂出版、一九八六、一四七頁。

（4）「第二十四図　改正新版大阪明細全図」『大阪古地図集成（大阪建設史夜話附図）』一九八〇、大阪都市協会。
（5）ジル・ドゥルーズ『スピノザ―実践の哲学』平凡社、二〇〇二、四一頁。
（6）Nigel Thrift, *Non-Representational Theory: Space / politics / affect*（ナイジェル・スリフト『非表象理論―空間・ポリティクス・情動』邦訳未刊), Routledge, 2008, vii-viii.
（7）本渡章『大阪古地図むかし案内―読み解き大坂大絵図』創元社、二〇一〇、一四一頁。
（8）井上光貞監訳『日本書紀　下』中央公論社、一九八七、二〇七～二〇八頁。
（9）近江俊秀『古代日本の情報戦略』朝日新聞出版、二〇一六。
（10）佐々木高弘「「畿内の四至」と各都城ネットワークから見た古代の領域認知―点から線（面）への表示」『待兼山論叢』第二〇号、一九八六、一一～三八頁。
（11）Jonathan Murdoch, *Post-structuralist geography: a guide to relational space*（ジョナサン・マードック『ポスト構造主義地理学―関係性の空間へのガイド』邦訳未刊), Sage, 2006, p.48 参照。マードックはフーコーの権力研究を場所の側面からまとめ、ブルーノ・ラトゥールのアクター・ネットワーク理論へ応用しようと試みている。
（12）鳥方洸一企画・編集『地図でみる東日本の古代―律令制下の陸海交通・条里・史跡』（日本大学文理学部叢書）平凡社、二〇一二、三九頁。
（13）秋里籬島『拾遺都名所図会』（新修京都叢書七）臨川書店、一九六七、四四～四五頁。
（14）佐々木高弘『神話の風景』（シリーズ妖怪文化の民俗地理3）古今書院、二〇一四、一一一頁。
（15）青木紀元『祝詞全評訳　延喜式祝詞・中臣寿詞』右文書院、二〇〇〇、二四一～二四五頁。

（16）明治になっても何度も淀川は洪水をおこしたが、特にこの明治十八年の洪水はすさまじかったと言われている（注3、六二二頁）。六月下旬に豪雨が続き、七月二日に各所から決壊したこの洪水は、時期的にもこの夏越大祓に見立てられ、先のような言説になったのかも知れない。
（17）武田祐吉・佐藤謙三訳『読み下し日本三大実録（上巻）』戎光祥出版、二〇〇九、二〇一頁。
（18）『新訂増補国史大系第十一巻　日本紀略』吉川弘文館、一九二九、一七八頁。
（19）大江篤編『尼崎百物語』神戸新聞総合出版センター、二〇一六、一三〇〜一三一頁。
（20）渡辺久雄編『尼崎市史　第十巻』尼崎市役所、一九七四、四六〇頁。
（21）秋元吉郎校注『風土記』岩波書店、一九五八、四一九〜四二〇頁。
（22）『平治物語』勉誠出版、二〇〇四、四七〜四八頁。
（23）名古屋市教育委員会編『名古屋叢書　第二十五巻　雑纂編（二）』愛知県郷土資料刊行会、一九八三、一二五頁。
（24）この清寿院の位置は1章の図1を参照。現在清寿院はないが、『尾張名所図会』を見ると清寿院に飯綱権現が祀られていることがわかる（1章の図3）。末社として稲荷も祀っているようだ。『尾張名所図会（上巻）』愛知県郷土資料刊行会、一九七〇、一〇三〜一〇五頁。
（25）桂米朝『上方落語　桂米朝コレクション8　美味礼賛』筑摩書房、二〇〇三、二二一〜二二二頁。
（26）佐々木高弘「上方落語の怪異空間―近世大坂・京都・江戸の都市空間認識」『妖怪文化の伝統と創造―絵巻・草紙からマンガ・ラノベまで』せりか書房、二〇一〇、一八八〜二一〇頁。
（27）前掲注25、二四頁。
（28）桂米朝『上方落語　桂米朝コレクション2　奇想天外』筑摩書房、二〇〇二、二九〇頁。

あとがき

もう手遅れかも知れないが（あとがきから読む人もいるだろうから…）、1章での長くてくどい、少年の体験談を読んで、本書を放り出さないで欲しい。くどくてしつこい記述であることは、筆者も重々承知している。しかしこのくどさがなくては、ラカンの言う、ある種の狂人の、他者のディスクールのニュアンス（閉塞感、不安、あせりなど）が伝わらない、そう思ったからである。

文学や精神分析のなかの、狂人の行動や言説に、真理としか言いようのない何物かが現れている、と考えるようになったのは、フロイト以降のことだとフーコーはいう。であるなら、この少年の体験談をはじめ、本書で紹介した様々な狂気じみた言説に、是非とも耳を傾けて頂きたい。

私は、ゴジラのファンではないが、あることがきっかけで、この映画を何度も見るはめになったところで、二〇一六年に公開された映画『シン・ゴジラ』にも、あのあり得ない怪獣が、実在の東京という都市を襲う、狂気じみた言説と映像が、満ちあふれていた。

当初の感想は、なんとつまらない話を、くどくどと描く映画だろう…そう思った。しかし何度か繰り返し鑑賞したところ、この映画のある特徴に気がついた。この映画は、ゴジラを描いているのではなく、それに対処する、政治家や官僚たちを、延々と描いているのだと…。

思えば、平安京のディスクールを構築したのは、古代律令国家の政治家や官僚たちであった。その目的は、海の向こうからやってくる、荒ぶる神への対処方法を生み出すことであった。つまり彼らが、現代にもつながる怪異・妖怪の、狂気の世界観を作り出した、張本人たちだったのだ。

彼らの世界観を知る手がかりは、平安時代に編纂された、『延喜式』や『令義解』などの史料にあることは、本書で何度も繰り返し述べた。

この映画にも、本書で随所に取りあげた、この古代律令国家の世界観、あの平安京のディスクールが見い出されるのであれば、このミステリアスで狂気じみた身体感覚は、相当根深く、私たち日本人の奥底に染みついている、と言っていいであろう。

『延喜式』の「道饗祭」の祝詞では、道がいくつも交差する衢に、聖なる岩の群れとして塞がっておられる神々に、海の果てからやってくる荒ぶる神を、留めるようにお願いしている。

映画のなかで、荒ぶる神と表現されているシン・ゴジラが、最終的にその侵攻を停止したのは、東京駅であった。

東京駅は、現代日本の、最大の衢のひとつである。

『延喜式』の祝詞同様に、そこにある高層ビルが、あたかも聖なる岩の群れのように、ゴジラを塞いだ。

そして今度は、『令義解』にあるように、その荒ぶる神を饗応する。

映画のなかでは、「ヤシオリ作戦」と表現されているが、ヤシオリとは、『日本書紀』の八岐大蛇退治に際して使った、ヤシオリの酒のことである。それは、八度も醸して純度を良くした、神霊の宿る酒のことであった。

スサノヲは大蛇に、この酒を飲ませて饗応し、酔っ払ったところを退治する。

ゴジラは、ヤシオリと名づけられた作戦で、血液凝固剤らしき液体を飲まされ停止する。

ゴジラの侵入ルートにも、平安京のディスクールが見え隠れする。

東京湾・横浜沖に出没したゴジラは、多摩川河口から、呑川を伝い蒲田に上陸し、北品川で一旦停止する。

北品川は、江戸城下町への南の入り口である。

江戸時代の古地図を見ると、品川の御殿山の南に牛頭天王が見える。荒ぶる神を、停止させる施設であることは、何度も本書で述べた。

現在は、品川神社となっているが、ゴジラから逃げ惑う人々が、この神社に逃げ込んでいく場面が、映像でも確認出来る。逃げ込むには、最適の場所、と言っていいだろう。

実際、幕末期にこの御殿山には、外国の公使館が建てられた。やはり、海外の荒ぶる勢力を、一旦停止させる場所だったのだ。長州藩の志士たちが、この公使館を、焼き討ちにする事件が、起こっている。

その後ゴジラは、虎ノ門を焼く。虎ノ門は、江戸城の南門。平安京で言えば、朱雀門に相当する。霞ケ関、永田町を破壊したゴジラは、御所の手前にある、東京駅で停止する。

映画の制作者たちが、『延喜式』や『令義解』を知っていたのだろうか。それとも彼らの、いや私たち日本人の、他者のディスクールとして、無意識的に描かれたのであろうか。

ちなみに『延喜式』は、あの藤原時平が、『令義解』は、小野篁が中心となって編纂した。

彼らも、古代の怪異に、関わっている。藤原時平は、菅原道真の怨霊にとり殺され、小野篁は、六道珍皇寺の井戸を使って、この世とあの世を、行き来したと伝わる。

そして現代の映画でも、荒ぶる神に対処し、取り殺されたのは、その対処に当たった、政治家や官僚たちであったのだ。

もう間違いあるまい。この狂気の言説と映像にも、私たちの真理があったのだ。

※

思えばここまで、私は様々な種類の言説（ディスクール）を数多く紹介してきた。最初は江戸時代の名古屋城下町近郊の少年の言説、そしてその言説を巡る様々な人や建物、動物や場所、そして異人の言説を。あるいは現代のマンガやアニメの言説と、それを取り巻く都市景観や未来の科学技術。平安時代の文献や文学の言説、律令の法典『延喜式』などの言説。それらに描かれた人物や場所の言説。江戸時代の各地の怪談集の言説。映画『おくりびと』や、その原作である『納棺夫日記』の言説。明治時代の大阪の天神橋や天満橋、あるいは京都の伏見の場所にまつわる言説。

これら言説を、言説としてだけで扱っていたのであれば、それは決して「生命としての景観」とはならなかったろう。本書の特徴は、様々なタイプの言説が、いかに現実の社会や人々、あるいは景観と強く結びついているのかを探求しようとする点にあった。

それはスピノザの心、身体、自然世界への拡張論にも通じる次のような見解。「人間の体がそとの物体によって触発されるどんなしかたでも、その観念は、人間の体の自然の性とともに、そとの物体の自然の性を伴うはずである」。

ニーチェが述べた意識とは外部世界との関係でしか発生しないとする次のような指摘。「意識はふつう（私なら私という）ひとつの全体が高次の全体に従属しようとするときにしか現れてこない。なによりもまずそれは、そうした高次の全体に対する意識、私の外部にある実在に対する意識なのだ。意識は、私たち自身がそれに左右されてしまうような存在に対して生まれるのであり、そこに私たちが自身を組み入れてゆく手段なのである」。

フーコーの知識が建築空間に及ぼす次のような事例。「狂人は通過する地点で取り押えられるのである。彼は、外部の内側におかれているし、逆に内部の外側にもおかれてもいるのだ。これは高度に象徴的な立場であり、もしも、狂人のおかれるこの立場がかつては秩序の明確な要塞だったものが現代では、われわれの意識の城と化してしまったことを認めるとすれば、この象徴的な立場は現代にいたるまで、その姿のまま残っているにちがいない」。

デリダが記号を個人の身体から開放すべきだと主張した次のような考え。「無意識は「多様」な記号化の様式として構造化されていると言いたい。そしてその場合、おそらく言語的言表行為がもっとも重要な位置を占めるわけではない。こうした条件の下でこそ、無意識と欲望を、主観的、意識的、個人現象的な個体化の拘束衣のなかに閉じ込められた状態から解き放つ事ができるだろう」。

スリフトの個人の意識を超えた「何らかの流れ」の中に私たちがいること。それらはブルーノ・

ラトゥールの人間以外の存在もアクターととらえるアクター・ネットワーク理論にも、そして脱人間中心主義を唱えるポスト構造主義地理学にも通底しているのであった。

思い起こしてみればそれは、私が若い頃に読んだ小松和彦の、『異人論』等で示された「説話や民話などの物語の内側から見いだされたメカニズムを、民俗社会のなかに実際に確かめる」作業に通じる議論だったのだろう。であるなら、小松の『異人論』をはじめとする一連の仕事は、ポスト構造主義の先駆けであったことに気づかされるのである。私はかつて次のような一文を書いたのを思い出す。それは「首切れ馬」伝説の構造分析を終えた後の一節である。「小松は民話を以上のような形態論的構造分析だけで終わらせず、最終的には、構造分析によって得たものを、それを語る民俗社会に復帰させて解読し、民話の意味論の世界を目指そうとする」(『怪異の風景学』)。この引用がもうどこから来たのかが私には思い出せない(『神々の精神史』だと思う)が、まさにこの部分がある意味、本書の核心部分なのである。

その小松先生が、一昨年に古稀をお迎えになった。小松先生の多くの弟子たちが、この機を逃すことなくとらえて、数年前に研究会を立ち上げ、小松先生の学問から何を学んだのかを振り返った。その成果は二〇一八年に『文化を映す鏡を磨く—異人・妖怪・フィールドワーク』(せりか書房)としてまとめ上げている。

私は直接の弟子ではないし、文化人類学や民俗学を専門とする研究者でもない。が、数多くの学問的影響を小松先生から受けてきたことは間違いない。そこで遅ればせながら私も、小松先生の古稀を記念して、本書を謹呈させていただきたい。

※

さて本書は、多くの部分が書き下ろしであるが、一部章節では、既発表論文に若干の、あるいは大幅な加筆をして、構成している。

その概略は、次の通りである。

1・5章は、「平安京のディスクール―名古屋城下町の怪異空間」『進化する妖怪文化研究』せりか書房、二〇一七、五一～六八頁に、加筆修正を行った。

2～3章は、書き下ろし。

4章は、「映像のなかで呼吸する風景―映画の文化地理学」『比較日本文化研究』第一三号（比較日本文化研究会）、風響社、二〇〇九、六五～七八頁に、加筆修正を行った。

6・7章は、書き下ろし。

8章の前半は、「平安京のミステリアスな身体感覚―ミステリアス京都5」『創造する市民―京都通の文化誌』第一〇五号、京都市生涯学習財団、二〇一五、一一～一八頁を、同後半は、「風土と妖怪―徳島県吉野川流域の風土と首切れ馬」『歴博』一七〇号（特集「怪異・妖怪文化」）、国立歴史民俗博物館編集・発行、二〇一二、一〇～一四頁に、加筆修正を行った。

9章は、「記憶・身体・風景―『おくりびと』への文化地理学の視角」『人間文化研究』第二五号（京都学園大学人間文化学会）、二〇一〇、六九～八五頁に、加筆修正。

10章は、「上方の歴史地理と怪異―綱がつなぐ京と大阪」『怪』四一号、角川書店、二〇一四、二四四～二四七頁、「生命としての景観」『人間文化研究』第四十一号（京都学園大学人間文化学会）、二〇一八、一〜三三頁に若干の加筆。

※

あの有名な『稲生物怪録』（天明三・一七八三年）は、寛延二年（一七四九）年の、七月一〜三十日までの、稲生平太郎という十六歳の少年の、約一ヶ月間の怪異の記録である。

本書が扱った、安政三〜四年（一八五六〜七）に成立したとみられる、『尾張霊異記』の二篇・下巻にある、「白髭・立日両明神建立仕末」は、天保四年（一八三三）十月九日から十二月二十九日にかけての、約三ヶ月間にわたる、同じく少年の怪異の体験録である。

前者はよく知られており、数多くの研究も残されているが、後者はほとんど知られていない。

なお本研究の一部は、平成二三〜二六年度科学研究費補助金（基盤研究c）「都市空間における神話的特性の変容過程に関する歴史地理学的研究（課題番号23520969）」（研究代表者：佐々木高弘）を使用した。

最後に本書の出版に際し、大変お世話になったせりか書房の船橋純一郎氏、船橋泰氏に謝意を申し述べたい。そして念願叶って工藤強勝氏に装幀を担当していただいたことにも。

二〇一九年六月　鵺塚のある芦屋の浜を望んで

佐々木高弘

ら行

わ行

ま行

や行

な行

は行

た行

さ行

索　引

著者紹介
佐々木　高弘（ささき　たかひろ）

　1959年兵庫県生まれ。大阪大学大学院文学研究科博士後期課程中退。大阪大学文学部助手、京都学園大学人間文化学部教授、等を経て現在、京都先端科学大学人文学部歴史文化学科教授。専門は歴史・文化地理学。

　単著に『民話の地理学』（古今書院、2003年）、『怪異の風景学』（古今書院、2009年）、『京都妖界案内』（大和書房、2012年）、『神話の風景』（古今書院、2014年）。

　共著に『妖怪　怪異の民俗学２』（河出書房新社、2000年）、『記憶する民俗社会』（人文書院、2000年）、『日本人の異界観』（せりか書房、2006年）、『日本文化の人類学/異文化の民俗学』（法蔵館、2008年）、『妖怪文化研究の最前線』（せりか書房、2009年）、『妖怪文化の伝統と創造』（せりか書房、2010年）、『妖怪学の基礎知識』（角川学芸出版、2011年）、『進化する妖怪文化研究』（せりか書房、2017年）など。

生命としての景観――彼はなぜここで妖怪を見たのか

2019年８月９日　第１刷発行

著　者　佐々木高弘
発行者　船橋純一郎
発行所　株式会社 せりか書房
〒112-0011　東京都文京区千石1-29-12　深沢ビル
電話 03-5940-4700　振替 00150-6-143601　http://www.serica.co.jp
印　刷　モリモト印刷株式会社
装　幀　工藤強勝＋勝田亜加里

ISBN 978-4-7967-0381-9